D1696731

OF

H. Bosshard

FRANKREICHS LETZTE DAMPFLOKOMOTIVEN

Orell Füssli Verlag Zürich

Für meinen Sohn Jakob

**Titelbild: Die 141 R fuel 1259, vorn, und 1149 (beide Narbonne) erwarten den neuen Tag.
(5. Januar 1973)**

Gesamtgestaltung: Heinz Dieter Finck, Zürich

© Orell Füssli Verlag Zürich, 1976
Gesamtherstellung: Orell Füssli Graphische Betriebe AG
ISBN 3 280 00848 4

Inhalt

Vorwort von André Chapelon	7
Das Ende der französischen Dampftraktion	9
Nachtrag	16
Hinweise	18
Dank des Verfassers	20
Typenskizzen und «Lebensläufe»	
141 TC	22
040 TG	24
030 TU	25
050 TQ	26
141 TC Ouest	28
040 TA	29
140 C und Tender 18 B/C	30
141 C und Tender 22 B	34
231 E und Tender 38 A	35
230 B und Tender 22 A	36
241 P und Tender 34 P	38
141 P und Tender 34 P	39
141 R und Tender 30 R	40
141 R fuel und Tender 30 R fuel	47
Abbildungen	
Region Est (1)	Abb. 2– 49
Region Nord (2)	Abb. 50– 65
Region Ouest (3)	Abb. 66– 78
Region Sud-Ouest (4)	Abb. 79– 83
Region Sud-Est (5)	Abb. 84–115
Region Méditerranée (6)	Abb. 116–148

Vorwort

Der Bildband, den heute H. Bosshard den Bewunderern der Dampflokomotive vorlegt, verdient mit seinen 128 Seiten persönlicher Aufnahmen, worunter acht in Farbe und einige von sehr großem Format, und mit seinen ausführlichen, genaue Aufschlüsse über die Herkunft und den geleisteten Dienst der gezeigten Maschinen vermittelnden Legenden und Tabellen besondere Aufmerksamkeit. Das Werk beschwört aufs lebendigste die letzten Tage der Dampftraktion in Frankreich herauf.

Allerdings war der Autor in der Auswahl seiner Lokomotiven nicht völlig frei, weil zum Zeitpunkt, da er seine große Arbeit begann, mehrere Serien bereits verschwunden waren, zu denen namentlich die folgenden Maschinen gehörten:

— die 240 P, abgeleitet von den 240.700 der PO, die bei 4500 indizierten PS und einem Gesamtgewicht von 116 Tonnen das günstigste spezifische Leistungsgewicht aufwiesen und die pro m² der nur 3,72 m² messenden Rostfläche 1200 PS abgaben;

— die 150 P, ein Nachbau der 5.1200 der Nord, die als erste Lokomotiven mit schmaler Feuerbüchse eine mechanische Beschickung erhalten hatten;

— die 232 R, S und U, von de Caso für die Nord entworfen, deren letzte mit ihren Rollenlagern die höchstentwickelte französische Dampfmaschine war;

— die 151 A der PLM mit vier außenliegenden Zylindern, die bei 75 km/h eine Leistung von 3000 PS am Tenderhaken hielten;

— die zahlreichen Pacific der Etat, der PLM und der Est, die ebenso wie die 141 der PLM und die 241 der Est und der PLM nach dem Vorbild der Pacific 3566 der PO umgebaut waren;

— die Prototypen 242 A 1 und 160 A 1, von denen der erste das Dreizylinder-Verbundsystem für große Leistungen einführte und mit seinen bei Geschwindigkeiten von 70 bis 120 km/h dauernd abgegebenen 4000 PS am Tenderhaken den Leistungsrekord der europäischen Dampflokomotiven innehatte und der zweite mit seinen im Verbund arbeitenden sechs Zylindern, Dampfmänteln, Überhitzung und Zwischenüberhitzung sowie vor dem Zylinderblock angeordnetem Rauchgasvorwärmer Ergebnisse lieferte, die ein gutes Vorzeichen für die Dispositionen bildeten, die bei künftigen Maschinen mit sehr hohem Druck notwendig geworden wären.

Unter den wiedergegebenen Lokomotiven figurieren drei Bauarten, die man als einer zweiten Generation angehörend bezeichnen kann. Diese, im Jahre 1926 mit der Pacific 3566 der PO mit Lentz-Ventilsteuerung geboren, unterschied sich von ihren Vorgängerinnen durch die gleichzeitige Anwendung der hohen Überhitzung (400 Grad), weite Dampfleitungen (doppelte Querschnitte) und einen vervollkommneten Auspuff, bei der PO das Kylchap, der den Saugzug in der Feuerbüchse, bei gleichem Gegendruck, je nach Geschwindigkeit verzwei- oder verdreifachte. Ergänzt durch eine Verstärkung des Rahmens, ergaben diese Maßnahmen im Vergleich zu nicht umgebauten Maschinen Leistungsgewinne in der Größenordnung von 80 Prozent und Einsparungen an Brennstoff pro PS am Tenderhaken von 50 Prozent.

Diese Lokomotiven sind:

— die 231 E der Nord, die den 3700, Typ 3566, der PO entsprachen und von denen 20 im Jahre 1934 in den Werkstätten von Tours umgebaut und 28 später von der Privatindustrie konstruiert wurden;

— die 141 P, die nach den erwähnten Grundsätzen aus den 141 C der PLM entwickelt und ab 1942 in 318 Exemplaren geliefert wurden und die mit ihrem Kesseldruck von 20 kg/cm², gegenüber 15,5 der 141 R, ungeachtet des geringen Durchmessers (1,65 m) ihrer Triebachsen bei 100 km/h eine Dauerleistung von 3220 PS am Tenderhaken halten konnten, verglichen mit 2500 PS der amerikanischen «R», und dies bei Brennstoffersparnissen im Alltagsbetrieb von rund 50 Prozent;

— die 241 P, die von der 241 C 1 der PLM aus dem Jahre 1930 abgeleitet wurden, über einen Kesseldruck von 20 kg/cm² verfügten und ab 1948 in Betrieb genommen wurden und die, mit Rücksicht auf die Gewichtslimiten nur in beschränktem Maße, die selben Verbesserungen erhielten, ohne jedoch mit ihren vier Zylindern und der mangelnden Festigkeit ihrer Kropfachsen mit zum Heißlaufen neigenden Lagern die bemerkenswerte Zuverlässigkeit des Dreizylindermotors der 242 A 1 mit seiner um gut 30 Prozent höheren Leistung, bei einem ungefähr gleich großen Kessel, erreichen zu können.

Von den zahlreichen anderen gezeigten Maschinen gebührt eine besondere Erwähnung den einfachen Zweizylinderlokomotiven 141 TC der Nord mit Cossart-Kolbenventilsteuerung, denen ein sorgfältiger Unterhalt, zusammen mit einer Reduktion des Zylinderdurchmessers von 640 auf 585 mm und einer Herabsetzung des Kesseldrucks von 18 auf 16 kg/cm², es ermöglichte, während langer Jahre den Vorortsdienst in der Pariser Region zu versehen. Die gleichen Prinzipien auf zwei Super-Pacific angewandt, die auf diese Weise in Maschinen mit einstufiger Dampfdehnung verwandelt wurden, ergaben allerdings wesentlich ungünstigere Resultate als die mit den Verbundlokomotiven erzielten.

War, wie viele sich fragen, das Verschwinden der Dampftraktion unausweichlich, oder hätten mit ihr noch bedeutende Fortschritte verwirklicht werden können?

Man kann darauf antworten, daß schon während des letzten Krieges die Lokomotiv-Studienabteilung (DEL = Division des études de locomotives) der SNCF einen Konstruktionsplan für künftige Maschinen großer Leistung (6000 PS) ausgearbeitet hatte. Diese vollständig vereinheitlichten, allen unmittelbaren und mittelbaren Bedürfnissen des Schwerverkehrs der SNCF gerecht werdenden Dreizylinder-Verbundlokomotiven, denen die 242 A 1 als Prototyp diente, hätten die Robustheit der letzten amerikanischen Bauarten mit der Wirtschaftlichkeit der besten französischen Maschinen verbunden und auf diese Art eine dritte Generation Dampflokomotiven gebildet, gekennzeichnet durch eine hohe Verfügbarkeit, geringen Verbrauch, reduzierte Unterhaltskosten und die Fähigkeit, die längsten Strecken zurückzulegen. Sie hätten übrigens nur hochflüchtige, zur Verkokung ungeeignete, für die Fahrt mit Stoker aber ausgezeichnete und in Frankreich im Überfluß vorhandene Kohle benötigt. Ihre Beschaffung wurde durch die Elektrifizierung und die Umstellung auf Dieselbetrieb gestoppt.

In einer ferneren Zukunft wären wichtige Fortschritte auch dank dem Vorschlag L. Frys, des hervorragenden Chefs der Versuchsanstalt von Altoona in den USA, den Kesseldruck auf 40 kg/cm² zu steigern, möglich gewesen. Die Kessel hätten dabei Wasserrohrfeuerbüchsen nach dem Vorbild der modernen Wärmezentralen erhalten. Wäre zum Beispiel, um alle Vorteile dieser Druckerhöhung auszuschöpfen, die 242 A 1 durch den Einbau eines zwischen 20 und 40 kg/cm² arbeitenden Hochdruckzylinders vor den vorhandenen Motor in eine Maschine mit dreifacher Dampfdehnung (1 Hochdruck-, 1 Mitteldruck-, 2 Niederdruckzylinder) verwandelt und durch die auf der 160 A 1 erprobte Überhitzung und Zwischenüberhitzung ergänzt worden, so hätten die Kraft des Motors um 30 Prozent und jene der gesamten Lokomotive, unter Berücksichtigung des durch den Rauchgasvorwärmer um 10 Prozent verbesserten Kesselwirkungsgrades, um etwa 43 Prozent erhöht werden können. Bei gleichem Kohlenverbrauch wäre dadurch die indizierte Leistung von 5500 PS bei 118 km/h auf gegen 8000 PS gestiegen.

Wenn man sieht, welchen Erfolg die sich mit der Dampflokomotive befassenden Bücher heute noch in allen Ländern verzeichnen, daß immer neue, sich durch die Miete von Extrazügen oder die Wiedereröffnung von Touristiklinien um eine wache Erinnerung bemühende Amateur-Vereinigungen entstehen, daß die privaten Modelleisenbahnen, zum Teil mit kleinen Dampfmaschinen, sich vervielfachen und daß der Aus- und der Neubau von Museen und die Aufstellung von Denkmalslokomotiven mit manchmal sehr alten Maschinen weitergehen, so darf man H. Bosshard zu seinem Werk beglückwünschen. Sein schönes Buch, das höchstes Lob und größten Erfolg verdient, bildet für die um die Eleganz und den unersetzlichen Eindruck der lebendigen Bewegung ihrer Lieblingslokomotiven gebrachten Freunde der Dampftraktion einen neuen Grund zu deren Bewunderung.

Paris, Mai 1974

Das Ende der französischen Dampftraktion

Wer je in den Bann der qualmenden und zischenden, von Malern, Komponisten und Literaten bewunderten Ungeheuer geriet, wird den Verzicht auf die Verwirklichung der wegweisenden Entwürfe A. Chapelons für Hochleistungsdampflokomotiven von 6000 bis 8000 PS, deren Bau ja zum Teil schon begonnen hatte, zutiefst bedauern. Unter dem Eindruck des Zweiten Weltkrieges mit seiner massiven Überbeanspruchung und weitgehenden Zerstörung der Geleiseanlagen und des Rollmaterials beschloß die Leitung der Französischen Staatsbahnen 1946, die «ligne impériale» Paris–Lyon (–Marseille) mit dem Fahrdraht auszurüsten. In Etappen folgten die Ausdehnung der Elektrifizierung und der wesentlich problematischere Entscheid, für die übrigen Strecken mit bedeutendem Kapitalaufwand Dieseltriebfahrzeuge zu beschaffen, deren stärkste die von A. Chapelon für eine neue Generation Dampfmaschinen in Aussicht genommenen Leistungen bekanntlich heute noch nicht erreichen. Innert weniger Jahre wurde dadurch das traditionelle Bild der SNCF grundlegend geändert, vor allem auch – was manche übersehen – indirekt durch die Verzögerung der notwendigen und dringenden Modernisierung außerhalb des bevorzugten Traktionsbereichs. Das schwerwiegende, gewissen Wirtschaftszweigen allerdings sehr willkommene Ergebnis bestand unter anderem in einer drastischen Schrumpfung des für den Reiseverkehr geöffneten Eisenbahnnetzes.

Mein Buch zeigt hauptsächlich Aufnahmen aus den Jahren 1969 bis 1974 und gilt somit nicht der eigentlich «großen» Zeit der klassischen französischen Dampfzugförderung. Indessen möchte ich, wenn auch in einem etwas anderen Sinne, die vergangenen Jahre als nicht weniger heroische Epoche der Dampflokomotiven und ihrer Mannschaften bezeichnen. Zuletzt kaum mehr unterhalten, fast schon vergessen, während Monaten hinter den Depots dem Rost und der Witterung ausgesetzt und dann plötzlich, nach einer kurzen Probefahrt, im Weihnachts-, Oster- oder Sommerspitzenverkehr vor einen schweren Rapide-, Expreß- oder Güterzug gespannt, stellten diese Maschinen, wann immer man sie benötigte, ihre oft erstaunliche Robustheit, Zuverlässigkeit und Anspruchslosigkeit unter Beweis. Den Defekten der Dieselfahrzeuge und von elektrischen Traktionsmitteln stand auf meinen Exkursionen keine einzige Panne einer Dampflokomotive gegenüber, die einen Zug im geringsten verspätet hätte.

*

Die Begeisterung für den SNCF-Dampf verdanke ich dem Briten O. S. Nock, der in seinem Buche «Europas große Bahnlinien»* die weiten Fahrten beschrieb, die er von seiner Insel aus auf den Kontinent unternahm, wobei er aus seiner Vorliebe für die ausgezeichneten französischen Maschinen kein Hehl machte. Meine erste Reise auf den Spuren Nocks im August 1965 hatte denn auch das den Engländern besonders vertraute Calais zum Ziel. Von einer schwarzen Rauchwolke überlagert, faszinierte mich die unmittelbar neben den Durchgangsgeleisen gelegene Rotonde von Dole. In Culmont-Chalindrey erschien bereits eine jener sechsachsigen Diesellokomotiven vor unserem Zug Dijon–Lille, die damals die Dampftraktion mit rücksichtsloser Gründlichkeit zu verdrängen begannen. Auf dem Nachbargleis «sang» die 141 P 256 des Depots Chalindrey, um bald darauf mit einem Morgenschnellzug in Richtung Paris zu entschwinden. Schon anderntags war die «P» dem schlechten Atem einer Dieselmaschine gewichen.

In Calais störten noch keine «modernen» Konkurrentinnen die von Nock verheißene reine Dampfatmosphäre. An der Spitze der Schnellzüge leisteten die berühmten Chapelon-Pacific 231 E sowie ex-PLM 231 G und 231 K ihren hervorragenden Dienst, unterstützt von den amerikanischen 141 R. Bei einer Führerstandsfahrt auf der 231 G 266 von Calais Maritime nach Amiens (–Paris Gare du Nord) nahm mich der einzigartige Reiz der Dampflokomotive endgültig gefangen. Staunend erlebte ich, wie die Mannschaft, entgegen allem Gerede über diese angeblich schmutzige Traktionsart, bis unmittelbar vor

* Orell Füssli Verlag Zürich, 1964

der Abfahrtszeit ihren mattgrün schimmernden Koloß auf Hochglanz polierte, wie sich die Pacific mit dem 624 Tonnen schweren Rapide «Flèche d'Or» die zwölfeinhalb Kilometer lange 8-Promille-Steigung von Caffiers hinaufarbeitete, wie die Geschwindigkeit später rasch auf 120 km/h kletterte, wie alle paar Augenblicke die heiße Flammenhölle auflöderte und wie in den Tunnels der Kohlenstaub um die Gesichter wirbelte. Künftige Generationen werden sich kaum mehr vorstellen können, wie der Lokomotivführer, im kalten Fahrtwind aus dem Fenster lehnend, angestrengt nach vorne spähte, der Heizer, zwischen Tender und Maschine balancierend, auf den 168 Kilometern zweieinhalb Tonnen Kohle, Schaufel um Schaufel, in den unersättlichen Feuerschlund warf und die beiden Männer dabei noch Zeit fanden, mit einem wehmütigen Pfeifsignal ein gelähmtes Mädchen an der Strecke zu grüßen, wie die Verständigung keiner Worte bedurfte und wie pünktlich, auf die Minute genau, die Lokomotive mit ihren 13 Vierachsern nach einer Stunde und 56 Minuten die Hauptstadt der Picardie erreichte. Welch ein Jammer, im Sommer 1970 vor diesem Zug ein Doppelgespann der schrecklichen BB 66000 sich abmühen zu sehen!

*

Der Gedanke, die letzten Jahre des französischen Dampfbetriebs in einem Bildband festzuhalten, entstand erst 1969. Inzwischen waren die Pacific von den Geleisen der SNCF verschwunden; zuerst, im Frühjahr 1967, Chapelons unvergeßliche 231 E, dann, besonders unbegreiflich, weil die leichten Schnellzugsstrecken von Nantes nach Le Croisic, Les Sables-d'Olonne und Pornic für sie sehr geeignet schienen, im September 1968 die eleganten 231 D und 231 G der West-Region und schließlich, an der Jahreswende 1968/69, die 231 G/K des Depots Calais. In Argentan fehlten die 141 P, teils jünger und etwas schneller, mit ihren Vierzylinder-Verbundtriebwerken aber komplizierter als die 141 R, und in Chaumont die mächtigen 241 P, die bis an Ostern 1968 auf der Strecke nach Mulhouse (–Basel) manche Verspätung der von Paris kommenden Dieselmaschinen eingefahren hatten. Doch zwischen Le Mans und Nantes beförderten diese damals stärksten französischen Dampflokomotiven im Sommer 1969 noch täglich einen Mittagsschnellzug, den legendären Expreß 953, der leider zu einer für den Photographen wenig idealen Zeit – bei hochstehender Sonne – verkehrte. Mit 750 Tonnen am Tenderhaken und einer zulässigen Geschwindigkeit von 120 km/h legten die 241 P des Depots Le Mans den Abschnitt Le Mans–Angers (97 Kilometer, größte Neigung 6 Promille) planmäßig in einer Stunde und die Strecke Angers–Nantes (88 Kilometer, 5 Promille) bei einem Durchschnitt von 99,6 km/h in 53 Minuten zurück, und mit 850-Tonnen-Zügen benötigten sie für beide Etappen nur je eine Minute mehr. Obwohl von den Eisenbahnzeitschriften bereits im Februar totgesagt, zeigte sich im August, speziell nachts, auch die 241 P 7 des Depots Nevers vor Supplements- und Eilgüterzügen gelegentlich noch aktiv. Ab Montluçon dampfte jeden Dienstag eine Gebirgstendermaschine 141 TA nach St-Sulpice-Laurière, worauf ich indessen nicht warten konnte, um die 241 P im Westen nicht zu verpassen. Paris war daran, seine im Vorortsverkehr ab der Gare de la Bastille eingesetzten Tenderlokomotiven 141 TB des Depots Nogent-Vincennes gegen die Regionale Expreß-Métro einzutauschen.

Das Jahr 1970 sah die Elektrifizierung der Transversale Mulhouse–Belfort–Besançon–Dole. Im Norden brach die Dieseltraktion so massiv ein, daß schon am 23. April 1971 die 141 R 513 als letzte des Depots Boulogne angeheizt und in der Folge die gesamte Region 2 «dampffrei» wurde. Am 12. August 1970 hatte die 141 R 473 den Rapide CB (Calais–Basel) mit 17 Vierachsern von zusammen 795 Tonnen derart kraftvoll über die anhaltende 8-Promille-Rampe bei St-Omer geschleppt, daß die Geschwindigkeit nicht unter 70 km/h fiel und wir vor dem geschlossenen Einfahrsignal von Hazebrouck zum Stehen kamen. Schockierend rasch verlief der Strukturwandel auch in der West-Region, weshalb ich in der Woche darauf das gepflegte südbretonische Depot Auray besuchte. Am 12. Dezember 1970 büßte die französische Hauptstadt nicht wenig von ihrer Anziehungskraft für Eisenbahnfreunde ein, als die vorzüglichen Tendermaschinen 141 TC des Depots Les Joncherolles mit ihren schweren Vorortspendelzügen die Gare du Nord für immer verließen. Zum Glück war ich an einem Oktober-Wochenende noch nach Paris geeilt und am Samstag abend von der Mannschaft der 141 TC 25 zu einer spektakulären Nachtfahrt eingeladen worden. Mit 90 km/h durch Pont-Marcadet jagend, hatte man mich damit verblüfft, daß der Lokomotivführer ein wildes Pfeifkonzert bot und der dienstlich auswärts übernachtende Heizer, die Feuertür auf- und zuschwenkend, seine an dieser Strecke wohnende Frau «flammend» grüßte, was jedenfalls mit den heutigen elektrischen Traktionsmitteln nicht mehr möglich ist. Dabei war angesichts der zahlreichen Anfahrten ein hartes Stück Arbeit zu verrichten, vor allem für den Heizer, der, ab Persan-Beaumont allein auf der Maschine, beim 15-Promille-Aufstieg aus dem Tal der Oise sprühende Feuergarben in den Himmel sandte.

Gleichfalls nachts – mit Rücksicht auf den Depotchef erst ab einer Zwischenstation – schaukelte ich im Februar 1971 bei meiner «Antrittsvisite» im Depot Sarreguemines auf der annähernd 60jährigen 140 C 54 an der Spitze einer ehemals deutschen Personenzugskomposition nach Bitche in der nordöstlichsten Grenzecke Frankreichs hinauf, bevor ich mich für zwei Tage in Verdun einquartierte, das mit seiner beinahe sakralen, den vollen Kreis überdeckenden Rotonde das eigentliche Paradies dieser größtenteils aus Schottland stammenden Lokomotivserie war. «Amusez-vous bien!» meinte ironisch der ältere Taxichauffeur, nachdem er mich in der kriegszerfurchten, granatendurchwühlten Einsamkeit beim Tunnel von Tavannes ausgeladen hatte und ich mich anschickte, in einer strahlenden Wintersonne den sieben Kilometer langen Rückweg den Geleisen entlang unter die Füße zu nehmen und jene Schub- und Vorspannleistungen «einzufangen», die der Leser auf den ersten Bildseiten dieses Buches findet. Bedeutend weniger günstige Verhältnisse traf ich etwas später im westfranzösischen Thouars an, wo die 141 R in unästhetischen Doppeltraktionen mit BB-66000-Dieselmaschinen vor Kieszügen rollten.

Ein unvergleichliches Erlebnis war mir im darauffolgenden Sommer im «Hispania-Expreß» beschieden, als mich nach vier Uhr morgens zwischen Gruissan-Tournebelle und Port-la-Nouvelle ein laut kratzendes Zischen und Rauschen sogleich hellwach werden ließ – le ramonage, das in Abständen von rund 50 Kilometern notwendige Reinigen der Rauch- und der Siederohre unserer ölgefeuerten 141 R 1298 des Depots Narbonne mit Hilfe von Sand, der, bei geöffnetem Regulator in die Feuerbüchse gefüllt, durch den Kessel gepreßt und aus dem Kamin geworfen wurde. In einer unberührten Landschaft strichen im goldgelben Licht der aufsteigenden Sonne braunschwarze Rauchschwaden am Wagenfenster vorbei, und ich verstand weniger denn je, daß diese herrliche Traktionsart auf den Aussterbeetat hatte gesetzt werden können. Von einem Abstecher nach Montluçon, Vierzon, dem nordbretonischen Guingamp mit seinen letzten Tenderlokomotiven der West-Region, Château-du-Loir, Argentan und Mézidon in den Süden zurückgekehrt, schien mir das Roussillon wenn möglich noch bezaubernder geworden, da fast sämtliche Dieseltriebfahrzeuge nach der Côte d'Azur «abkommandiert» waren, um Ende Juli/Anfang August die ungenügende Zahl elektrischer Zweistrommaschinen zu ergänzen. Ein letztes Mal beherrschte der Dampf das Feld.

Nach dem Abschluß der Sommersaison jedoch glaubte man dessen Ende gekommen, wie mir dies in einem Brief der SNCF-Generaldirektion vom August 1969 auf den Jahreswechsel 1971/72 vorausgesagt worden war. Am 2. Dezember 1971 zog die 141 R fuel 1187 des Depots Auray, auf Blockdistanz gefolgt von der 141 R fuel 1244 als Reservelokomotive, ab Rennes den letzten Dampfzug der West-Region. Einige Tage darauf nach Vénissieux übergeführt, dienten diese beiden sorgfältig revidierten und an ihrem neuen Stationierungsort wie Augäpfel gehüteten «Königinnen» als Traktionsmittel für die denkwürdigen, jedesmal Hunderte von Eisenbahnliebhabern aus ganz Westeuropa anlockenden Abschiedsfahrten des Depotchefs A. Rasserie und meines Freundes W. Lachenal nach Grenoble, St-Georges-de-Commiers, Tournon, Paray-le-Monial–Moulins und über die «ligne des Alpes», deren wichtigste Spielregel darin bestand, daß es sich stets um die «letzte» handelte.

Im Februar 1972 zeigte sich der Chef des Nebendepots Montchanin, wo seit Neujahr keine Dampfmaschine mehr aufgetaucht war, ebenso entzückt wie ich selbst, daß aus Anlaß des Besuchs eines leitenden Beamten der belgischen SNCB in Nevers zwei Reservelokomotiven angeheizt worden waren, weil ihm die 141 R 169 das heiße Kesselwasser für eine gründliche Reinigung seiner Rotonde lieferte, welche Dienstleistung die BB 67000 bekanntlich nicht zu erbringen pflegen. Zwischen Cerbère und Narbonne half der Dampf nur noch in geringem Ausmaß beim winterlichen Orangentransport, wenn auch unter lebhafter Beteiligung der eben von Vierzon eingetroffenen, auf Grund ihrer Rekord-Kilometerzahl für das nationale Eisenbahnmuseum in Mulhouse bestimmten 141 R fuel 1158. Mit fortschreitender Elektrifizierung der gewellten Hügellandlinie Bellegarde–Evian qualmten die vielbewunderten Doppelgespanne ölgefeuerter 141 R des Depots Annemasse immer seltener und vom September an gar nicht mehr über die Schweizer Grenze bei Genf. Schon Ende Mai hatten die von der SNCF an die privaten CFTA vermieteten 140 C vor den «deutschen» Personenzügen Châtillon-sur-Seine–Troyes und als «machines tournantes» auf der kuriosen, 14 Tage lang von der gleichen Lokomotive befahrenen «Rundstrecke» Culmont-Chalindrey–Jorquenay (bei Langres)–Gray–Vesoul–Jorquenay–Culmont-Chalindrey (etwa 230 Kilometer) ihren Platz geräumt.

Nachdem in Narbonne zu Beginn der Sommermonate noch einmal ein – bescheidener – Einsatzplan für die 141 R fuel aufgestellt worden war und mir die Generaldirektion in Paris den bisherigen Aufschub der «letzten Fahrt» mit der Verkehrssteigerung und den «Schwierigkeiten mit der Dieseltraktion» erklärt hatte, erhielt ich aus Nevers Kenntnis davon, daß am 8. Oktober 1972 der Dampf mit einer der beiden für diesen Zweck im Depot Le Mans aufbewahrten 241 P (der 9 oder der 16) vor einem Extrazug Nevers–Vichy offiziell verabschiedet werden sollte. Zur Freude vieler aber nahmen die Ereignisse einen wesentlich anderen Verlauf. In Narbonne fiel Ende August zum erstenmal das Stichwort «Chindrieux», dessentwegen auf den nächsten Tag eine ganze Reihe 141 R fuel wieder angefeuert werden konnten. Am Lac du Bourget, bei Chindrieux (zwischen Culoz und Aix-les-Bains), hatten aus Sicherheitsgründen hoch oberhalb der Bahnlinie Felssprengungen angeordnet werden müssen, die sich von Anfang August statt wie geplant über drei Wochen bis beinahe an Weihnachten erstrecken sollten und die weite Umleitungen mit einem entsprechenden Lokomotivmehrbedarf nach sich zogen. In Montchanin erwartete mich am Tag vor dem Herbstfahrplanwechsel eine größere Zahl Dampfmaschinen, als ich dort je gesehen hatte. Noch «lebenslustiger» waren diese in Sarreguemines geworden, wo zeitweise bis zu einem Dutzend Lokomotiven rauchten, dem Dampf regelmäßig Güterlasten nach Deutschland und bis nach Creutzwald–Hargarten-Falck anvertraut wurden und die 141 R erneut täglich Personenzüge (ab dem hintersten Perron…) aus dem Hauptbahnhof Strasbourg schleppten. Zusätzliche Dampfkilometer wurden auch dem Depot Vierzon abgefordert, während in Vénissieux das Personal dafür fehlte.

Von Paris ist der Umstand natürlich nie besonders ins Licht gerückt worden, daß ohne die 141 R die Abordnung der benötigten Dieselfahrzeuge nach Lyon und Savoyen keinesfalls möglich und ein partieller Verkehrszusammenbruch bei der SNCF unvermeidlich gewesen wäre. Ebensowenig wurde die Tatsache gewürdigt, daß die auf diese Sonderaufgabe überhaupt nicht vorbereitete Dampftraktion sich ausgezeichnet bewährte und die Fahrzeiten der normalerweise mit Dieselmaschinen beförderten Reisezüge mühelos einzuhalten vermochte. Von einem Verzicht auf den Dampfbetrieb indessen sprach vorläufig niemand mehr, und die Depots Narbonne, Vierzon, Nevers und Sarreguemines führten ihre sporadischen Einsätze mit öl- und kohlegefeuerten 141 R im Jahre 1973 fort. Nur Vénissieux schied kurz nach Neujahr aus dieser Gruppe aus, blieb jedoch dank seinen 141 R fuel 1187 und 1244 ein beliebter «Wallfahrtsort». Das Depot Narbonne überraschte am Karfreitag morgen mit den 141 R fuel 1132, 1136, 1249, 1279 und 1298 sowie später auch der 1129 und der 1147 unter Druck, wobei zwei Eilgüterzüge sogar in Béziers abgeholt wurden. Die

241 P 9 des Depots Le Mans durfte Mitte Juni durch Spalier stehende Zuschauerreihen mit einem Extrazug Mézidon erreichen. Im Juli war – welche Ehre! – die 141 R fuel 1298 vor einer Inox-Komposition nach Cerbère und zurück zu beobachten. Bei der «Rentrée» im August wurden die «R» erstmals nicht mehr verwendet. Für Sonderfahrten hergerichtet, brachte die 141 R fuel 1126 des Depots Narbonne einige hundert Eisenbahnfreunde aus Lodève und Béziers in ex-PLM-Erstklaßwagen mit hoher Durchschnittsgeschwindigkeit nach Nîmes (–Grau-du-Roi).

Die letzte Stunde der SNCF-Dampflokomotiven schien endgültig geschlagen zu haben. Da bewirkten im Oktober/November der vierte Nahostkrieg und der Erdölboykott der Araber eine nochmalige Wende. Auf Grund scharfer Restriktionsmaßnahmen in weiten Teilen der Welt zur Verminderung des Ölverbrauchs erinnerte man sich plötzlich wieder der kohlegefeuerten Dampftraktion und erwog, wie bei der Suezkrise von 1956 zusätzlich 141 R fuel für den «nationalen» Brennstoff umzubauen. Das Depot Nevers intensivierte bis über Weihnachten hinaus seine Dampffahrten nach Montchanin. Doch damit mußte es sein Bewenden haben. Zuviel Prestige war mit der Umstellung auf Dieselbetrieb schon verbunden, als daß man sich durch einige – vorübergehende – Schwierigkeiten in der Versorgungslage und die – allerdings dauernde – Vervierfachung der Ölpreise fünf Minuten vor zwölf vom einmal gewählten Ziel hätte abbringen lassen können.

Am 4. April 1974 (immerhin noch einmal drei Monate später, als mir die Generaldirektion der SNCF im November angekündigt hatte) war es soweit. Am Tag, da in einem kleinen Dorf der Ile-de-France Staatspräsident Pompidou zu Grabe getragen wurde, erlosch in der Feuerbüchse der 141 R 73 des Depots Sarreguemines die letzte Glut. Noch am 26. März waren fünf Züge, wovon einer nach Saarbrücken, mit Dampf bespannt worden und hatte die 141 R 73 «in Vertretung» einer Dieselmaschine den Personenzug 7199 nach Diemeringen geführt. Als letzte Hilfe für die SNCF war – o Ironie des Schicksals! – die 141 R 73 am 31. März 1974 mit dem Hilfswagen des Depots über Béning nach Forbach geeilt. Im Winter 1974/75 kontingentierte Frankreichs Regierung aus Kostengründen die Öleinfuhr, rief Präsident Giscard d'Estaing seine Landsleute zu einem sparsamen Umgang mit ihren Ölheizungen auf, verbrannten die Dieselfahrzeuge der Staatsbahn gegen 50 000 Tonnen Treibstoff pro Monat und blieben die Dampflokomotiven kaltgestellt. Nur die 140 C 22, 38, 51 und 287 verkehrten auch 1975 mit Fakultativgüterzügen der CFTA ab Gray und ab Châtillon-sur-Seine und waren damit die letzten Dampfmaschinen der SNCF im Normalbetrieb.

Wie wenig die große Serie der 141 R bereits «müde» und abbruchreif war, mag daraus ersehen werden, daß im Herbst 1973 die 141 R fuel 1123, 1124, 1141 und 1144 des Depots Narbonne an die Griechischen Staatsbahnen vermietet wurden, daß diese 8 bis 18 Monate nicht mehr eingesetzten Lokomotiven (mit Leistungen von 110 000 bis 167 000 Kilometern seit der letzten Hauptrevision) vor der Abreise keiner besonderen Vorbereitung bedurften, daß sie zwischen dem 15. November 1973 und dem 25. April 1974 mit schweren Güterzügen Thessaloniki–Idoméni und Thessaloniki–Larissa zusammen 211 020 Kilometer und in einem Fall 13 100 Kilometer pro Monat auf sich vereinigten, daß ihnen (wohl aber dem Personal) auch die Beförderung von 250 Tonnen auf 30 Promille durch enge Kurven und einspurige Tunnels mit knappem Profil nichts ausmachte, daß in fünf Monaten lediglich ein einziger Defekt (der Luftpumpe der 1123, mit einer Verspätungsfolge von 271 Minuten) auftrat und daß die griechischen Eisenbahner, ohne die Dieseltriebfahrzeuge auszuklammern, die 141 R als ihre besten Maschinen lobten. Die vier Lokomotiven wurden, nach Ablauf des Vertrags, durch Jugoslawien, Italien und die Schweiz nach Frankreich geschleppt, dort außer Dienst gestellt und verschrottet.

*

Seit 1965 habe ich, um dieses Buch abfassen zu können, in den Ferien, über Neujahr, an Ostern und an einigen Wochenenden allein mit der SNCF etwa 70 000 Kilometer zurückgelegt, die leider ebensowenig wie die vielen Fahrten meiner Gesinnungsfreunde der Wirtschaftlichkeitsrechnung der Dampfmaschinen gutgeschrieben wurden. Die Zahl der Kilometer erhöhte sich hauptsächlich so stark, weil nach den wiederholten Verschiebungen des Abschieds vom Dampf die sich bietenden Gelegenheiten zur Verbesserung des Bildmaterials nach Möglichkeit wahrgenommen wurden und weil zur Konsultation von rund 200 Betriebsbüchern für die «Lebensläufe» der Lokomotiven fast jedes Depot noch einmal aufgesucht werden mußte.

Verschiedentlich waren meine ausgedehnten «Expeditionen» von kleineren oder größeren Zwischenfällen begleitet. Da meine Reiseprogramme sich stets kurzfristig nach der Verwendung der Dampfmaschinen und nach dem Wetter richteten und Hotelzimmer somit nicht zum voraus reserviert werden konnten, drohte mir mehrmals, wie die Clochards übernachten zu müssen. In Cerbère war ich 1971 einem Diebstahl ausgesetzt, dem außer meinem Photoapparat und zwei Filmen mit unwiederbringlichen Bildern aus der West-Region auch meine persönlichen Papiere zum Opfer fielen. Vermutlich damit im Zusammenhang wurde ich einige Zeit später in Sarreguemines von einer Doppelpatrouille der Polizei vor sieben Uhr morgens aus dem Bette geholt und so lange einvernommen, bis ich glaubhaft machen konnte, daß wenigstens der zweite Vorname meines Urgroßvaters mütterlicherseits sich von dem des gesuchten Bösewichts unterschied... Eine positive Seite war diesen zunächst eher unangenehmen Vorfällen insofern abzugewinnen, als mir die Versicherungsentschädigung zu einer neuen, direkte Gegenlichtaufnahmen ohne Spiegelungen erlaubenden Kamera verhalf.

Weil in den letzten Jahren des französischen Dampfbetriebs die Zahl der Bewegungen tagsüber meist eine bis drei nicht überstieg, gestaltete sich die Nervenbelastung bis zum Erscheinen der fauchenden Ungetüme oft außerordentlich hart. Für zusätzliche Spannung war in der Mittelmeer-Region im Frühsommer 1972 ein Computer besorgt, der jegliche Auskünfte der Lokomotiv-Disponenten immer wieder über den Haufen warf, bis er schließlich elektrische Maschinen auf die noch nicht mit dem Fahrdraht ausgerüstete Strecke Narbonne–Port-Bou glaubte einteilen zu können und dadurch dem Spuk ein rasches Ende bereitete.

Ein – freilich besser funktionierendes oder programmiertes – Elektronenhirn wäre mir häufig von Nutzen gewesen, um bei dem überaus dünnen Personenzugsfahrplan der SNCF mit in der Regel bloß einer bis vier Verbindungen pro Richtung und Tag ein vertretbares Verhältnis zwischen Aufwand und photographischem Ertrag herzustellen. Soweit ich mich nicht ausnahmsweise befreundeten Automobilisten oder Taxis anvertrauen konnte, blieb mir oft nur die Lösung bis zu zwanzig Kilometer langer Fußmärsche übrig. Nach einem besonders strapaziösen «Trip» – in glühender Sonne, ohne Erfrischungsmöglichkeit, den Geleisen entlang – von Port-la-Nouvelle zur Ile Ste-Lucie erlebte ich 1971 meinen bangsten Moment, als ich – eigens dafür hergereist – die wohl letzte Dampf-Dreifachtraktion Frankreichs zu «verewigen» suchte. Das Herz stockte mir fast im Leibe, als sich von links die drei 141 R fuel im Dunst deutlich abzuzeichnen begannen und gleichzeitig von rechts, auf dem näherliegenden Gleis, das hohe Summen einer Diesellokomotive an der Spitze einer Schnellzugskomposition unüberhörbar wurde. Der Leser, dem im Bildteil die nicht ganz optimale Verteilung der drei Maschinen zwischen den Telegraphenmasten auffallen sollte, möge bedenken, daß sich Bruchteile von Sekunden zuvor noch diese nervenaufreibende Kreuzung abgespielt hat.

Insgesamt ist mir das Glück hold gewesen. Den in der Bretagne ihr Gebiet am wirksamsten verteidigenden unzähligen Hunden Frankreichs danke ich, daß sie mich zwar zu beträchtlichen Umwegen zwangen, mir aber doch jedesmal wieder «freien Abzug» gewährten. Die Chinesische Volksrepublik kaufte im geeigneten Zeitpunkt französische Diesellokomotiven und verzögerte damit die Lieferungen an die SNCF, und von den Gewerkschaften wurden die Streiks ausgezeichnet mit meinen Feriendaten «koordiniert». Bedauern empfinde ich vor allem darüber, 1970 in der Nord-Region keinen dampfgeführten Autoreisezug dieses Buches würdig aufgenommen zu haben. Verzweifelt wartete ich Winter für Winter auf Schnee, bis Ende November 1973 das kostbare Weiß doch noch vom Himmel fiel und mir ungeachtet mißlicher Wetterprognosen einen Samstag in gleißendem Licht unter tiefblauem Himmel im Depot Sarreguemines bescherte.

Entgegen den Behauptungen interessierter Stellen festzuhalten bleibt, daß der Dampfbetrieb der SNCF weder der Passagiere noch des Personals wegen beseitigt werden mußte. Zwar habe ich einmal in Perpignan eine Reisende sich beschweren gehört, als der Pyrenäen-Wind Tramontane die Rauchwolke einer «R» etwas ungeschickt in die Perronhalle trieb, doch hätte Dieselqualm genauso gestört. Wer an der Dampffreundlichkeit der meisten Eisenbahnkunden zweifeln wollte, hätte am Ostersonntag 1973 den Rapide 11176 mit sechzehn Liegewagen Cerbère–Paris Austerlitz beobachten sollen. In Perpignan standen die Leute dicht gedrängt und rechneten mit der gewohnten Dieseltraktion, nachdem durch die Lokalpresse im Februar voreilig das Ende der Dampflokomotiven bekanntgegeben worden war. Dann ein Lachen, Stupfen, Zeigen, Starren, Stoßen und Schwärmen nach vorn zu unserer wasserfassenden 141 R fuel 1279 – die spontane Sympathiebezeugung Hunderter von «gewöhnlichen» Passagieren, die in ihrer Mehrzahl die «wahre Eisenbahn» noch gar nicht lange hatten entbehren müssen.

Was die Bediensteten anbelangt, so habe ich von Auray bis Calais und vom Elsaß bis ins Roussillon die verschiedensten Mannschaften befragt und fast stets die selbe Antwort erhalten: «C'est plus vivant» (Er ist lebendiger, der Dampf). Ich könnte das einfache Abschiedsgedicht eines Heizers von Gray auf dem Kessel der ausrangierten 140 C 208 zitieren («Ma chère vapeur/malgré ma douleur et mes pleurs/tu restera gravée/dans mon cœur») oder Worte tiefsten Bedauerns über die mit den Dampfmaschinen verlorene echte Kollegialität anführen, und es ließe sich darauf hinweisen, daß in den großen Pariser Bahnhöfen heute kein Mensch mehr das Personal noch so farbenfroh gestrichener Lokomotiven eines Blickes zu würdigen pflegt, was früher ganz anders war.

Doch um verständlich zu machen, daß die Lokomotivführer und die Heizer trotz aller angeblichen und tatsächlichen Vorteile der «modernen» Traktionsmittel oft nur sehr ungern von ihren zischenden Kolossen herabgestiegen sind, möge der Leser mich noch einmal in den Süden hinunter begleiten. Wenn in Cerbère eine 141 R fuel mit einem Rapide von 760 Tonnen am Tenderhaken die schon im Bahnhof einsetzende 14-Promille-Rampe attackierte, wenn der unmittelbar folgende kurze Tunnel im Qualm fast undurchdringlich schien und die Räder plötzlich keinen Halt mehr fanden, wenn, wieder im Freien, der Flammenschein an den Felswänden zuckte und die Besucher des Campingplatzes vor ihre Zelte und Wohnwagen traten, um das optische und akustische Schauspiel der zu größter Kraftanstrengung entfesselten Lokomotive mitzuerleben, deren Rauchsäule, zum Abstechen dick, in der Luft förmlich stehenblieb, wenn, nach Collioure, die Lichter der Küstenorte sich wie an einer Perlenkette aufzureihen begannen, wenn die Rohre gereinigt, wenn über Dutzende von Kilometern 100 km/h gehalten und wild pfeifend stockende Automobilkolonnen links liegengelassen wurden, wenn sich beidseits die Meeresarme dehnten, der Mond seine goldenen Spuren legte, salzige Düfte sich mit dem Geruch verbrannten Öles mischten und das Leuchtfeuer von Leucate Plage blinkend kreiste, und wenn am Ende der rauschenden Fahrt, im 90-km/h-Durchschnitt von Perpignan, in Narbonne die Reisenden aus den Wagenfenstern die zum Depot zurückrollende Maschine winkend grüßten, so hatten deren Mannschaft – und ihr dankbarer Gast – eine Fülle von Sinneseindrücken hinter sich, die man nicht leicht vergißt.

Zollikon, Dezember 1974 *H. Bosshard*

Nachtrag

Von regionalen Manifestationen im Norden und im Westen abgesehen, hat die SNCF bis Ende 1975 dem Abschied vom Dampf nicht die geringste kleine Feier und keinen offiziellen Akt gewidmet. Diese – besonders auch in historischer Sicht – ebenso unverständliche wie unverzeihliche Haltung wurde nur durch die Tatsache gemildert, daß die Staatsbahn den privaten Initiativen für «letzte Fahrten» eine Zeitlang keine allzu großen Hindernisse in den Weg legte und daß sich manche ihrer Persönlichkeiten des mittleren Kaders um deren Durchführung Verdienste erwarben.

Am 1. Juni 1975 drängten sich gegen 1500 begeisterte Passagiere in 16 überfüllten Vierachsern eines Extrazugs (Montpellier/Lodève–) Narbonne–Port-Bou und zurück. Von zahllosen Tonbandgeräten registriert und auf Hunderten von Metern Film für die Nachwelt festgehalten, verließ die 141 R fuel 1126 des Depots Narbonne den Bahnhof Cerbère bei strömendem Regen und entsprechendem Schienenzustand, drehte mit ihren 809 Tonnen Anhängelast (39 Tonnen mehr als das reguläre Höchstgewicht) bis zum Scheiteltunnel nach Banyuls nicht weniger als sechsmal schleudernd durch, erbrachte aber auch diese letzte bedeutende Leistung, die man von ihr verlangte. Nach der Ankunft in Narbonne versammelte sich das Musikkorps «Réveil lodévois» und standen die Majoretten von Lodève und von Clermont-l'Hérault Spalier, worauf der Präsident der «Association Lodévoise du Train de l'Amitié» der Mannschaft der Lokomotive und dem Bahnhofvorstand von Narbonne Blumensträuße und eine Widmung überreichte. In einer Atmosphäre allgemeiner Bewegung erklangen die Marseillaise und die sonst nur für Staatspräsidenten und andere höchste Persönlichkeiten reservierte Sonnerie «Au champs», gefolgt von dem lebhaften «Marche des enfants de Troupe». Gellend pfeifend rauchte die Maschine in ihr Depot zurück.

Den letzten regulären Dampfzug Frankreichs hat am 24. September 1975 die 140 C 287 befördert. Es war ein Fakultativgüterzug der CFTA von Troyes nach Châtillon-sur-Seine. Am 6. November schleppte die 140 C 38 ihre Schwesterlokomotive in dichtem Nebel von Châtillon nach Gray zurück, von wo die beiden Maschinen später Culmont-Chalindrey erreichten – ohne Pauken und Trompeten, wie betrübt ein Freund mir schrieb, doch mit der Aussicht für die C 38, im April 1976 an der Spitze eines Sonderzugs der CFTA schließlich ganz besonders gefeiert zu werden. (Eine Hoffnung, die sich leider nicht erfüllte. Die SNCF als Besitzerin der Lokomotive hat, wie wir kurz vor Drucklegung erfahren, die Zirkulation dieses Zuges nicht gestattet.)

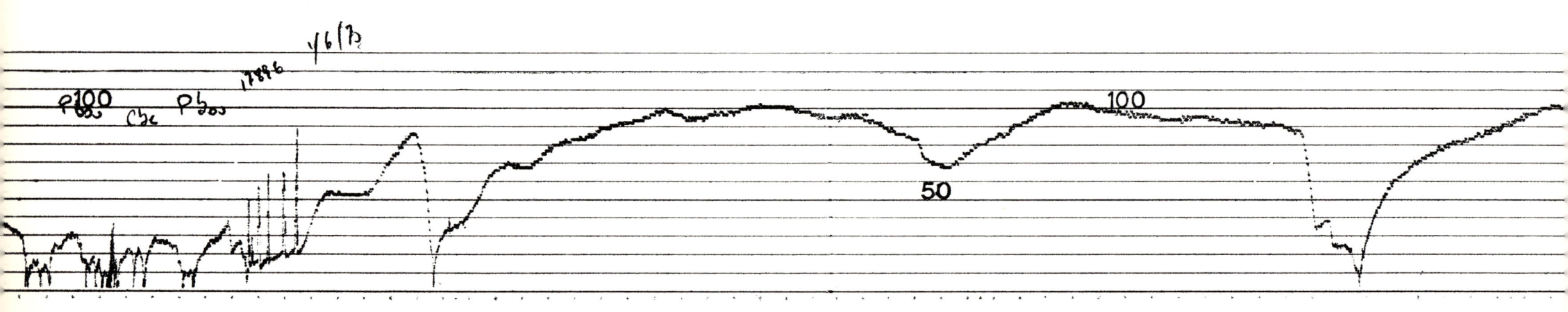

Weder positiv noch negativ ist bisher über das Schicksal der 141 R fuel 1187 des Depots Vénissieux entschieden worden, obwohl diese Lokomotive, mit jetzt abgelaufener Kesselfrist, allein im Jahre 1975 bei zehn Extrafahrten fast 4000 Kilometer absolvierte und mit den Einnahmen ihre sämtlichen Kosten gedeckt werden konnten. Am 19. Oktober 1975 waren sogar Russen mit ihr über die «ligne des Alpes» gereist. Tausende von Eisenbahnfreunden fragen sich seither, ob die große SNCF die Großzügigkeit aufbringen wird, diese letzte 141 R, die mit den übrigen Maschinen ihrer Serie zum Wiederaufbau der Nation sehr viel beigetragen hat, vor dem Hochofen zu retten und noch einmal hauptrevidieren zu lassen. Zurzeit soll sich selbst der Premierminister Frankreichs mit diesem Problem befassen.

Geschwindigkeits-Meßstreifen der denkwürdigen Fahrt der 141 R fuel 1126 des Depots Narbonne am 1. Juni 1975 mit einem Extrazug von 16 Wagen/64 Achsen/809 Tonnen auf der 107 Kilometer langen Strecke Port-Bou–Narbonne (mit Halt in Cerbère, Banyuls-sur-Mer und Perpignan).

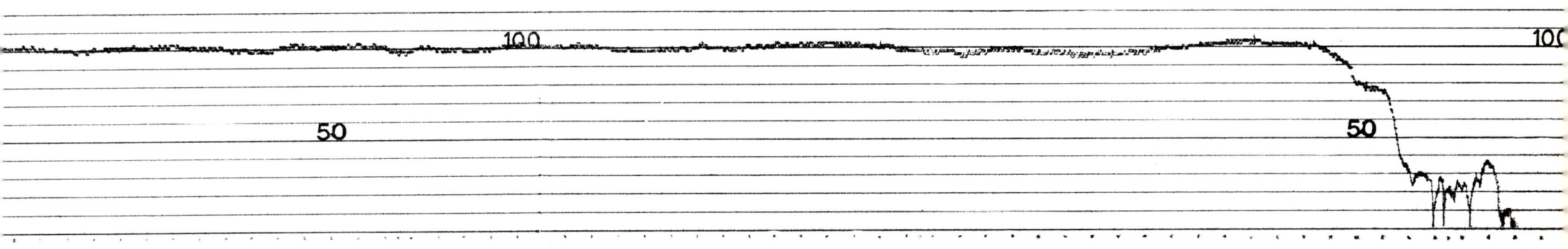

Hinweise

Der *Abbildungsteil* ist, wie die SNCF im Winter 1970/71, in sechs Regionen gegliedert, denen je eine Übersichtskarte vorangestellt wird. Bei der Einteilung nach den Heimatdepots der Lokomotiven ergab sich in zwei Fällen eine (geringe) Abweichung vom Territorialprinzip.

Für die *Bildauswahl* waren ebensosehr wie die photographische Qualität die sachliche Aussagekraft der Aufnahmen, betriebliche Spezialitäten und das Streben nach einem gewissen Gleichgewicht zwischen den (allerdings verschieden großen und nicht gleich stark elektrifizierten) Regionen maßgebend.

Sämtliche *Bild-Legenden* sind einheitlich aufgebaut: Ort der Aufnahme; Typ(en), Nummer(n) und Heimatdepot(s) der Lokomotive(n); Kategorie(n) und Nummer(n) des Zuges (der Züge); wo möglich und von Interesse Wagen- und Achszahl sowie Gewicht der Komposition(en); Laufweg der Lokomotive(n); in Klammern Herkunfts- und Bestimmungsort des Zuges (der Züge); Besonderheiten traktionstechnischer, baulicher, betrieblicher, historischer und geographischer Art; Datum der Aufnahme. Leerfahrten (Triebfahrzeuge ohne Wagen) haben zum Teil keine Nummer getragen. Bereits ausrangierte Lokomotiven bleiben in der Regel unerwähnt. Als Heimatdepot gilt die Zuteilung am Tag der Aufnahme, als Depot das gesamte Depotgelände.

Den *«Lebensläufen»* der Lokomotiven ist in Klammern die Region bzw. die frühere Bahngesellschaft beigefügt. Zwischen formellen Versetzungen der Triebfahrzeuge und bloßen Detachierungen wird nicht unterschieden; die letzteren waren vor allem in den Alpen zur Verstärkung der Depots von Annemasse und Grenoble im Spitzenverkehr üblich. Das Ausrangierungsdatum bezieht sich auf die Betriebsfähigkeit und nicht auf die buchhalterische Ausscheidung der Lokomotiven, die Kesselnummer auf das zugehörige Triebfahrzeug und nicht auf die Fabrikation. Fast alle Lokomotiven waren zeitweilig in konserviertem Zustand abgestellt, was die «Lebensläufe» nicht besonders erwähnen. In bezug auf die 141 R hatten die Depots Amagne (1), Beauvais (2), Hirson (2), Niort (3), Coutras (4), Corbeil (5), Montargis (5), Paray-le-Monial (5) und nach dem 6.1954 auch Le Teil (6), nach dem 6.1967 Avignon (6) und nach dem 10.1971 Miramas (6) reine Garage-Funktionen. Die zurückgelegten Distanzen sind auf die nächsten 50000 Kilometer auf- oder abgerundet. Wo einzelne Angaben fehlen (...), haben sich diese nicht mehr ermitteln lassen, weil die Betriebsbücher (livrets d'entretien) durch Kriegseinwirkungen oder aus andern Gründen vorzeitig vernichtet wurden oder Lücken enthielten. Die Depotbezeichnungen Darmstadt Kranichstein (DR) und Guingamp Patte d'Oie (CFTA) mußten aus Platzgründen abgekürzt werden.

Bei *Fachausdrücken* wird dem deutschschweizerischen Sprachgebrauch gefolgt. «Depot» entspricht dem deutschen «Bahnbetriebswerk» und dem österreichischen «Heizhaus», «Rotonde» dem deutschen «Rundschuppen», «Werkstätte» dem «Ausbesserungswerk», «Revision» der «Ausbesserung» und «Perron» dem «Bahnsteig». Zur Unterscheidung der beiden Schnellzugskategorien werden die französischen Original-Bezeichnungen «Rapide» (sehr schnell) und «Expreß» (langsamerer Schnellzug) verwendet. «Autorails» sind Dieseltriebwagen.

Die *geographischen Angaben* richten sich sowohl in den Übersichtskarten als auch in den Texten nach der offiziellen Schreibweise der betreffenden Länder. Aus diesem Grunde nicht verwendet wurden die gebräuchlichen deutschen Übersetzungen Mülhausen (Mulhouse), Neu-Breisach (Neuf-Brisach), Straßburg (Strasbourg), Dünkirchen (Dunkerque), Nizza (Nice), Genf (Genève), Posen (Poznań) und Schneidemühl (Piła).

Die *Depots* Noisy-le-Sec, Vaires und Nogent-Vincennes befinden sich im Osten, La Chapelle, La Plaine, Le Bourget, Les Joncherolles und Mitry im Norden sowie Batignolles, Achères, Argenteuil und Trappes im Westen von Paris. Fives und La Délivrance sind in Lille, Montigny bei Metz, Ile Napoléon bei Mulhouse, Sotteville bei Rouen und Badan bei Lyon zu finden. Die *Lokomotivfabriken* Blanc-Misseron, Raismes und Denain gehören zur weiteren Umgebung von Valenciennes.

Über die *Rettung in diesem Buche gezeigter Lokomotiven* ist gegenwärtig folgendes bekannt:

241 P 9: Denkmal in Guîtres bei Bordeaux und häufiger Gegenstand von Gerüchten betreffend eine Reaktivierung;

141 C 100: im Besitz von Eisenbahnfreunden der Gegend von Caen im Hinblick auf touristische Sonderfahrten;

140 C 27: Museumsbahnbetrieb Rosheim–Ottrott (bei Strasbourg);

040 TA 137: Depot Longueville der AJECTA;

141 R 73: regelmäßig unter Druck im Museum von Bressingham in Südostengland;

141 R 420: Ankaufsbemühungen durch die Société Civile de Conservation, F-77116 Ury;

141 R 568: im Besitz der Eisenbahnfreunde von Grenoble für einen späteren Museumsbahnbetrieb Pontcharra–La Rochette;

141 R 1207: mit Tender 30 R 1206 als Privatbesitz im Depot Montargis remisiert;

141 R fuel 1126: für ein Dampflokomotivmuseum in Lodève vorgesehen, mit der Möglichkeit einer künftigen Reaktivierung;

141 R fuel 1158: zur Aufstellung im Nationalen Eisenbahnmuseum in Mulhouse in Aussicht genommen;

141 R fuel 1187: siehe «Nachtrag»;

141 R fuel 1244: vom Verein «Mikado 1244» mit der Absicht von Sonderfahrten in der Schweiz erworben und im SBB-Depot Rapperswil untergebracht.

Bei den *CFTA* (Chemins de Fer et Transports Automobiles) handelt es sich um eine unabhängige Privatgesellschaft, die ihren Aktionären regelmäßig Dividenden auszuschütten vermag. Sie hat bis 1975 von der SNCF Dampflokomotiven gemietet und betreibt unter anderen die in diesem Buche erwähnten Eisenbahnstrecken Gray–Vesoul, Gray–Culmont-Chalindrey, Gray–Châtillon-sur-Seine–Troyes, Longueville–Villiers-St-Georges und Guingamp–Paimpol.

Weitere *Abkürzungen:*

AJECTA = Association de Jeunes pour l'Exploitation de Chemins de fer Touristique et d'Attraction
AW = Ausbesserungswerk
CH = Organisme des chemins de fer helléniques, S.A.
DB = Deutsche Bundesbahn
DR = Deutsche Reichsbahn
Est = Chemins de fer de l'Est (bis Ende 1937)
Etat = Chemins de fer de l'Etat (bis Ende 1937)
Nord = Chemins de fer du Nord (bis Ende 1937)
PLM = Compagnie des chemins de fer Paris–Lyon–Méditerranée (bis Ende 1937)
PO = Réseau d'Orléans (bis Ende 1933)
PO-Midi = Réseau d'Orléans nach Fusion mit der Compagnie du Midi (bis Ende 1937)
RENFE = Red Nacional de los Ferrocarriles Españoles
SBB = Schweizerische Bundesbahnen
SNCF = Société nationale des chemins de fer français (ab 1938)
TEEM = Trans-Europ-Express-Marchandises

Von einer Ausnahme abgesehen, entstammen die in diesem Buche, mit freundlicher Genehmigung des Herausgebers, wiedergegebenen *Skizzen* dem Werk «Le matériel moteur et remorqué SNCF» des Verlags «Loco-Revue», B.P.9, F-56400 Auray. Eine weitere Zeichnung verdanken wir J. Gillot (Vitry-le-François) und den «Scrapbooks» des Muséon di Rodo, F-30700 Uzès (Gard).

Der *Abschluß des Buches* erfolgte am 31.12.1975.

Dank des Verfassers

Mein Dank gilt in erster Linie A. Chapelon, dem früheren Chef der Dampflokomotiv-Studienabteilung der SNCF, dessen wertvolles Vorwort mir eine hohe Ehre und die größtmögliche Anerkennung bedeutet. H. D. Finck danke ich für seine Ratschläge und die einfühlende Gestaltung des Bildteils, meiner Frau für ihre vielfältige Geduld sowie der Leitung und den Mitarbeitern des Verlags für die sorgfältige Ausführung und Präsentation meines Buches.

Zahllose Eisenbahner in ganz Frankreich haben mich unterstützt, die Bauabteilungen von Amiens, Chambéry, Clermont-Ferrand, Dijon, Metz und Montpellier genaue Aufschlüsse über ihre Strecken und Bahnhöfe erteilt, verschiedene Depots ihre Triebfahrzeug-Einteilungen zur Verfügung gestellt und die Lokomotivführer und Heizer alle Geheimnisse ihrer schwarzen Kunst angewandt, um ihre Maschinen möglichst eindrucksvoll rauchen zu lassen.

Von den vielen Persönlichkeiten, die mir teils jahrelang ihre verständnisvolle Hilfe gewährten, danke ich im besonderen J. Amigues (Narbonne), J. Barthélemy (Hausbergen), P. Beaufils (Annemasse), C. Bernard (Monthey), E. Bertrand (Nevers), P. Boulanger (Sarreguemines), Ph. Breuil (Asnières), P. Bricard (Narbonne), P. Le Carrères (Sarreguemines), M. Cauvy (Lodève), J. Chapuis (Wabern), R. Cochon (Nevers), B. Collardey (St-Mammès), A. Darius (Argentan), J. Deret (Narbonne), M. Deschamps (Montchanin), A. Deymier (Narbonne), A. Ernst (Zürich), J. Floquet (Genève), R. Gascard (Chalindrey), Y. Gaussent (Thouars), G. Gautier (Nantes), R. Giron (Paris), K. Hofer (Zürich), W. Hofer (Genève), G. Jacquemin (Nevers), R. Jesson (Verdun), J. Kieffer (Metz), R. Killian (Le Mans), P. Lamarche (Paris), R. Laumonier (Vierzon), M. Lengellé (Paris), M. Leparoux (Le Mans), P. Massé (Gray), L. Massotte (Chaumont), R. Ménestret (Paris), M. Merceron (Thouars), M. Mermoz (Vénissieux), R. Montarou (Le Mans), H. Naudot (Paris), U. Oettinger (Bottmingen), M. Pantard (Montluçon), J. Paul (Strasbourg), A. Presle (St-Etienne), A. Rasserie (Vénissieux), A. Rinié (Sarreguemines), G. Saillet (Paris), P. Séguier (Narbonne), J. Souchon (Montpellier), J. Thomas (Narbonne), A. Treiber (Châlons-sur-Marne), A. Umber (Sarreguemines), R. Vagner (Paris), Ph. Vicaire (Paris) und Hch. Wydler (Schlieren).

Schließlich danke ich der Generalvertretung der SNCF in Bern, dem Wetterdienst des Flughafens Kloten, der Zentralen Transportleitung der DB in Mainz, dem Fahrplanbüro der SBB-Generaldirektion sowie den Pressediensten der CH, der DB und der SBB.

Abb. 1 Pont-Marcadet (Paris). 141 TC 59 (Les Joncherolles), mit Vorortspendelzug 441, 8 Wagen/32 Achsen/419 t, Paris Gare du Nord–Montsoult-Maffliers–Persan-Beaumont, auf der mehrspurigen Strecke nach St-Denis.
(15. Februar 1970)

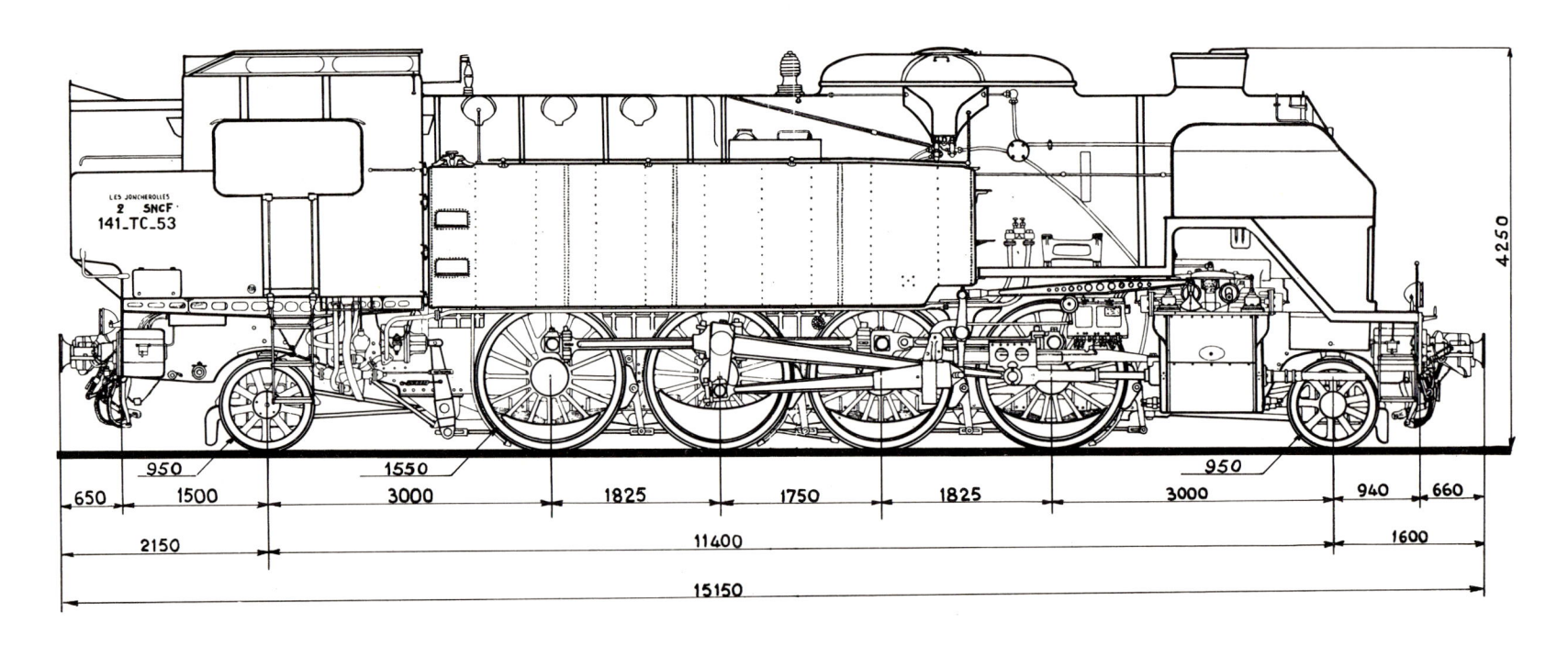

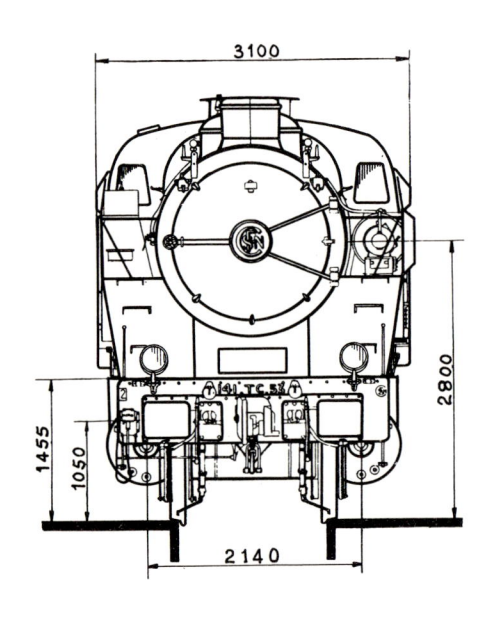

141 TC

Baujahre	1932–1935
Anzahl	72
Kesseldruck	16/18 kg/cm²
Höchstgeschwindigkeit	105 km/h
Zahl der Zylinder	2
Zylinderdurchmesser	585/640 mm
Kolbenhub	700 mm
Rostfläche	3,14 m²
Verdampfungsheizfläche	148,51 m²
Überhitzerheizfläche	64,25 m²
Leergewicht	99 t
Dienstgewicht	121,5 t
größter Achsdruck	21 t
Länge über Puffer	15,15 m
Triebraddurchmesser	1,55 m
Wasservorrat	10 000 l
Kohlevorrat	4 t

141 TC 13 (Abb. 55)

Lieferfirma:	Graffenstaden
Inbetriebnahme:	2. 2.1934

Heimatdepots:
La Chapelle (Nord)	2. 2.34–21.10.34
Persan-B. (Nord/2)	22.10.34–30. 6.62
Les Joncherolles (2)	ab 1. 7.62

Gesamtleistung:	1,35 Mio. km
Leistung bis Ende 1951:	...
größte Jahresleistung:	...
größte Monatsleistung:	...

letzte Hauptrevision:
Dunkerque (2)	......68–...3.68
Leistung seither:	98 473 km
letzte Kesselprobe:	29.4.64
Ausrangierung:	18.3.70

141 TC 15 (Abb. 51)

Lieferfirma:	Graffenstaden
Inbetriebnahme:	22. 5.1934

Heimatdepots:
La Chapelle (Nord)	22. 5.34–30. 5.34
Persan-B. (Nord)	31. 5.34–20.12.37
Mitry (Nord/2)	21.12.37–27. 6.50
Les Joncherolles (2)	ab 28. 6.50

Gesamtleistung:	1,35 Mio. km
Leistung bis Ende 1952:	...
größte Jahresleistung:	...
größte Monatsleistung:	...

letzte Hauptrevision:
Dunkerque (2)	......68–...6.68
Leistung seither:	101 053 km
letzte Kesselprobe:	13.8.64
Ausrangierung:	14.12.70

141 TC 25 (Abb. 51)

Lieferfirma:	SFB, Raismes
Inbetriebnahme:	10. 4.1934

Heimatdepots:
La Chapelle (Nord)	10. 4.34–25. 4.34
Persan-B. (Nord/2)	26. 4.34–21. 8.41
Les Joncherolles (2)	ab 22. 8.41

Gesamtleistung:	1,5 Mio. km
Leistung bis Ende 1952:	...
größte Jahresleistung:	...
größte Monatsleistung:	...

letzte Hauptrevision:
Dunkerque (2)	19.2.69–4.4.69
Leistung seither:	93 318 km
letzte Kesselprobe:	26.2.65
Ausrangierung:	14.12.70

141 TC 27 (Abb. 54)

Lieferfirma:	SFB, Raismes
Inbetriebnahme:	20.11.1933

Heimatdepots:
La Chapelle (Nord)	20.11.33– 2.12.33
Persan-B. (Nord/2)	3.12.33–19. 4.43
Mitry (2)	20. 4.43– 9.10.45
Les Joncherolles (2)	ab 10.10.45

Gesamtleistung:	1,35 Mio. km
Leistung bis Ende 1951:	...
größte Jahresleistung:	...
größte Monatsleistung:	...

letzte Hauptrevision:
Dunkerque (2)	......68–...4.68
Leistung seither:	96 413 km
letzte Kesselprobe:	5.6.64
Ausrangierung:	14.12.70

141 TC 30 (Abb. 50)

Lieferfirma:	SFB, Raismes
Inbetriebnahme:	17. 1.1934

Heimatdepots:
La Chapelle (Nord)	17. 1.34–28. 1.34
Persan-B. (Nord)	29. 1.34–27. 5.34
Mitry (Nord/2)	28. 5.34–30. 8.41
Les Joncherolles (2)	31. 8.41–27. 7.50
Creil (2)	28. 7.50–20. 7.52
Les Joncherolles (2)	ab 21. 7.52

Gesamtleistung:	1,6 Mio. km
Leistung bis Ende 1952:	...
größte Jahresleistung:	...
größte Monatsleistung:	...

letzte Hauptrevision:
Dunkerque (2)	23.4.69–10.6.69
Leistung seither:	105 491 km
letzte Kesselprobe:	20.6.63
Ausrangierung:	8.12.70

141 TC 54 (Abb. 52)

Lieferfirma:	Le Creusot
Inbetriebnahme:	2. 2.1935

Heimatdepots:
La Chapelle (Nord)	2. 2.35– 9. 7.36
Les Joncherolles (N./2)	10. 7.36– 1. 4.43
Mitry (2)	2. 4.43– 6.11.44
Les Joncherolles (2)	ab 7.11.44

Gesamtleistung:	1,6 Mio. km
Leistung bis Ende 1952:	...
größte Jahresleistung:	...
größte Monatsleistung:	...

letzte Hauptrevision:
Dunkerque (2)	22.8.69–1.10.69
Leistung seither:	101 094 km
letzte Kesselprobe:	14.9.61
Ausrangierung:	14.12.70

141 TC 59 (Abb. 1)

Lieferfirma:	Le Creusot
Inbetriebnahme:	16. 6.1935

Heimatdepots:
La Chapelle (Nord)	16. 6.35– 9. 7.36
Les Joncherolles (N./2)	ab 10. 7.36

Gesamtleistung:	1,5 Mio. km
Leistung bis Ende 1952:	...
größte Jahresleistung:	...
größte Monatsleistung:	...

letzte Hauptrevision:
Dunkerque (2)	24.3.69–6.5.69
Leistung seither:	103 194 km
letzte Kesselprobe:	13.5.65
Ausrangierung:	8.12.70

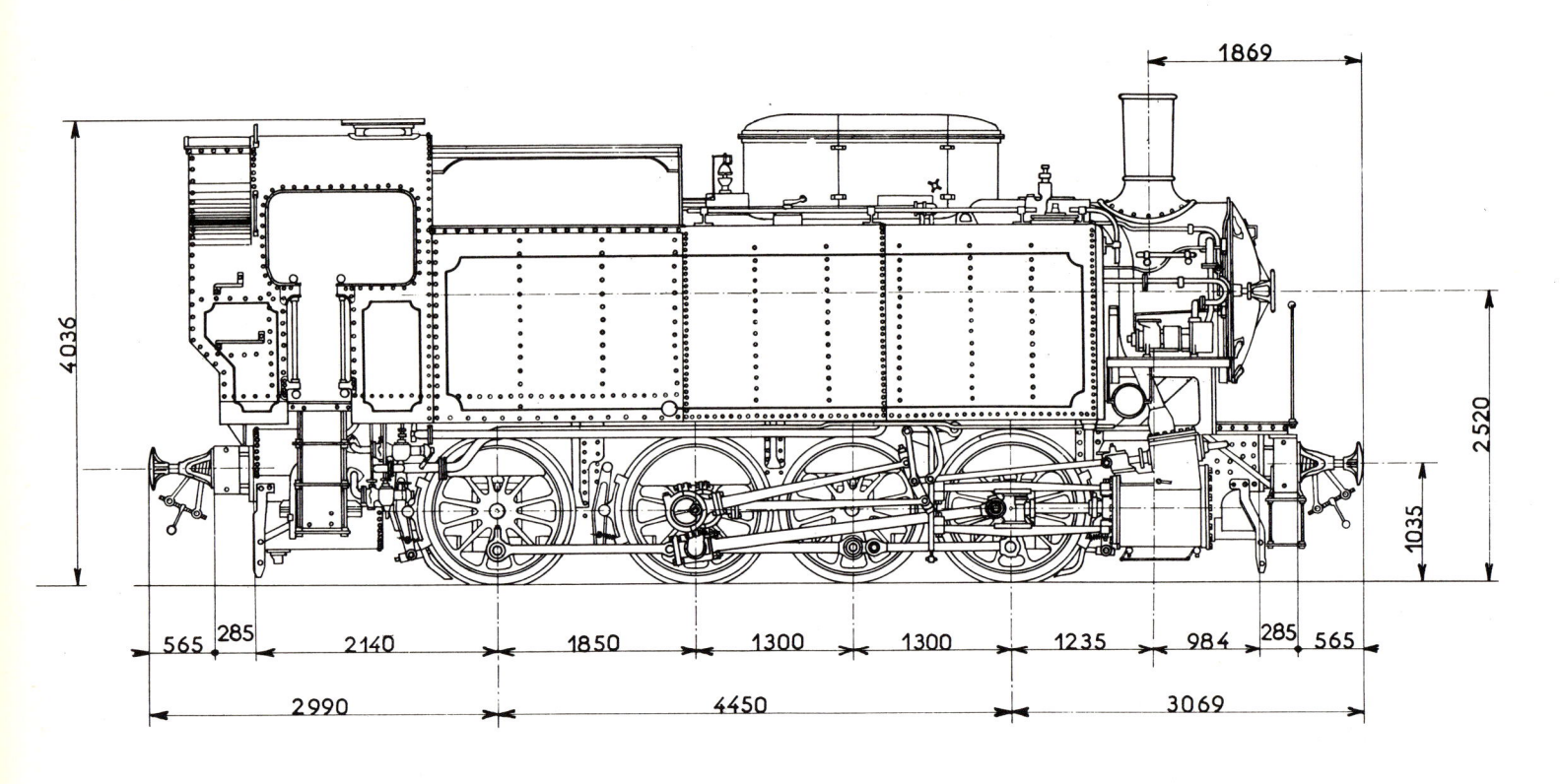

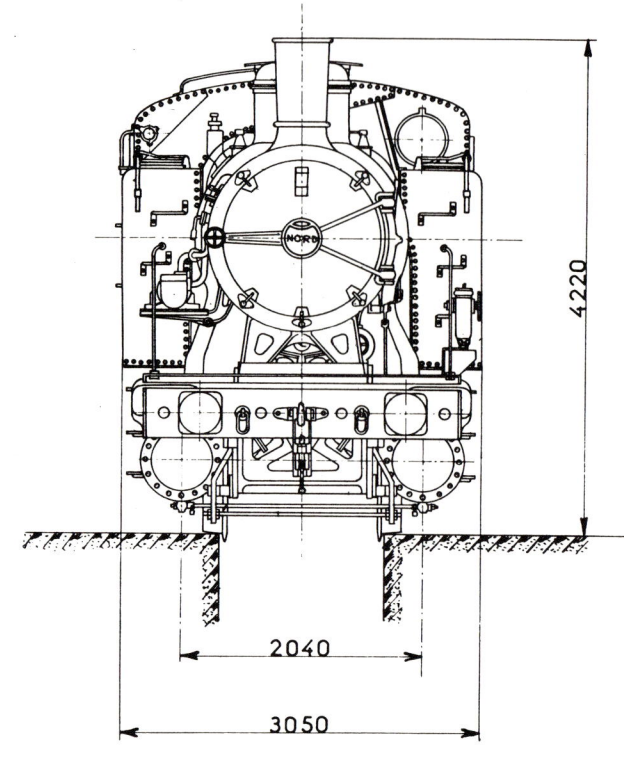

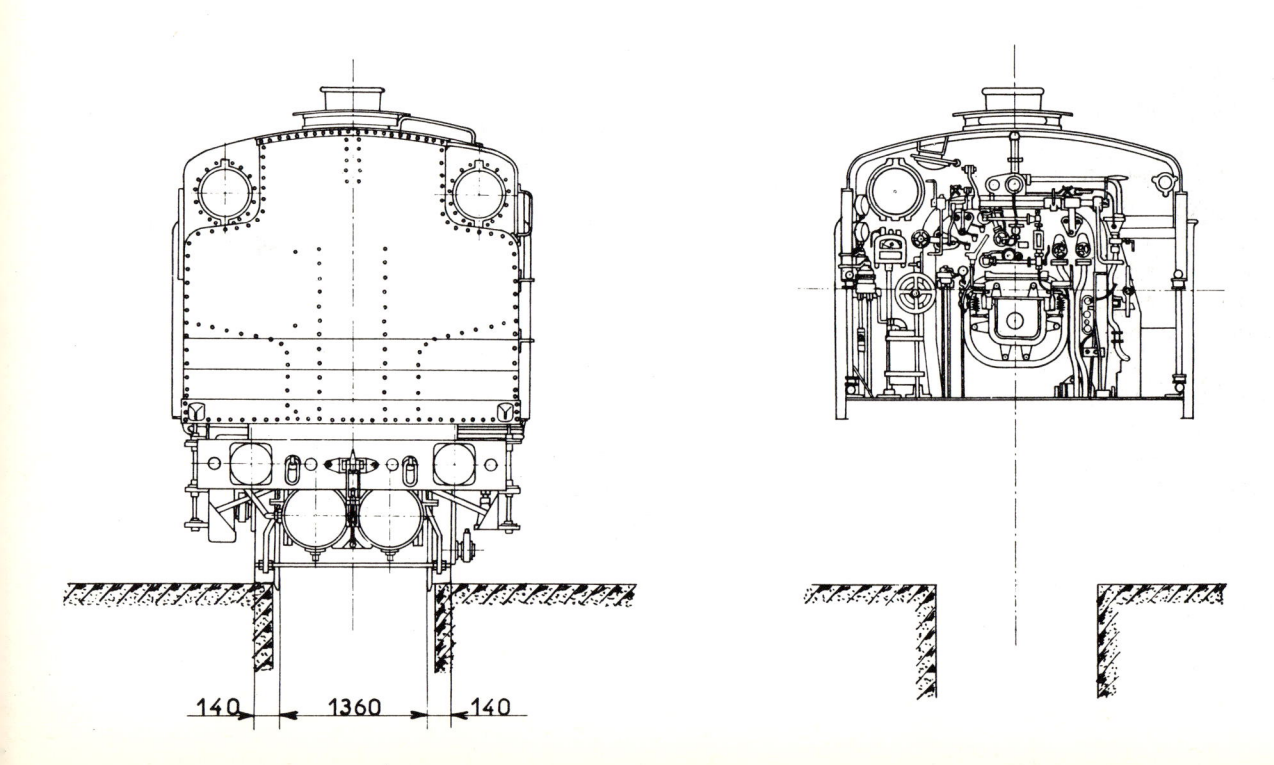

040 TG

Baujahre	1930–1933
Anzahl	80
Kesseldruck	12 kg/cm²
Höchstgeschwindigkeit	50 km/h
Zahl der Zylinder	2
Zylinderdurchmesser	510 mm
Kolbenhub	660 mm
Rostfläche	2,32 m²
Verdampfungsheizfläche	104,46 m²
Leergewicht	51 t
Dienstgewicht	72,8 t
größter Achsdruck	19,7 t
Länge über Puffer	10,509 m
Triebraddurchmesser	1,26 m
Wasservorrat	9750 l
Kohlevorrat	7,3 t

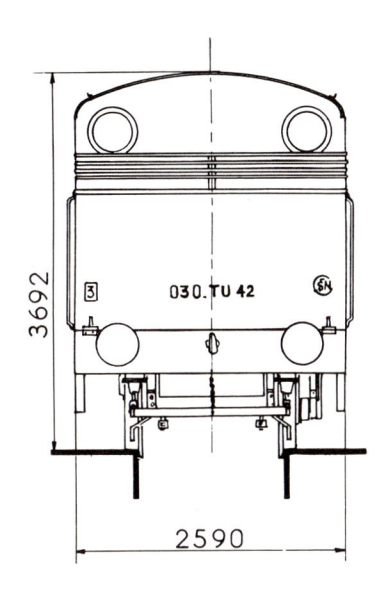

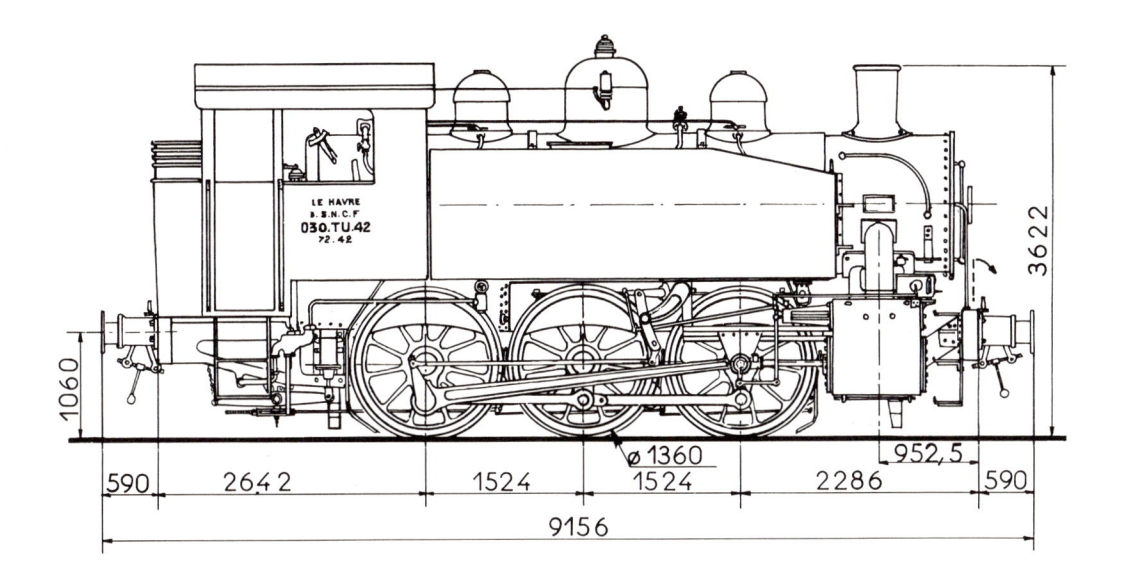

030 TU

Baujahr	1943
Anzahl	77*
Kesseldruck	14,5 kg/cm²
Höchstgeschwindigkeit	50 km/h
Zahl der Zylinder	2
Zylinderdurchmesser	419 mm
Kolbenhub	610 mm
Rostfläche	1,7/1,81 m²
Verdampfungsheizfläche	73,77/74 m²
Leergewicht	35,8 t
Dienstgewicht	45 t
grösster Achsdruck	15 t
Länge über Puffer	9,156 m
Triebraddurchmesser	1,36 m
Wasservorrat	4500 l
Kohlevorrat	1,1 t
Schwerölvorrat	1,5 t

* davon 16 für Ölfeuerung

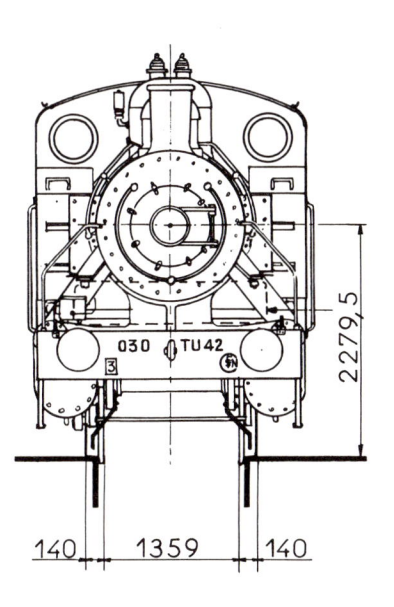

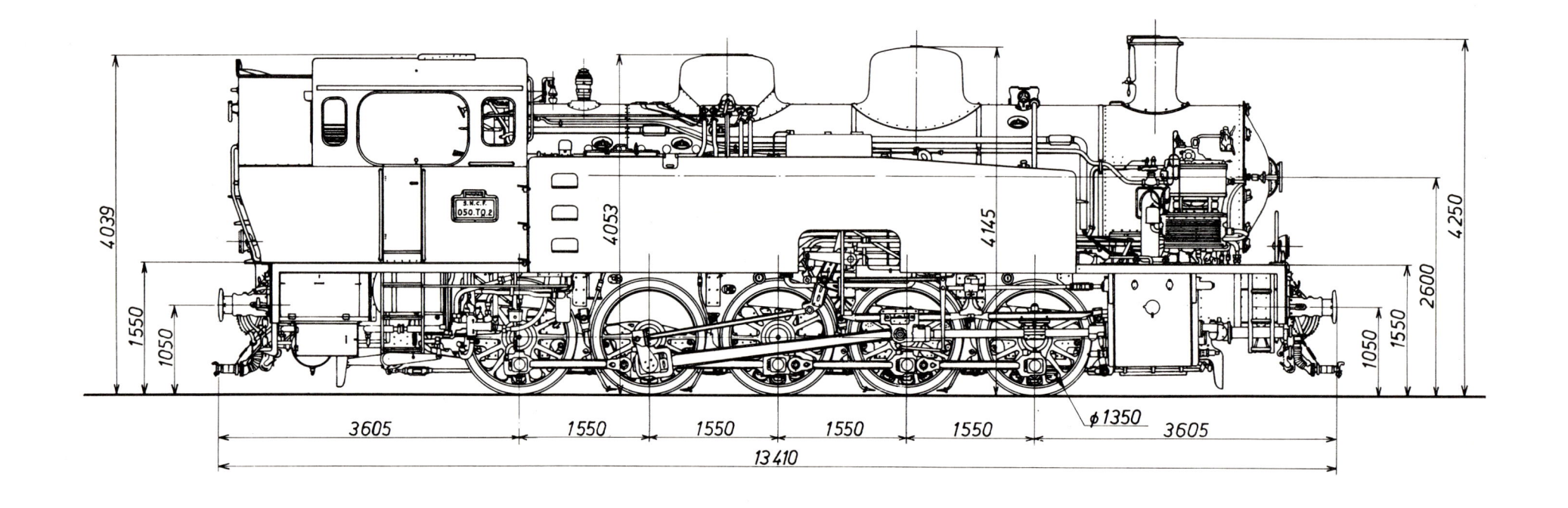

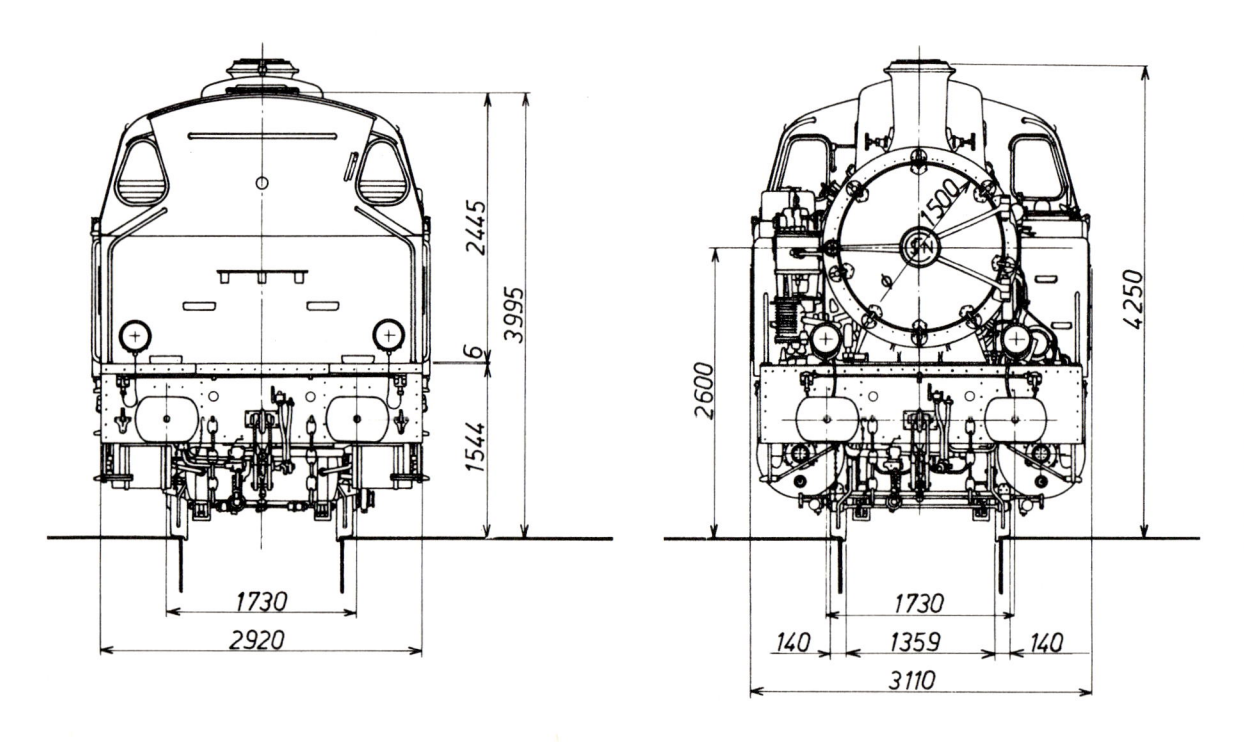

050 TQ

Baujahre	1948–1949
Anzahl	35
Kesseldruck	12 kg/cm²
Höchstgeschwindigkeit	60 km/h
Zahl der Zylinder	2
Zylinderdurchmesser	630 mm
Kolbenhub	660 mm
Rostfläche	2,77 m²
Verdampfungsheizfläche	140,4 m²
Überhitzerheizfläche	38,4 m²
Leergewicht	72,6 t
Dienstgewicht	95 t
größter Achsdruck	19 t
Länge über Puffer	13,41 m
Triebraddurchmesser	1,35 m
Blasrohr	Kylchap
Wasservorrat	11 160 l
Kohlevorrat	5,1 t

040 TG 35 (Abb. 53)

Lieferfirma:	Blanc-Misseron
Inbetriebnahme:	17. 6.1931

Heimatdepots:
Douai (Nord)	17. 6.31– 4. 4.37
Dunkerque (Nord/2)	5. 4.37–12. 5.42
Arras (2)	13. 5.42–23.12.44
Béthune (2)	24.12.44–25. 5.49
Arras (2)	26. 5.49– 5. 1.56
La Plaine (2)	6. 1.56–24. 1.59
Le Bourget (2)	25. 1.59–28. 1.65
Aulnoye (2)	29. 1.65–18.10.68
Les Joncherolles (2)	ab 19.10.68

Gesamtleistung:	0,65 Mio. km
Leistung bis Ende 1950:	...
größte Jahresleistung:	...
größte Monatsleistung:	...

letzte Hauptrevision:
Mitry (2)	1.10.62–13.7.63
Leistung seither:	74 320 km
letzte Kesselprobe:	2.7.63
Ausrangierung:	25.8.70

030 TU 18 (Abb. 53)

Lieferfirma:	Porter (USA)
Inbetriebnahme:	1. 5.1945

Heimatdepots:
Thionville (1)	1. 5.45– 2. 5.46
Hazebrouck (2)	3. 5.46–14. 1.51
Fives (2)	15. 1.51–30.11.64
La Délivrance (2)	1.12.64– 8.11.67
Aulnoye (2)	9.11.67–17. 2.69
Les Joncherolles (2)	ab 18. 2.69

Gesamtleistung:	0,35 Mio. km
Leistung bis Ende 1957:	...
größte Jahresleistung:	...
größte Monatsleistung:	...

letzte Hauptrevision:
Tergnier (2)	26.12.57–29.3.58
Leistung seither:	75 088 km
letzte Kesselprobe:	7.3.58
Ausrangierung:	3.3.70

030 TU 32 (Abb. 10)

Lieferfirma:	D'port-B. (USA)
Inbetriebnahme:	5. 1.1945

Heimatdepots:
Caen (3)	5. 1.45–21. 2.50
Nancy (1)	22. 2.50– 5. 2.61
Blainville (1)	6. 2.61– 4. 7.63
Chaumont (1)	ab 5. 7.63

Gesamtleistung:	...
Leistung bis Ende 1956:	...
größte Jahresleistung:	...
größte Monatsleistung:	...

letzte Hauptrevision:
Nancy (1)	......58–...10.58
Leistung seither:	...
letzte Kesselprobe:	...10.58
Ausrangierung:	7.10.68

050 TQ 32 (Abb. 50)

Lieferfirma:	SFCM, Denain
Inbetriebnahme:	3. 9.1949

Heimatdepots:
Aulnoye (2)	3. 9.49– 2. 3.68
Les Joncherolles (2)	ab 3. 3.68

Gesamtleistung:	0,35 Mio. km
Leistung bis Ende 1959:	...
größte Jahresleistung:	...
größte Monatsleistung:	...

letzte Hauptrevision:
Aulnoye (2)	16.12.65–24.1.66
Leistung seither:	64 708 km
letzte Kesselprobe:	11.1.66
Ausrangierung:	26.8.70

141 TC Ouest 18 (Abb. 66–68)

Lieferfirma:	Fives-Lille
Inbetriebnahme:	20. 7.1923

Heimatdepots:
Batignolles (Etat/3)	20. 7.23–29. 5.44
kriegsbeschädigt	30. 5.44–15. 2.45
Batignolles (3)	16. 2.45–28. 9.66
Trappes (3)	29. 9.66–20. 4.69
St-Brieuc (3)	21. 4.69–11. 7.69
Guingamp (CFTA)	ab 12. 7.69

Gesamtleistung:	1,55 Mio. km
Leistung bis Ende 1947:	...
größte Jahresleistung*:	56 479 km (1956)
größte Monatsleistung*:	5 652 km (7.51)

letzte Hauptrevision:
Batignolles (3)	4.5.64–20.9.64
Leistung seither:	91 410 km
letzte Kesselprobe:	7.9.64
Ausrangierung:	1.11.71

* seit 1.1.42

040 TA 137 (Abb. 18)

Lieferfirma:	Blanc-Misseron
Inbetriebnahme:	1922

Heimatdepots:
Dokumente verschollen	......22–15. 4.46
La Roche-sur-Yon (3)	16. 4.46– 4. 1.54
Nantes Ste-Anne (3)	5. 1.54–21.12.54
Granville (3)	22.12.54–23. 5.62
Auray (3)	24. 5.62–18. 4.64
Rennes (3)	19. 4.64–15.10.69
Le Mans (3)	ab 16.10.69

Gesamtleistung*:	0,5 Mio. km
Leistung bis Ende 1959*:	334 000 km
größte Jahresleistung:	...
größte Monatsleistung*:	3 100 km (3.58)

letzte Hauptrevision:
Thouars (3)	2.8.65–7.9.65
Leistung seither:	6 700 km
letzte Kesselprobe:	1.9.65
Ausrangierung:	6.3.71
Einsatz im 2. Weltkrieg:	DR

* seit 16.4.46

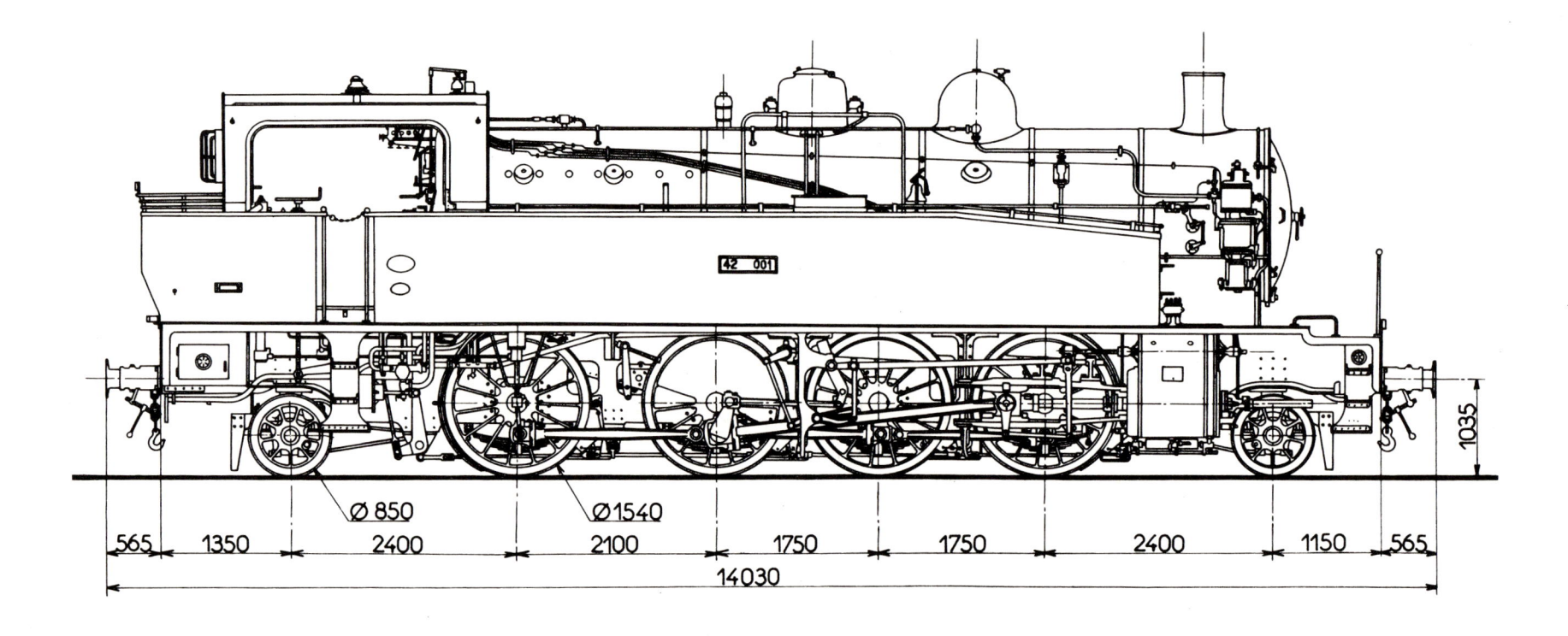

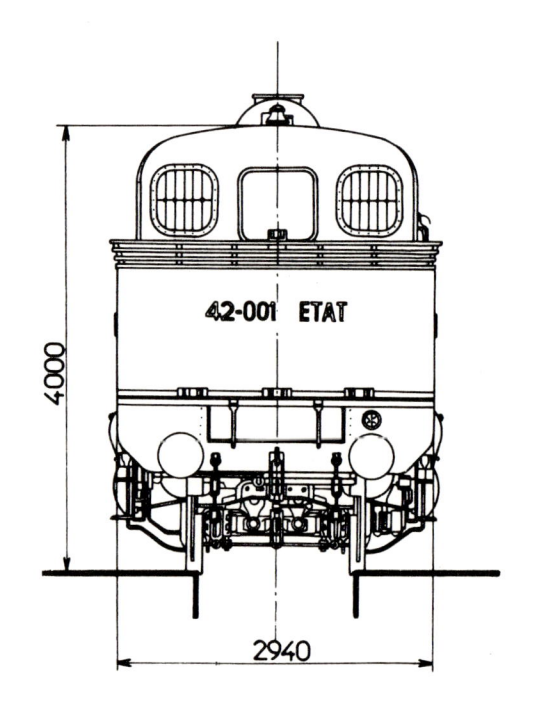

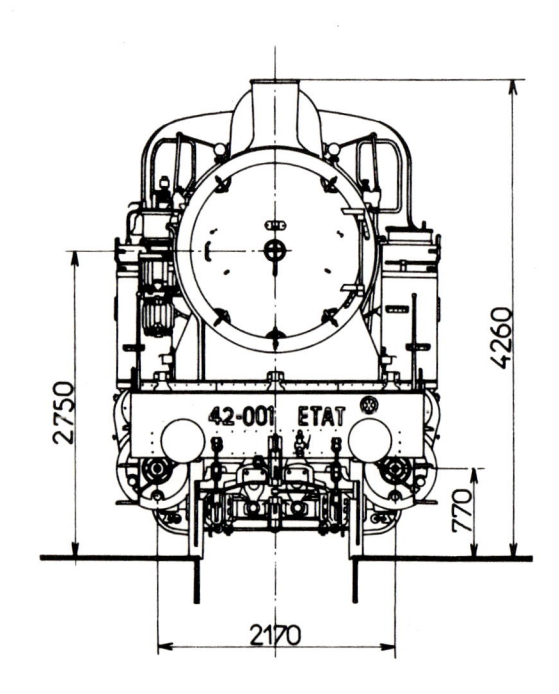

141 TC Ouest

Baujahr	1922
Anzahl	20
Kesseldruck	13 kg/cm²
Höchstgeschwindigkeit	90 km/h
Zahl der Zylinder	2
Zylinderdurchmesser	600 mm
Kolbenhub	650 mm
Rostfläche	2,8 m²
Verdampfungsheizfläche	171,06 m²
Überhitzerheizfläche	38,1777 m²
Leergewicht	77,415 t
Dienstgewicht	96,2 t
größter Achsdruck	18,3 t
Länge über Puffer	14,03 m
Triebraddurchmesser	1,54 m
Blasrohr	Kylchap
Wasservorrat	8500 l
Kohlevorrat	4 t

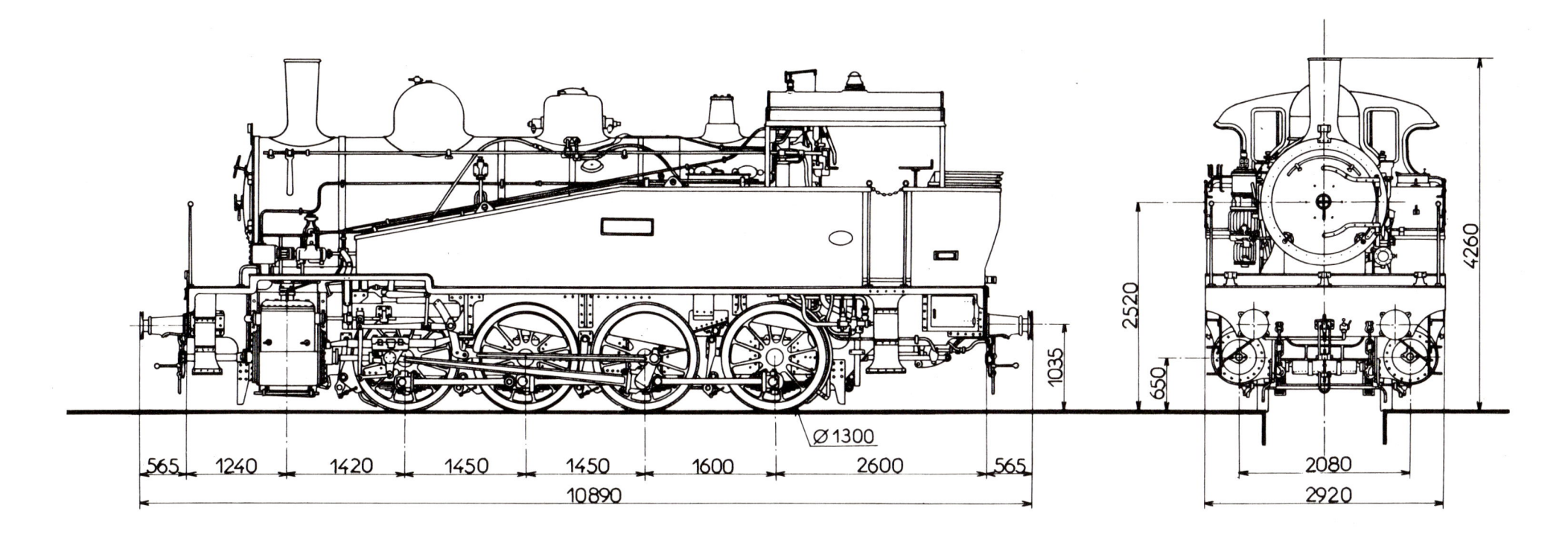

040 TA

Baujahre	1914–1922
Anzahl	143
Kesseldruck	12 kg/cm²
Höchstgeschwindigkeit	50 km/h
Zahl der Zylinder	2
Zylinderdurchmesser	480 mm
Kolbenhub	600 mm
Rostfläche	1,8 m²
Verdampfungsheizfläche	112,5 m²
Leergewicht	49,22 t
Dienstgewicht	64,5 t
grösster Achsdruck	17,4 t
Länge über Puffer	10,89 m
Triebraddurchmesser	1,3 m
Wasservorrat	7000 l
Kohlevorrat	4 t

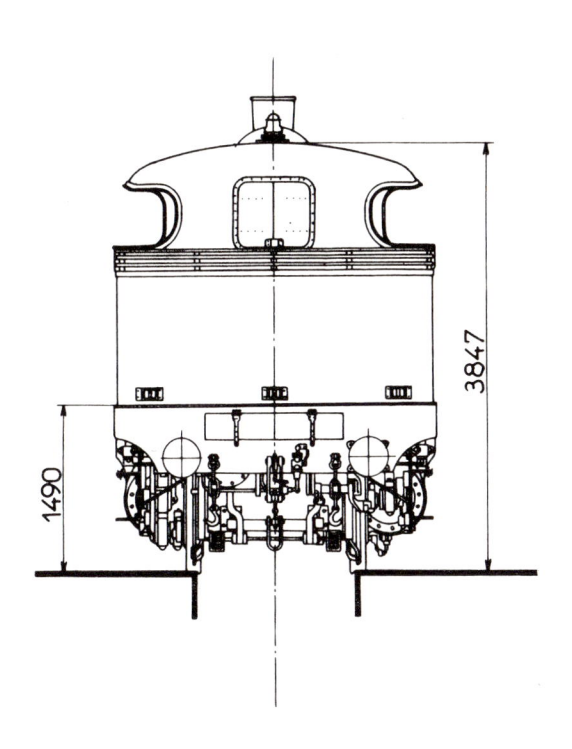

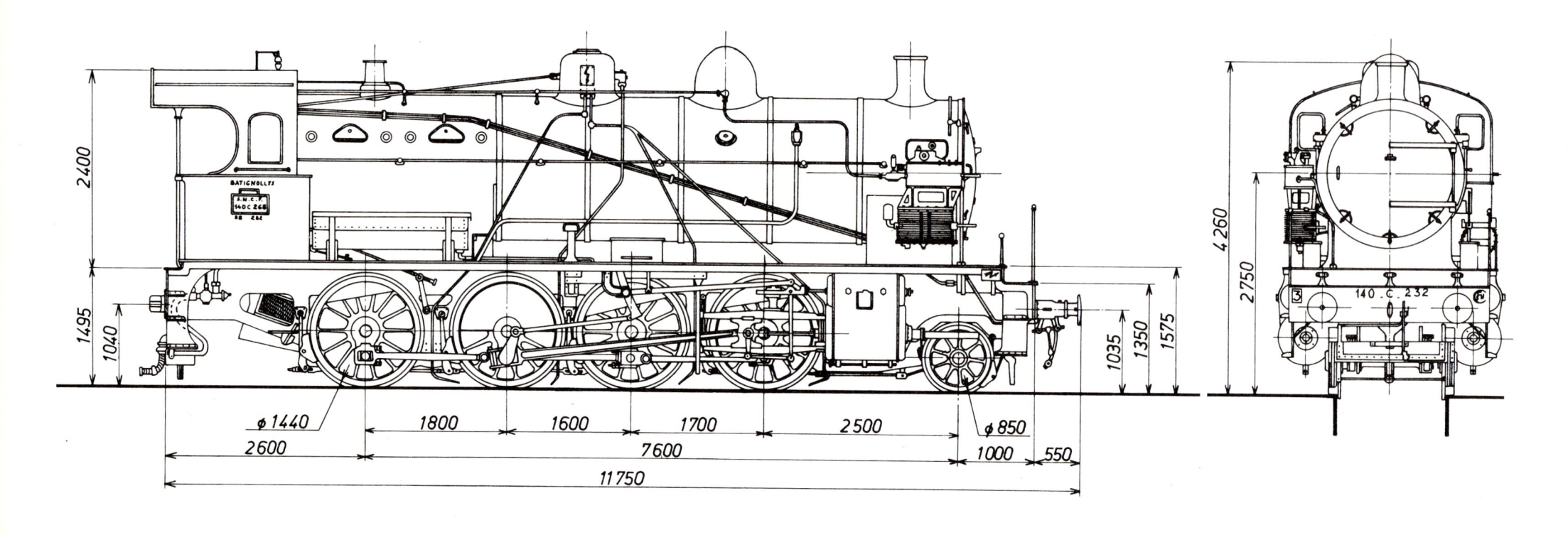

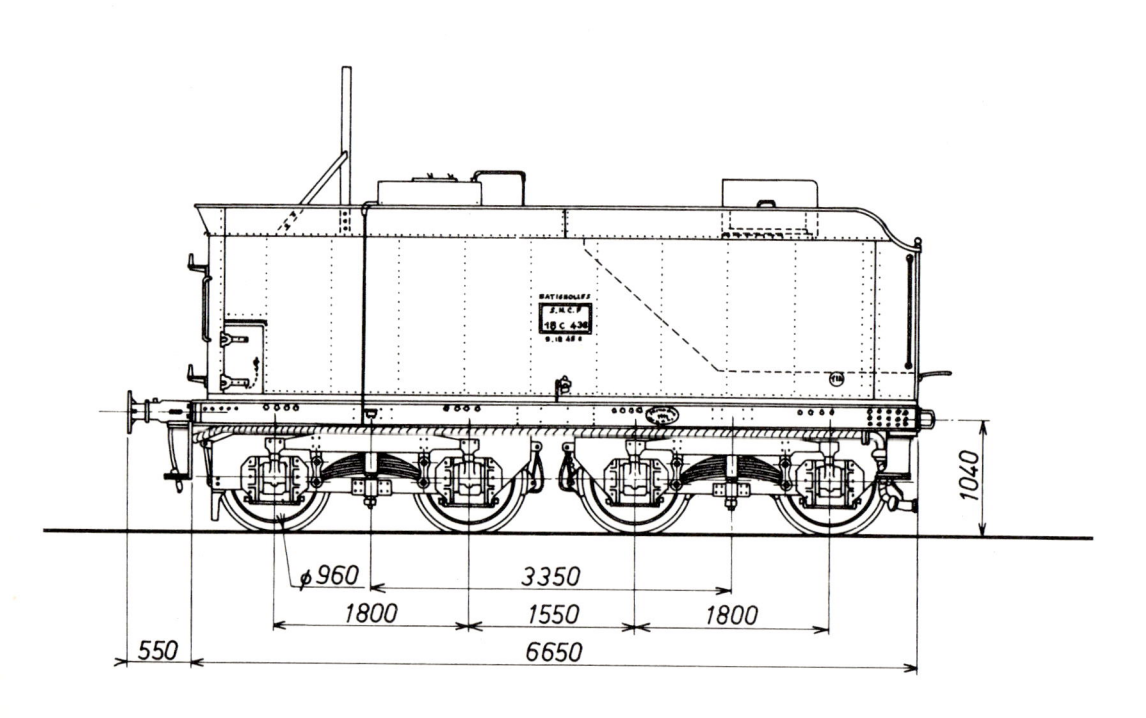

140 C

Baujahre	1913–1920
Anzahl	334
Kesseldruck	12–14 kg/cm²
Höchstgeschwindigkeit	80 km/h
Zahl der Zylinder	2
Zylinderdurchmesser	590 mm
Kolbenhub	650 mm
Rostfläche	3,16 m²
Verdampfungsheizfläche	171,42 m²
Überhitzerheizfläche	33,56 m²
Leergewicht	67,912 t
Dienstgewicht	75,467 t
größter Achsdruck	17,631 t
Länge über Puffer	11,75 m
Triebraddurchmesser	1,44 m

Tender 18 B/C

Leergewicht	21,8 t
Wasservorrat	18 000 l
Kohlevorrat	9 t
Dienstgewicht	49,4 t

140 C 7 (Abb. 2, 4)

Lieferfirma:	North British
Inbetriebnahme:	17.11.1917

Heimatdepots:
St-Dizier (Est)	17.11.17–15. 6.19
Mohon (Est)	16. 6.19– 5. 8.23
St-Dizier (Est)	6. 8.23–20.12.23
Verdun (Est)	21.12.23–26. 4.32
Lumes (Est)	27. 4.32–28. 5.32
Verdun (Est)	29. 5.32– 4.11.33
Longuyon (Est)	5.11.33– 2. 2.34
Verdun (Est)	3. 2.34– 6.11.35
Lumes (Est)	7.11.35–11. 1.36
Verdun (Est/1)	12. 1.36–... 7.38
Noisy-le-Sec (1)	... 7.38–30.12.38
Vaires (1)	31.12.38– 4. 1.39
Verdun (1)	5. 1.39–30. 9.39
Lumes (1)	1.10.39–13. 3.40
Mohon (1)	14. 3.40–27.12.42
Amagne (1)	28.12.42– 9. 2.45
Reims (1)	10. 2.45–23.10.46
Troyes (1)	24.10.46–13. 7.47
Chalindrey (1)	14. 7.47– 8.10.47
Troyes (1)	9.10.47–25. 6.48
Chalindrey (1)	26. 6.48–26.10.48
Troyes (1)	27.10.48–27.11.50
Givet (1)	28.11.50–22. 8.55
Blainville (1)	23. 8.55– 4. 1.65
Reims (1)	5. 1.65–13.11.70
Verdun (1)	ab 14.11.70

Gesamtleistung:	1,4 Mio. km
Leistung bis Ende 1944:	761 426 km
größte Jahresleistung:	47 708 km (1924)
größte Monatsleistung*:	4 585 km (10.65)

letzte Hauptrevision:
Bar-le-Duc (1)	8.10.64–5.1.65
Leistung seither:	85 894 km
letzte Kesselprobe:	18.11.64
Ausrangierung:	2.3.72
Einsatz im 1. Weltkrieg:	vor Eisenbahngeschützen
Tender:	34 X 210

* seit 1.1.44

140 C 27 (Abb. 32)

Lieferfirma:	North British
Inbetriebnahme:	30. 1.1918

Heimatdepots:
Dokumente verschollen	30. 1.18– 8. 8.41
Verdun (1)	9. 8.41–10. 3.42
Lérouville (1)	11. 3.42– 8.12.42
Mohon (1)	9.12.42–28. 2.44
Trappes (3)	29. 2.44– 6. 4.44
Rennes (3)	7. 4.44– 5. 3.45
Reims (1)	6. 3.45– 4.11.46
Noisy-le-Sec (1)	5.11.46–26.11.46
La Ferté-Milon (1)	27.11.46– 7.10.47
Vaires (1)	8.10.47– 9.10.47
La Ferté-Milon (1)	10.10.47–23. 6.48
Noisy-le-Sec (1)	24. 6.48–13. 8.48
Longueville (1)	14. 8.48–21. 8.57
Belfort (1)	22. 8.57–27. 5.61
Châlons-sur-Marne (1)	28. 5.61–27. 6.61
Chalindrey (1)	28. 6.61– 2. 2.65
Blainville (1)	3. 2.65–27.12.67
Belfort (1)	28.12.67– 9.10.71
Sarreguemines (1)	ab 10.10.71

Gesamtleistung:	1,25 Mio. km
Leistung bis Ende 1944:	620 732 km
größte Jahresleistung:	42 788 km (1923)
größte Monatsleistung*:	4 602 km (3.64)

letzte Hauptrevision:
Bar-le-Duc (1)	1.2.66–4.4.66
Leistung seither:	68 249 km
letzte Kesselprobe:	21.3.66
Ausrangierung:	22.3.73
Einsatz im 1. Weltkrieg:	vor Eisenbahngeschützen
Tender:	34 X 131

* seit 1.1.43

140 C 38 (Abb. 19/20, 23/24)

Lieferfirma:	North British
Inbetriebnahme:	1917

Heimatdepots:
Dokumente verschollen	......17– 3. 7.51
Vaires (1)	4. 7.51– 7. 6.62
Hausbergen (1)	8. 6.62–23.11.63
Noisy-le-Sec (1)	24.11.63– 1. 3.68
Gray (CFTA)	ab 2. 3.68

Gesamtleistung*:	0,55 Mio. km
Leistung bis Ende 1962*:	348 368 km
größte Jahresleistung*:	36 216 km (1959)
größte Monatsleistung*:	4 274 km (10.60)

letzte Hauptrevision:
Bar-le-Duc (1)	25.3.66–12.5.66
Leistung seither:	120 669 km
letzte Kesselprobe:	28.4.66
Ausrangierung:	28.9.75
Einsatz im 2. Weltkrieg:	DR
Tender:	18 B 513

* seit 4.7.51

140 C 127 (Abb. 44)

Lieferfirma:	Le Creusot
Inbetriebnahme:	5.11.1913

Heimatdepots:
Le Mans (Etat)	5.11.13–12.11.14
Achères (Etat)	13.11.14–28. 1.22
Argenteuil (Etat/3)	29. 1.22–18. 7.42
Achères (3)	19. 7.42– 5. 3.45
Reims (1)	6. 3.45–29. 9.46
St-Dizier (1)	30. 9.46–16. 1.47
Reims (1)	17. 1.47–12. 3.50
Mirecourt (1)	13. 3.50–28. 9.52
Longueville (1)	29. 9.52–26. 7.53
Châlons-sur-Marne (1)	27. 7.53– 1. 6.61
Lumes (1)	2. 6.61–18. 4.63
Troyes (1)	19. 4.63–15.12.66
Belfort (1)	16.12.66– 7. 9.70
Chaumont (1)	8. 9.70–19.12.70
Sarreguemines (1)	ab 20.12.70

Gesamtleistung:	1,25 Mio. km
Leistung bis Ende 1942:	585 409 km
größte Jahresleistung*:	35 654 km (1965)
größte Monatsleistung*:	4 469 km (5.57)

letzte Hauptrevision:
Bar-le-Duc (1)	27.4.66–21.6.66
Leistung seither:	52 774 km
letzte Kesselprobe:	3.6.66
Ausrangierung:	1.8.71
Tender:	34 X 150

* seit 1.1.42

140 C 141 (Abb. 19)

Lieferfirma:	Le Creusot
Inbetriebnahme:	1913

Heimatdepots:
Dokumente verschollen	.....13–.........
kriegsbeschädigt	........– 9. 9.54
Sotteville (3)	10. 9.54– 3. 5.55
Sézanne (1)	4. 5.55–31. 5.61
Troyes (1)	1. 6.61–10. 3.67
Chalindrey (1)	11. 3.67–19. 3.67
Gray (CFTA)	ab 20. 3.67

Gesamtleistung*:	0,4 Mio. km
Leistung bis Ende 1963:	...
größte Jahresleistung*:	31 813 km (1962)
größte Monatsleistung*:	4 261 km (6.69)

letzte Hauptrevision:
Bar-le-Duc (1)	11.8.64–21.9.64
Leistung seither:	151 054 km
letzte Kesselprobe:	9.9.64

Ausrangierung:	24.1.73
Einsatz im 2. Weltkrieg:	DR
Tender:	18 B 567

* seit 10.9.54

140 C 175 (Abb. 3, 6–8)

Lieferfirma:	North British
Inbetriebnahme:	20. 7.1916

Heimatdepots:
Sotteville (Etat)	20. 7.16–.........
Dokumente verschollen	........– 7.11.40
Darmstadt (DR)	8.11.40– 6. 2.42
Saintes (3)	7. 2.42– 9. 3.42
Darmstadt (DR)	10. 3.42– 7. 7.44
Noisy-le-Sec (1)	8. 7.44–17. 4.50
La Ferté-Milon (1)	18. 4.50–25. 6.50
Chalindrey (1)	26. 6.50–22. 9.50
Troyes (1)	23. 9.50–11. 1.51
Amagne (1)	12. 1.51– 4. 4.51
Reims (1)	5. 4.51–16. 2.58
Chalindrey (1)	17. 2.58–25. 5.58
Verdun (1)	ab 26. 5.58

Gesamtleistung*:	0,55 Mio. km
Leistung bis Ende 1944:	...
größte Jahresleistung*:	39 440 km (1955)
größte Monatsleistung*:	4 561 km (9.54)

letzte Hauptrevision:
Reims (1)	11.7.65–21.9.65
Leistung seither:	96 170 km
letzte Kesselprobe:	30.8.65

Ausrangierung:	2.3.72

Revision bei der DR:
AW Darmstadt	.....40–7.11.40

Tender:	18 B 451

* seit 1.1.48

140 C 216 (Abb. 21, 22)

Lieferfirma:	North British
Inbetriebnahme:	1916

Heimatdepots:
Dokumente verschollen	.....16– 3. 2.46
Argentan (3)	4. 2.46– 7.11.46
Dieppe (3)	8.11.46– 4. 5.55
Mantes Gassicourt (3)	5. 5.55–30.10.55
Sotteville (3)	31.10.55–24. 2.60
Vaires (1)	25. 2.60–16. 7.62
Chalindrey (1)	17. 7.62–27. 7.62
Chaumont (1)	28. 7.62– 1. 7.67
Gray (CFTA)	ab 2. 7.67

Gesamtleistung*:	0,45 Mio. km
Leistung bis Ende 1959*:	218 843 km
größte Jahresleistung*:	30 833 km (1948)
größte Monatsleistung*:	5 360 km (4.69)

letzte Hauptrevision:
Bar-le-Duc (1)	28.9.64–20.11.64
Leistung seither:	127 466 km
letzte Kesselprobe:	3.11.64

Ausrangierung:	24.1.73
Einsatz im 2. Weltkrieg:	DR
Tender:	18 B 424

* seit 8.11.46

140 C 218 (Abb. 5)

Lieferfirma:	North British
Inbetriebnahme:	18.12.1916

Heimatdepots:
Caen (Etat)	18.12.16–23.10.21
Lison (Etat)	24.10.21–31. 1.22
Caen (Etat)	1. 2.22–16. 4.22
Argentan (Etat)	17. 4.22– 7. 1.23
Serquigny (Etat)	8. 1.23– 7. 1.28
Rennes (Etat/3)	8. 1.28–.....42
DR	.....42– 3. 5.45
Gisors (3)	4. 5.45–12. 8.46
Mantes Gassicourt (3)	13. 8.46– 3.11.47
Dieppe (3)	4.11.47–22. 4.52
Achères (3)	23. 4.52– 8. 5.52
St-Dizier (1)	9. 5.52– 3. 6.53
Châlons-sur-Marne (1)	4. 6.53–13. 8.68
Verdun (1)	ab 14. 8.68

Gesamtleistung*:	0,65 Mio. km
Leistung bis Ende 1944:	...
größte Jahresleistung*:	38 459 km (1955)
größte Monatsleistung*:	3 735 km (3.55)

letzte Hauptrevision:
Bar-le-Duc (1)	11.1.63–9.4.63
Leistung seither:	117 132 km
letzte Kesselprobe:	22.3.63

Ausrangierung:	2.3.72

Revisionen bei der DR:
AW Piła	4.11.42–17.11.42
AW Poznań	1. 2.43– 5. 2.43

* seit 31.3.41

140 C 246 (Abb. 2, 5)

Lieferfirma:	North British
Inbetriebnahme:	1917

Heimatdepots:
Dokumente verschollen	.....17–17. 4.42
kriegsbeschädigt	18. 4.42–12. 2.57
Sotteville (3)	13. 2.57–25. 2.60
Troyes (1)	26. 2.60–18.11.60
Chalindrey (1)	19.11.60–12. 5.61
Vaires (1)	13. 5.61–24. 5.62
Verdun (1)	ab 25. 5.62

Gesamtleistung*:	0,25 Mio. km
Leistung bis Ende 1964*:	113 800 km
größte Jahresleistung*:	30 071 km (1964)
größte Monatsleistung*:	3 747 km (9.60)

letzte Hauptrevision:
Bar-le-Duc (1)	20.2.65–16.5.65
Leistung seither:	111 218 km
letzte Kesselprobe:	20.4.65

Ausrangierung:	2.3.72
Einsatz im 2. Weltkrieg:	DR (bis 17.4.42)
Tender:	34 X 208

* seit 13.2.57

140 C 343 (Abb. 19, 20)

Lieferfirma:	North British
Inbetriebnahme:	17. 6.1918

Heimatdepots:
St-Mariens (Etat)	17. 6.18– 4.11.18
Saintes (Etat)	5.11.18–30. 9.23
Bressuire (Etat)	1.10.23–22. 6.25
La Roche-sur-Yon (Etat)	23. 6.25– 7. 8.25
Bressuire (Etat)	8. 8.25–13. 6.32
Saintes (Etat/3)	14. 6.32– 9. 6.38
La Rochelle (3)	10. 6.38–......40
Landau (DR)	.....40–23. 7.46
Niort (3)	24. 7.46– 7.11.46
Sotteville (3)	8.11.46–14.10.47
Niort (3)	15.10.47– 3.10.49
Bressuire (3)	4.10.49– 8. 6.52
La Rochelle (3)	9. 6.52–25. 5.55
Lumes (1)	26. 5.55–29. 5.58
Chalindrey (1)	30. 5.58–28. 6.61
Longueville (1)	29. 6.61– 8. 8.63
Troyes (1)	9. 8.63–12. 3.67
Chalindrey (1)	13. 3.67–21. 3.67
Gray (CFTA)	ab 22. 3.67

Gesamtleistung*:	0,55 Mio. km
Leistung bis Ende 1959*:	266 945 km
größte Jahresleistung*:	32 126 km (1964)
größte Monatsleistung*:	4 123 km (7.59)

letzte Hauptrevision:
Gray (CFTA)	9.5.67–22.7.67
Leistung seither:	103 957 km
letzte Kesselprobe:	17.7.63

Ausrangierung:	24.1.73

Revisionen bei der DR:
AW Darmstadt	8.11.40–......40
AW Darmstadt	17. 1.41–23. 1.41
AW Darmstadt	17. 4.41– 6. 5.41
AW Darmstadt	2.11.42– 7.11.42
AW Darmstadt	11.12.42–21.12.42
AW Darmstadt	12. 5.43–20. 5.43

Tender:	18 B 46

* seit 24.7.46

141 C 100 (Abb. 71)

Lieferfirma:	Le Creusot
Inbetriebnahme:	1. 4.1922

Heimatdepots:
Caen (Etat)	1. 4.22–20.10.24
Gisors (Etat)	21.10.24– 2. 8.35
Sotteville (Etat)	3. 8.35–14. 5.36
Lisieux (Etat)	15. 5.36–21. 5.37
Dreux (Etat/3)	22. 5.37–22. 4.43
Sotteville (3)	23. 4.43–12.11.47
Mantes Gassicourt (3)	13.11.47–25. 5.48
Chartres (3)	26. 5.48– 9. 9.48
Château-du-Loir (3)	10. 9.48–24. 5.54
Le Mans (3)	25. 5.54–30. 6.54
Château-du-Loir (3)	1. 7.54–14.10.54
Le Mans (3)	ab 15.10.54

Gesamtleistung:	1,1 Mio. km
Leistung bis Ende 1944:	...
größte Jahresleistung:	...
größte Monatsleistung:	...

letzte Hauptrevision:
Thouars (3)	24.3.64–10.5.64
Leistung seither:	37 200 km
letzte Kesselprobe:	26.4.64

Ausrangierung:	18.10.71
Tender:	22 B 609

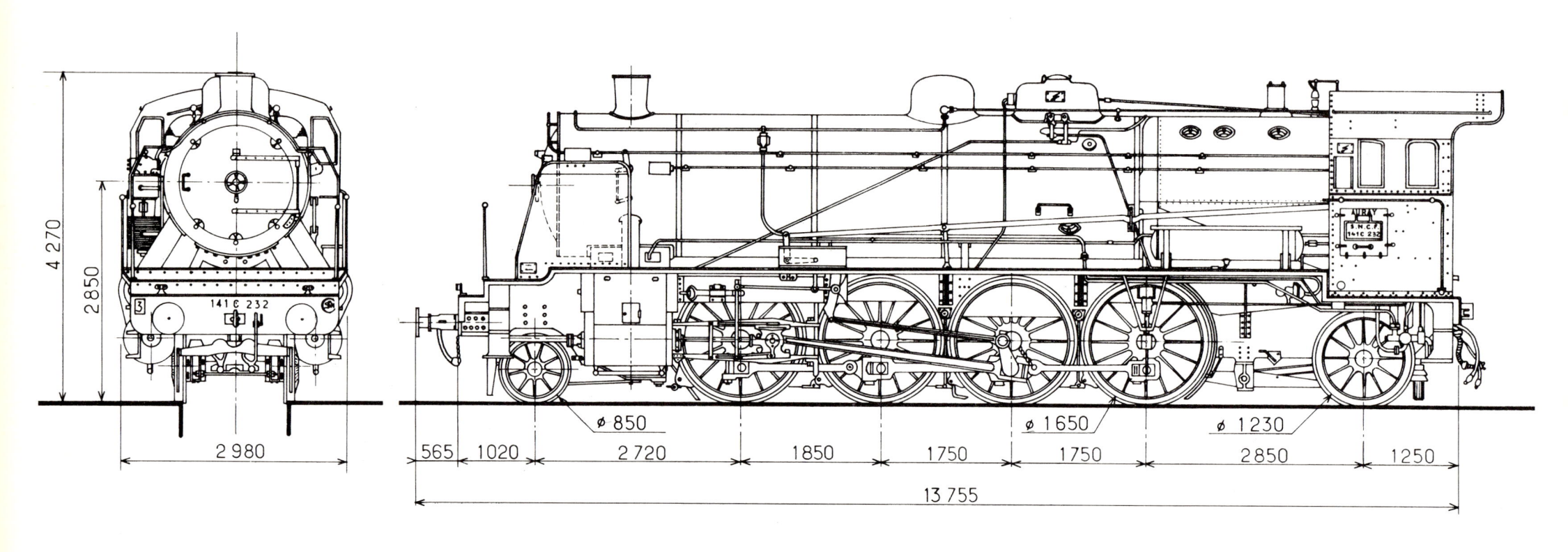

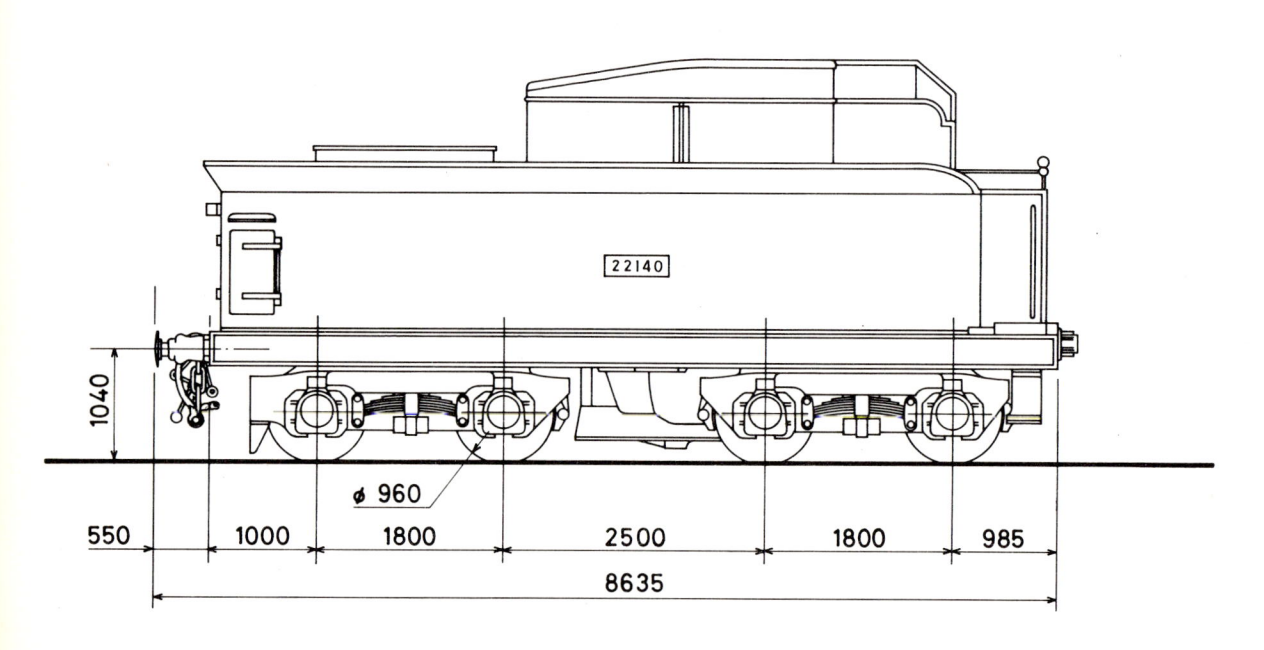

141 C

Baujahre	1921–1923
Anzahl	250
Umbau	1932–1947
Kesseldruck	14 kg/cm²
Höchstgeschwindigkeit	100 km/h
Zahl der Zylinder	2
Zylinderdurchmesser	620 mm
Kolbenhub	700 mm
Rostfläche	3,8 m²
Verdampfungsheizfläche	207,37 m²
Überhitzerheizfläche	46,48 m²
Leergewicht	81,39 t
Dienstgewicht	89,2 t
größter Achsdruck	17,4 t
Länge über Puffer	13,755 m
Triebraddurchmesser	1,65 m
Blasrohr	Kleeblatt/Kylchap

Tender 22 B

Leergewicht	24,2/24,4 t
Wasservorrat	22 000 l
Kohlevorrat	9/12 t
Dienstgewicht	55,8/59 t

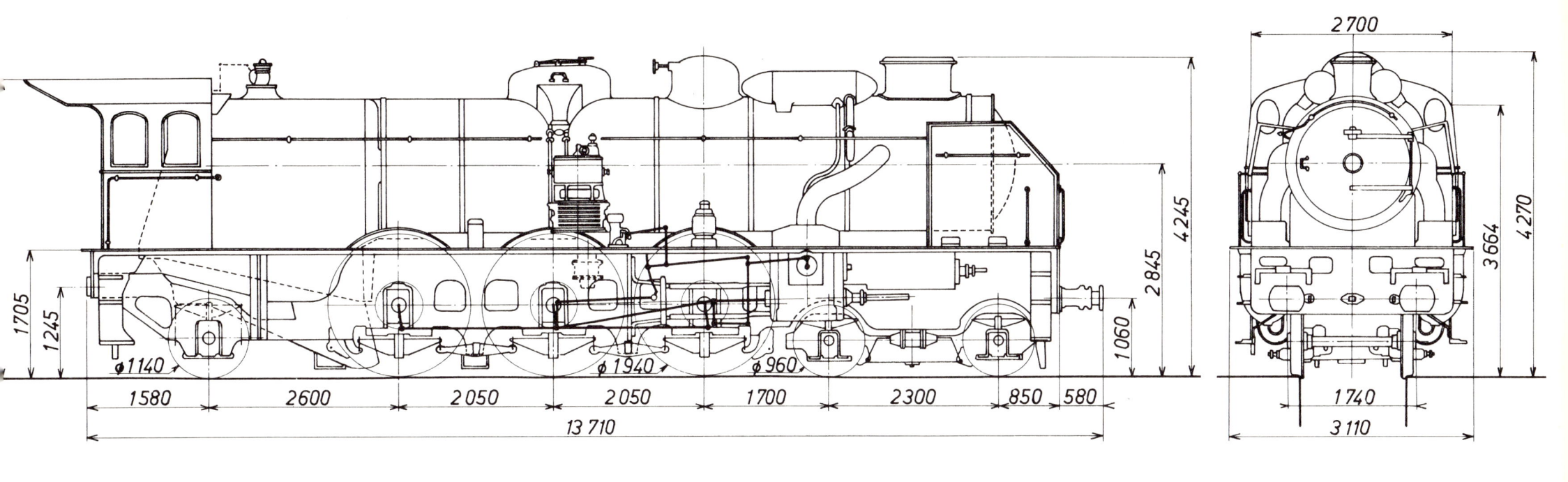

231 E

Baujahre	1909–1937
Anzahl	48
Umbau (Nr. 1–20)	1934
Kesseldruck	17 kg/cm²
Höchstgeschwindigkeit	140 km/h
Zahl der Zylinder	4 (Verbund)
Zylinderdurchmesser	420/640 mm
Kolbenhub	650 mm
Rostfläche	4,33 m²
Verdampfungsheizfläche	197,33 m²
Überhitzerheizfläche	74,55–80,5 m²
Leergewicht	93,3/93,86 t
Dienstgewicht	102/102,2 t
größter Achsdruck	19,07 t
Länge über Puffer	13,715 m
Triebraddurchmesser	1,95 m
Blasrohr	doppeltes Kylchap

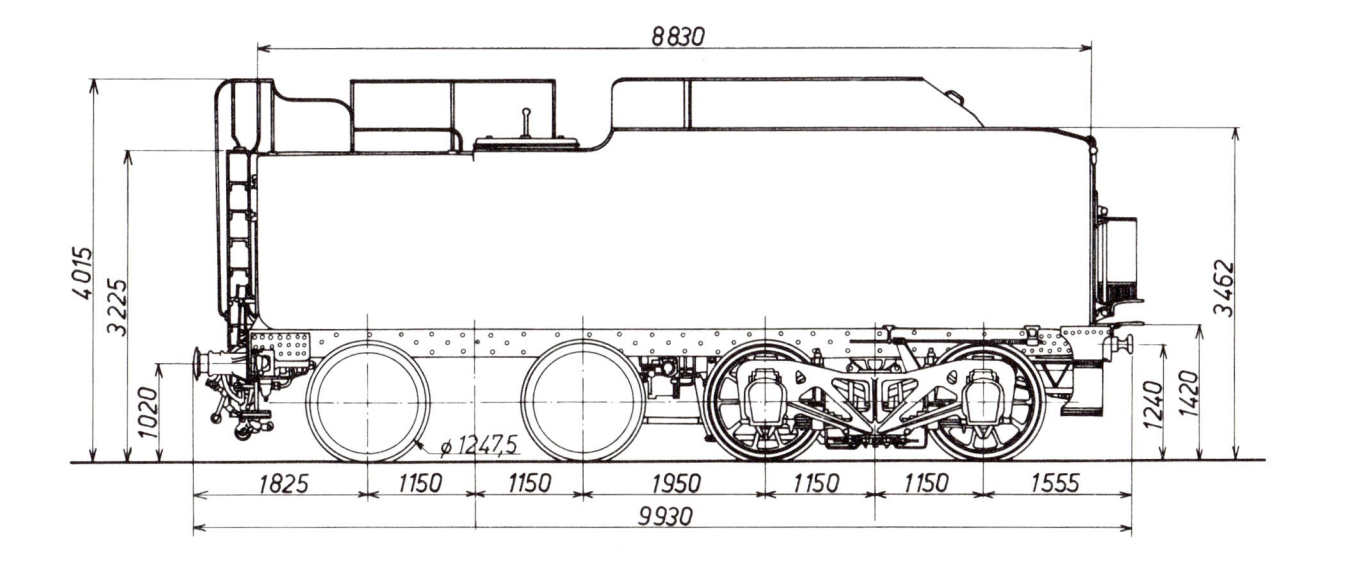

Tender 38 A

Leergewicht	31,25 t
Wasservorrat	38 000 l
Kohlevorrat	9 t
Dienstgewicht	78,25 t

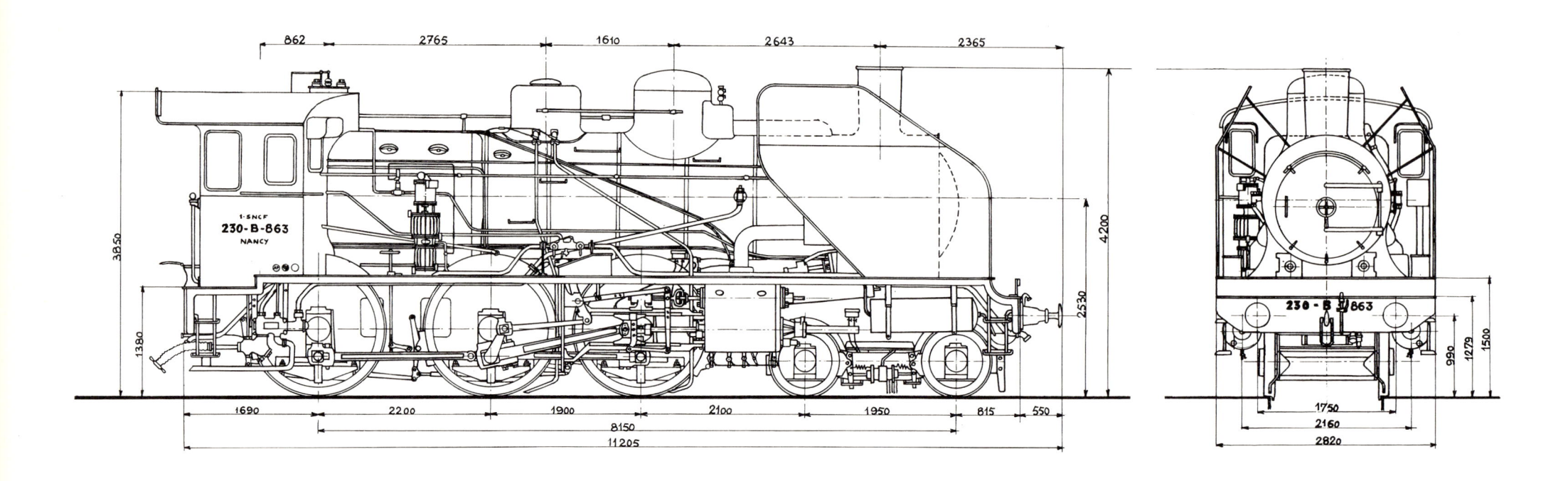

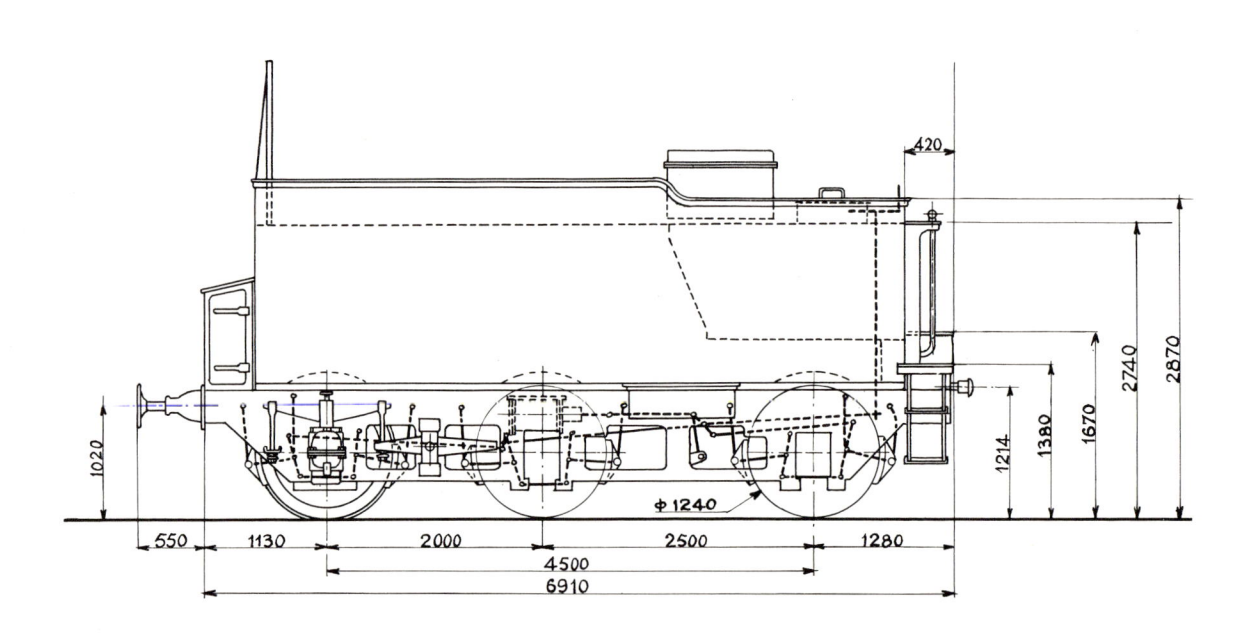

230 B

Baujahre	1911–1912
Anzahl	100
Umbau	1932–1946
Kesseldruck	16 kg/cm²
Höchstgeschwindigkeit	110 km/h
Zahl der Zylinder	4 (Verbund)
Zylinderdurchmesser	370/550 mm
Kolbenhub	640 mm
Rostfläche	2,57 m²
Verdampfungsheizfläche	156,71 m²
Überhitzerheizfläche	35,855 m²
Leergewicht	65,698 t
Dienstgewicht	71,196 t
größter Achsdruck	16,83 t
Länge über Puffer	11,205 m
Triebraddurchmesser	1,75 m

Tender 22 A

Leergewicht	19,995 t
Wasservorrat	22 300 l
Kohlevorrat	8 t
Dienstgewicht	50,545 t

231 E 9 (Abb. 63)

Lieferfirma:	SFCM, Denain
Inbetriebnahme:	12. 8.1914
Heimatdepots:	
Tours (PO/PO-Midi)	12. 8.14–24. 6.34
La Chapelle (Nord/2)	25. 6.34–31.10.61
Calais (2)	ab 1.11.61
Gesamtleistung:	2,8 Mio. km
Leistung bis Ende 1939:	...
größte Jahresleistung:	...
größte Monatsleistung:	...
letzte Hauptrevision:	
Dunkerque (2)	26.8.63–23.9.63
Leistung seither:	111 447 km
letzte Kesselprobe:	25.6.59
Ausrangierung:	12.3.66
Umbau nach Chapelon:	
Tours (PO-Midi)	1934

231 E 17 (Abb. 62)

Lieferfirma:	Fives-Lille
Inbetriebnahme:	1909
Heimatdepots:	
Paris Sud-Ouest (PO)	......09–......21
Tours (PO/PO-Midi)	......21– 9. 8.34
La Chapelle (Nord/2)	10. 8.34–19. 2.46
Calais (2)	ab 20. 2.46
Gesamtleistung:	3,05 Mio. km
Leistung bis Ende 1937:	...
größte Jahresleistung:	...
größte Monatsleistung:	...
letzte Hauptrevision:	
Dunkerque (2)	17.10.63–18.11.63
Leistung seither:	104 206 km
letzte Kesselprobe:	19.4.57
Ausrangierung:	15.3.66
Umbau nach Chapelon:	
Tours (PO-Midi)	1934

230 B 862 (Abb. 11)

Lieferfirma:	SFB, Raismes
Inbetriebnahme:	6. 9.1912
Heimatdepots:	
Dokumente verschollen	6. 9.12–31.12.44
Châlons-sur-Marne (1)	1. 1.45–23. 4.49
Sarrebourg (1)	24. 4.49– 5. 7.52
Ile Napoléon (1)	6. 7.52–24. 3.56
Nancy (1)	25. 3.56–30.11.60
Troyes (1)	1.12.60– 2. 7.61
Longueville (1)	3. 7.61– 3.12.62
Belfort (1)	ab 4.12.62
Gesamtleistung:	...
Leistung bis Ende 1939:	...
größte Jahresleistung:	...
größte Monatsleistung:	...
letzte Hauptrevision:	
Belfort (1)	......58–..1.59
Leistung seither:	...
letzte Kesselprobe:	...1.59
Ausrangierung:	30.10.66
Einsatz im 2. Weltkrieg:	DR

241 P 9 (Abb. 70, 71, 73, 74)

Lieferfirma:	Le Creusot
Inbetriebnahme:	28. 6.1949
Heimatdepots:	
Dijon Perrigny (5)	28. 6.49–13. 6.52
Marseille Blancarde (6)	14. 6.52–25. 6.62
Le Mans (3)	ab 26. 6.62
Gesamtleistung:	1,6 Mio. km
Leistung bis Ende 1961:	1 087 223 km
größte Jahresleistung:	102 496 km (1960)
größte Monatsleistung:	14 138 km (7.63)
letzte Hauptrevision:	
Sotteville (3)	26.9.66–26.10.66
Leistung seither:	80 769 km
letzte Kesselprobe:	12.10.66
Ausrangierung:	18.6.73
Tender:	34 P 312

241 P 12 (Abb. 69)

Lieferfirma:	Le Creusot
Inbetriebnahme:	28.10.1949
Heimatdepots:	
Dijon Perrigny (5)	28.10.49–26. 1.50
Lyon Mouche (5)	27. 1.50– 4. 7.52
Marseille Blancarde (6)	5. 7.52– 5.10.59
Nevers (5)	6.10.59– 6. 2.60
Le Mans (3)	ab 7. 2.60
Gesamtleistung:	1,55 Mio. km
Leistung bis Ende 1959:	760 394 km
größte Jahresleistung:	133 598 km (1961)
größte Monatsleistung:	15 090 km (8.61)
letzte Hauptrevision:	
Sotteville (3)	31.3.67–11.5.67
Leistung seither:	59 394 km
letzte Kesselprobe:	18.4.67
Ausrangierung:	16.10.69
Tender:	34 P 175

241 P 33 (Abb. 72)

Lieferfirma:	Le Creusot
Inbetriebnahme:	26. 4.1952
Heimatdepots:	
La Chapelle (2)	26. 4.52–10. 1.59
Le Mans (3)	ab 11. 1.59
Gesamtleistung:	1,5 Mio. km
Leistung bis Ende 1960:	...
größte Jahresleistung:	...
größte Monatsleistung:	...
letzte Hauptrevision:	
Sotteville (3)	7.6.66–21.7.66
Leistung seither:	141 563 km
letzte Kesselprobe:	24.4.59
Ausrangierung:	1.9.69

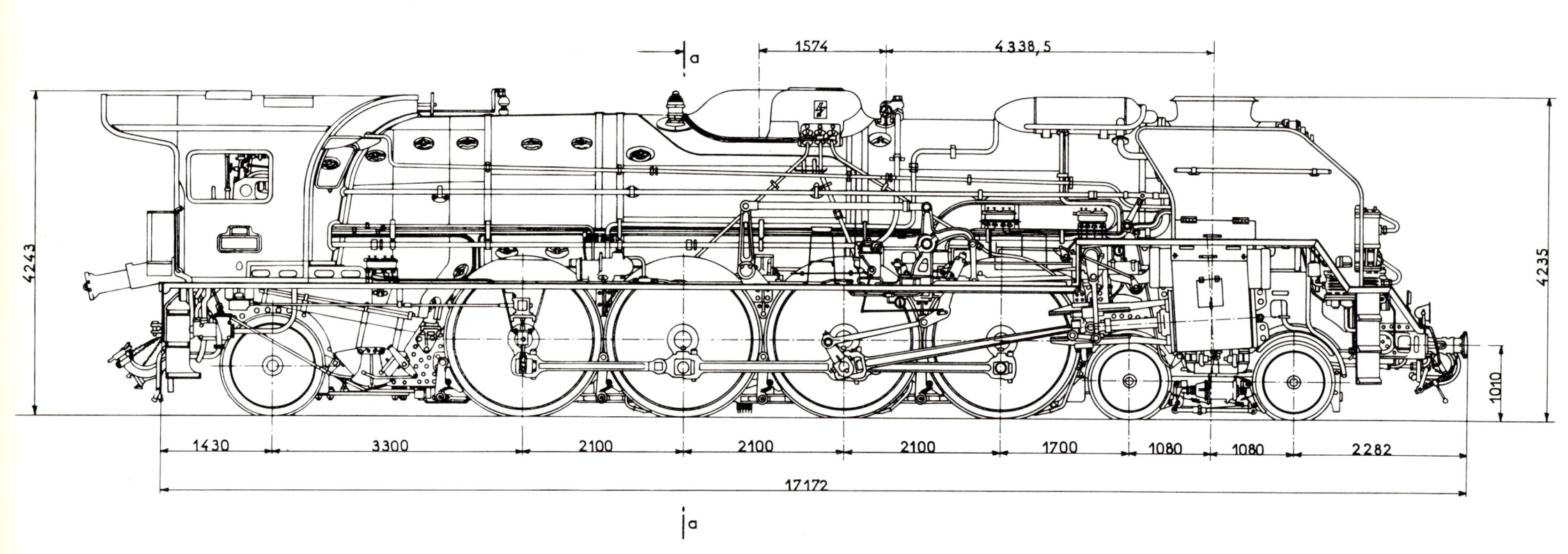

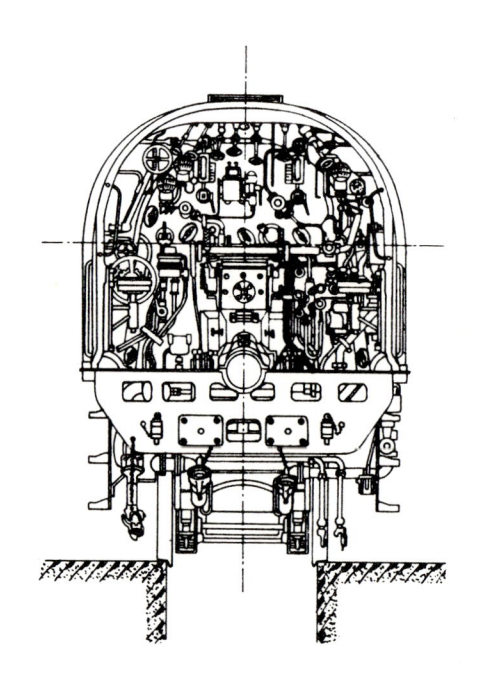

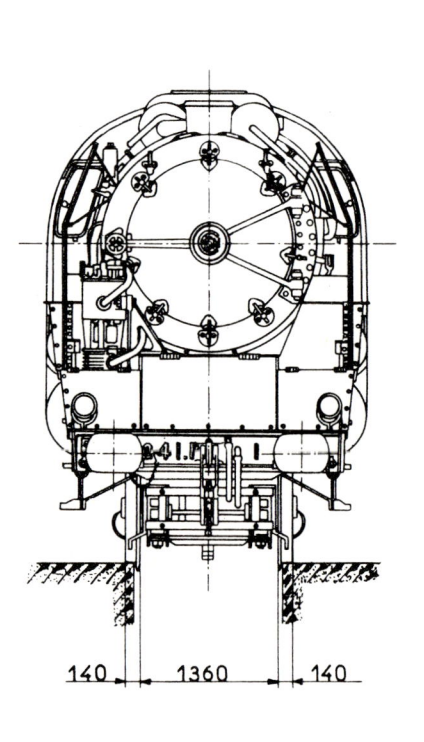

241 P

Baujahre	1948–1952
Anzahl	35
Kesseldruck	20 kg/cm²
Höchstgeschwindigkeit	120 km/h
Zahl der Zylinder	4 (Verbund)
Zylinderdurchmesser	446/674 mm
Kolbenhub	650/700 mm
Rostfläche	5,052 m²
Verdampfungsheizfläche	244,57 m²
Überhitzerheizfläche	108,38 m²
Leergewicht	120,15 t
Dienstgewicht	131,4 t
größter Achsdruck	20,4 t
Länge über Puffer	17,172 m
Triebraddurchmesser	2,02 m
Rostbeschickung	Stoker

Tender 34 P

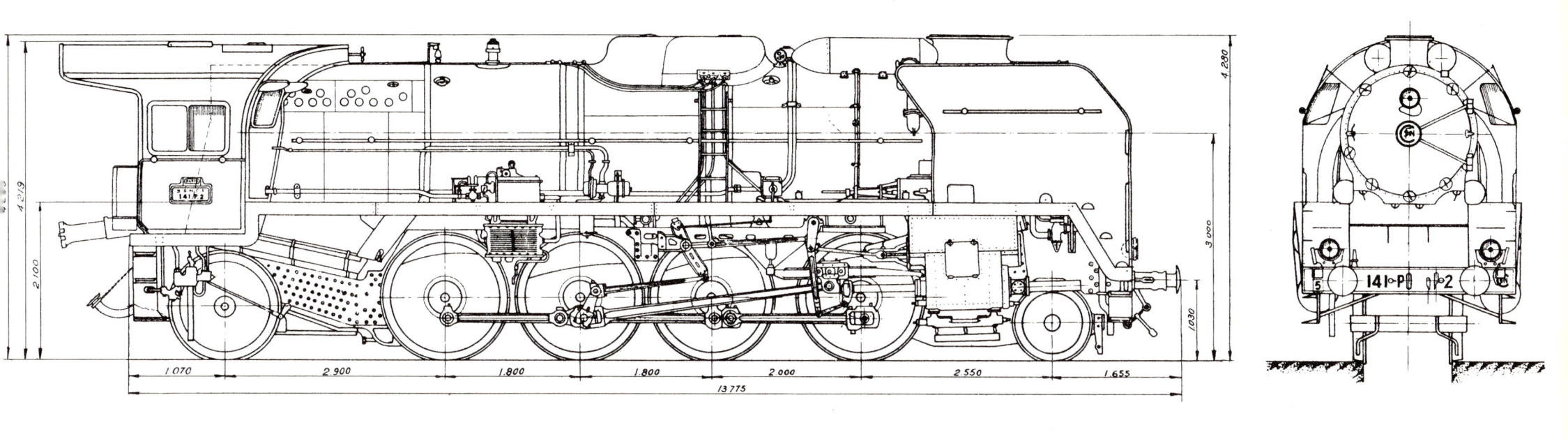

141 P

Baujahre	1942–1952
Anzahl	318
Kesseldruck	20 kg/cm²
Höchstgeschwindigkeit	105 km/h
Zahl der Zylinder	4 (Verbund)
Zylinderdurchmesser	410/640 mm
Kolbenhub	700 mm
Rostfläche	4,28 m²
Verdampfungsheizfläche	201,8 m²
Überhitzerheizfläche	86,9/96,7 m²
Leergewicht	103,4 t
Dienstgewicht	111,65 t
größter Achsdruck	19 t
Länge über Puffer	13,775 m
Triebraddurchmesser	1,65 m
Rostbeschickung	Stoker
Blasrohr	PLM/doppeltes Kylchap

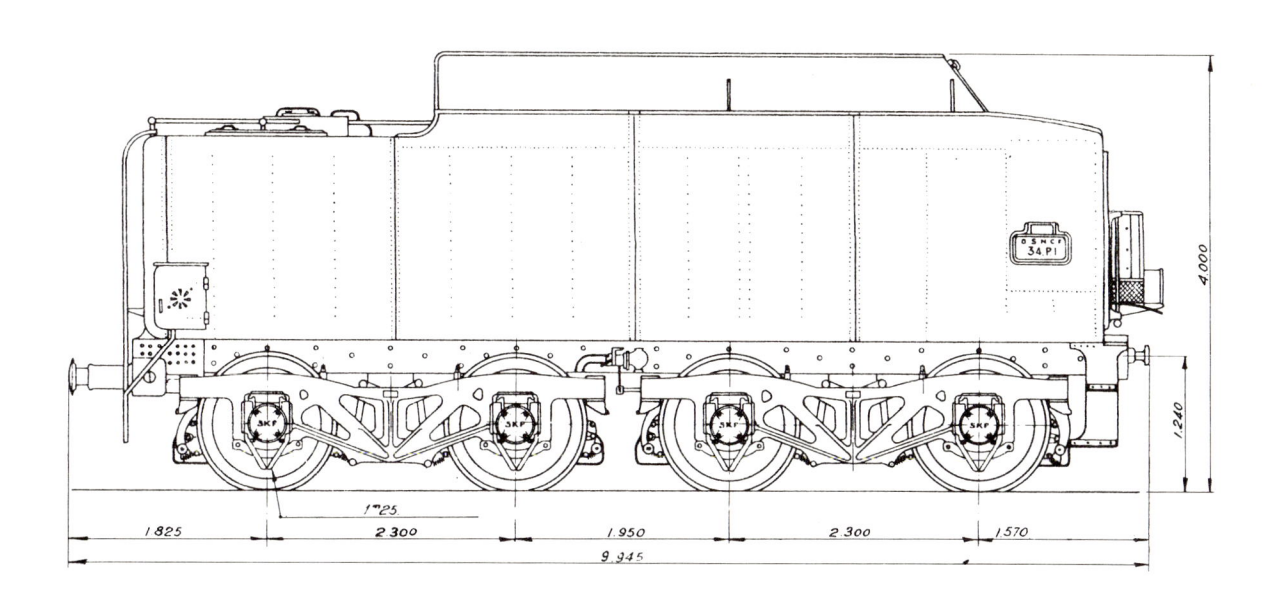

Tender 34 P

Leergewicht	37 t
Wasservorrat	34 000 l
Kohlevorrat	12 t
Dienstgewicht	84,8 t

Tender 30 R

Leergewicht	30 t
Wasservorrat	30 000 l
Kohlevorrat	11,5 t
Dienstgewicht	72 t

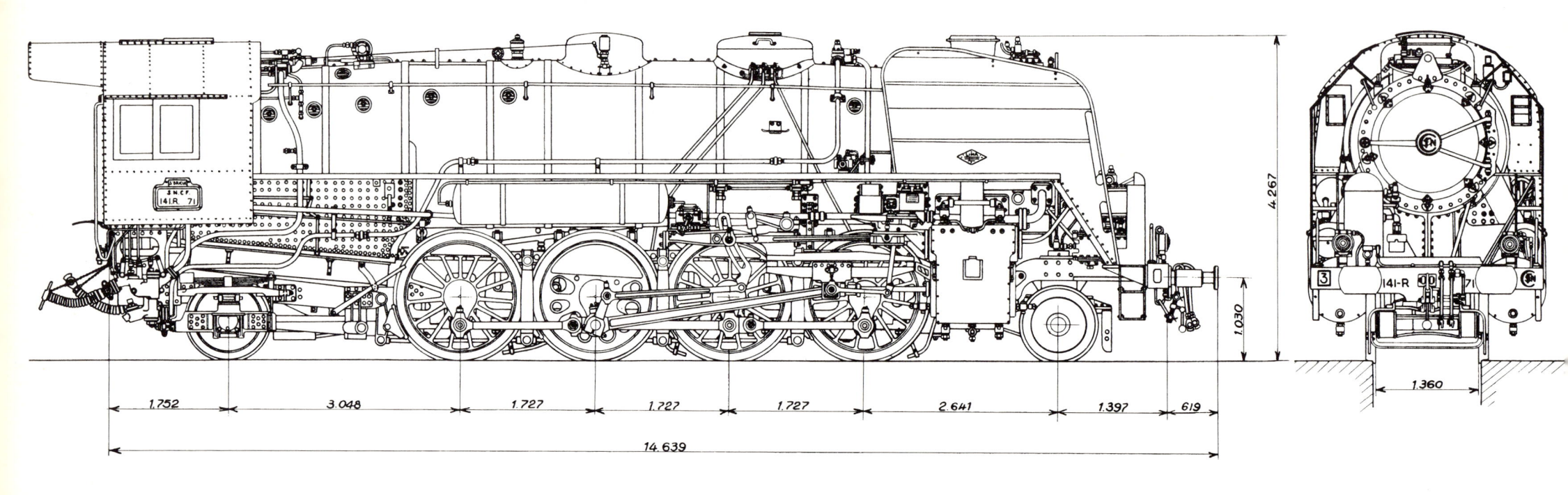

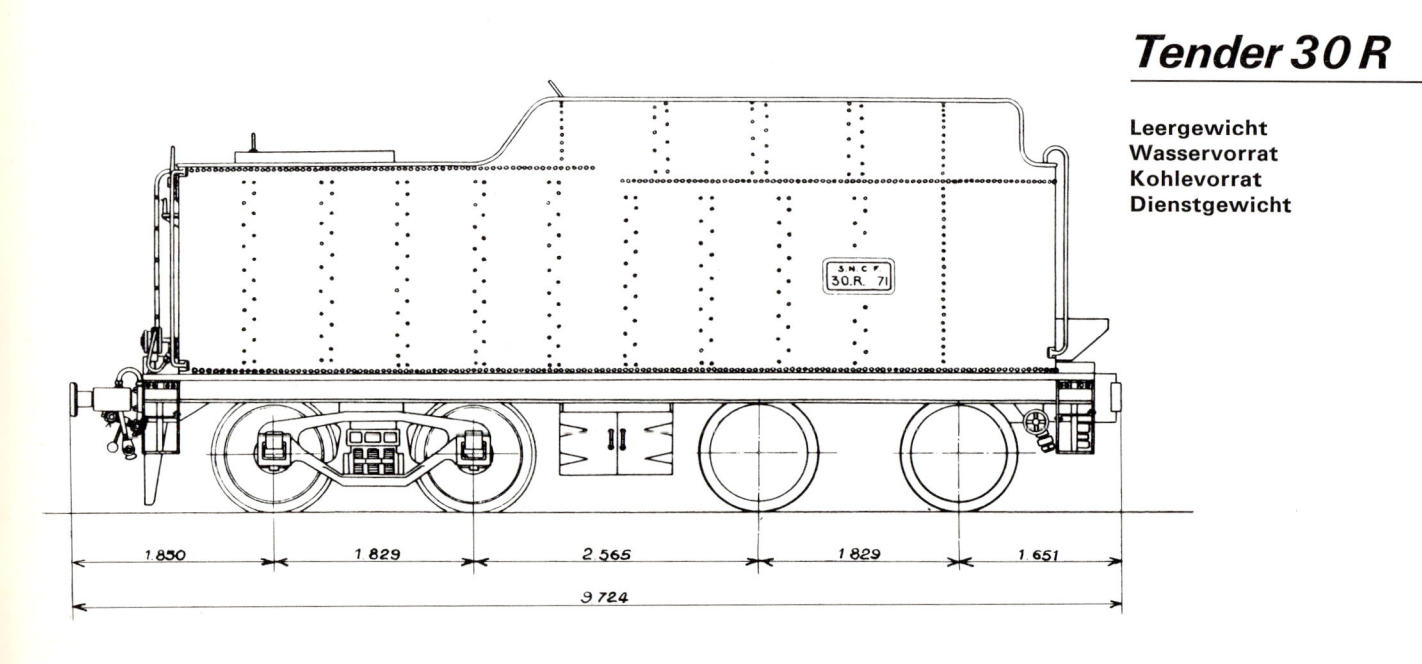

141 R

Baujahre	1945–1947
Anzahl (Stand 1957)	739*
Kesseldruck	15,5 kg/cm²
Höchstgeschwindigkeit	100 km/h
Zahl der Zylinder	2
Zylinderdurchmesser	597 mm
Kolbenhub	711 mm
Rostfläche	5,16 m²
Verdampfungsheizfläche	250,74 m²
Überhitzerheizfläche	65,4 m²
Leergewicht	105,3 t
Dienstgewicht	115,5 t
grösster Achsdruck	20 t
Länge über Puffer	14,639 m
Triebraddurchmesser	1,65 m
Rostbeschickung	Stoker
Blasrohr (ab Nr. 965)	Kylchap

* Nr. 1–700, 965, 970, 985, 991, 994, 1020, 1039, 1201–1219, 1260, 1261, 1264, 1265, 1272, 1273, 1276, 1278, 1285, 1288, 1294, 1296, 1297

141 R 12 (Abb. 111)

Lieferfirma:	Lima (USA)
Inbetriebnahme:	26. 2.1946

Heimatdepots:
Marseille Blancarde (6)	26. 2.46– 1. 5.47
Narbonne (6)	2. 5.47–16.12.52
Avignon (6)	17.12.52–24. 1.53
Dole (5)	25. 1.53–13.10.55
Le Bourget (2)	14.10.55–18.12.55
Boulogne (2)	19.12.55–20. 2.61
Amiens (2)	21. 2.61–13. 5.62
Longueau (2)	14. 5.62– 1. 6.62
Boulogne (2)	2. 6.62–19. 3.64
Vénissieux (5)	20. 3.64–20. 4.68
Dole (5)	21. 4.68–29. 1.71
Nevers (5)	ab 30. 1.71

Gesamtleistung:	1,55 Mio. km
Leistung bis Ende 1959:	1 089 943 km
größte Jahresleistung:	79 683 km (1949)
größte Monatsleistung:	8 685 km (11.56)

letzte Hauptrevision:	
Thouars (3)	2.9.66–11.10.66
Leistung seither:	122 193 km
letzte Kesselprobe:	3.10.66

Ausrangierung:	1.10.74

141 R 29 (Abb. 46)

Lieferfirma:	Lima (USA)
Inbetriebnahme:	13. 3.1946

Heimatdepots:
Metz Frescaty (1)	13. 3.46– 2.10.50
Blainville (1)	3.10.50– 5. 4.53
Sarreguemines (1)	6. 4.53–21. 4.54
Metz Frescaty (1)	22. 4.54– 2. 4.56
Chalindrey (1)	3. 4.56–14. 8.58
Châlons-sur-Marne (1)	15. 8.58–30. 9.61
Vaires (1)	1.10.61– 2. 3.62
Reims (1)	3. 3.62–29. 5.67
Belfort (1)	30. 5.67–26. 9.69
Reims (1)	27. 9.69–20. 9.70
Sarreguemines (1)	ab 21. 9.70

Gesamtleistung:	1,2 Mio. km
Leistung bis Ende 1959:	683 297 km
größte Jahresleistung:	74 883 km (1961)
größte Monatsleistung:	8 240 km (9.58)

letzte Hauptrevision:	
Montigny (1)	29.11.65–8.2.66
Leistung seither:	199 568 km
letzte Kesselprobe:	30.12.65

Ausrangierung:	27.12.73

141 R 44 (Abb. 42)

Lieferfirma:	Lima (USA)
Inbetriebnahme:	16. 2.1946

Heimatdepots:
Longueau (2)	16. 2.46– 8.10.60
Creil (2)	9.10.60–11. 2.70
Boulogne (2)	12. 2.70–21.11.70
Sarreguemines (1)	ab 22.11.70

Gesamtleistung:	0,95 Mio. km
Leistung bis Ende 1958:	621 276 km
größte Jahresleistung:	57 946 km (1957)
größte Monatsleistung:	8 092 km (6.57)

letzte Hauptrevision:	
La Délivrance (2)	26.4.62–19.5.62
Leistung seither:	232 100 km
letzte Kesselprobe:	8.5.62

Ausrangierung:	8.3.72

141 R 48 (Abb. 98, 100)

Lieferfirma:	Lima (USA)
Inbetriebnahme:	10. 4.1946

Heimatdepots:
Longueau (2)	10. 4.46–14. 6.51
Tergnier (2)	15. 6.51–23. 7.61
Hirson (2)	24. 7.61– 8.10.62
Tergnier (2)	9.10.62–17.12.63
Laon (2)	18.12.63–26.12.68
Boulogne (2)	27.12.68–18. 2.71
Nevers (5)	ab 19. 2.71

Gesamtleistung:	1,15 Mio. km
Leistung bis Ende 1959:	730 731 km
größte Jahresleistung:	74 619 km (1956)
größte Monatsleistung:	8 779 km (3.55)

letzte Hauptrevision:	
La Délivrance (2)	28.6.67–24.8.67
Leistung seither:	113 696 km
letzte Kesselprobe:	17.3.64

Ausrangierung:	27.12.72

141 R 53 (Abb. 27)

Lieferfirma:	Lima (USA)
Inbetriebnahme:	12. 4.1946

Heimatdepots:
Metz Frescaty (1)	12. 4.46–13. 6.50
Blainville (1)	14. 6.50– 3. 4.60
Amagne (1)	4. 4.60– 5. 6.61
Châlons-sur-Marne (1)	6. 6.61–30. 9.61
Vaires (1)	1.10.61–11. 3.62
Reims (1)	12. 3.62–31. 7.69
Belfort (1)	1. 8.69– 1.11.70
Sarreguemines (1)	ab 2.11.70

Gesamtleistung:	1,3 Mio. km
Leistung bis Ende 1959:	852 935 km
größte Jahresleistung:	78 506 km (1954)
größte Monatsleistung:	8 494 km (10.56)

letzte Hauptrevision:	
Montigny (1)	4.8.64–28.12.64
Leistung seither:	237 625 km
letzte Kesselprobe:	18.11.64

Ausrangierung:	4.6.73
Tender:	30 R 486

141 R 56 (Abb. 13, 98, 99)

Lieferfirma:	Lima (USA)
Inbetriebnahme:	10. 4.1946

Heimatdepots:
Metz Frescaty (1)	10. 4.46– 7.10.50
Blainville (1)	8.10.50–12. 2.61
Sarreguemines (1)	13. 2.61–18. 3.70
Mulhouse Nord (1)	19. 3.70–27. 9.70
Belfort (1)	28. 9.70– 5. 1.71
Sarreguemines (1)	6. 1.71– 2. 5.71
Nevers (5)	ab 3. 5.71

Gesamtleistung:	1,3 Mio. km
Leistung bis Ende 1959:	818 535 km
größte Jahresleistung:	80 897 km (1956)
größte Monatsleistung:	8 706 km (7.55)

letzte Hauptrevision:	
Bar-le-Duc (1)	24.9.64–4.12.64
Leistung seither:	239 658 km
letzte Kesselprobe:	18.11.64

Ausrangierung:	29.12.1972

141 R 89 (Abb. 14)

Lieferfirma:	Lima (USA)
Inbetriebnahme:	10. 5.1946

Heimatdepots:
Chalindrey (1)	10. 5.46– 2.10.50
Blainville (1)	3.10.50–25. 3.60
Reims (1)	26. 3.60– 3. 4.60
Amagne (1)	4. 4.60– 1.10.61
Vaires (1)	2.10.61– 6. 3.62
Reims (1)	7. 3.62– 4.10.66
Mulhouse Nord (1)	5.10.66–13.10.70
Chaumont (1)	ab 14.10.70

Gesamtleistung:	1,15 Mio. km
Leistung bis Ende 1958:	772 969 km
größte Jahresleistung:	72 613 km (1955)
größte Monatsleistung:	8 268 km (12.55)

letzte Hauptrevision:	
Montigny (1)	12.8.64–2.12.64
Leistung seither:	161 259 km
letzte Kesselprobe:	26.10.64

Ausrangierung:	16.1.72

141 R 122 (Abb. 85, 86, 101, 103)

Lieferfirma:	Lima (USA)
Inbetriebnahme:	4. 5.1946

Heimatdepots:
Ambérieu (5)	4. 5.46–16. 6.48
Nevers (5)	17. 6.48–17. 7.50
Chalindrey (1)	18. 7.50–22. 7.50
Reims (1)	23. 7.50–12. 4.57
Nevers (5)	13. 4.57– 1. 7.57
Châlons-sur-Marne (1)	2. 7.57–30. 9.57
Badan (5)	1.10.57–24. 3.58
St-Etienne (5)	25. 3.58–10.12.58
Vénissieux (5)	11.12.58– 2. 4.59
Grenoble (5)	3. 4.59– 3. 6.62
Vénissieux (5)	4. 6.62–24. 4.68
Dole (5)	25. 4.68–30.10.68
Nevers (5)	ab 31.10.68

Gesamtleistung:	1,3 Mio. km
Leistung bis Ende 1959:	918 618 km
größte Jahresleistung:	90 587 km (1956)
größte Monatsleistung:	9 943 km (7.48)

letzte Hauptrevision:
Sotteville (3)	2.5.66–13.6.66
Leistung seither:	129 127 km
letzte Kesselprobe:	23.5.66

Ausrangierung: 1.5.74

141 R 110 (Abb. 99)

Lieferfirma:	Lima (USA)
Inbetriebnahme:	6. 5.1946

Heimatdepots:
Noisy-le-Sec (1)	6. 5.46– 7.11.50
Reims (1)	8.11.50– 3. 1.57
Dijon Perrigny (5)	4. 1.57– 8.10.65
Dole (5)	9.10.65–31. 1.71
Nevers (5)	ab 1. 2.71

Gesamtleistung:	1,1 Mio. km
Leistung bis Ende 1959:	647 366 km
größte Jahresleistung:	74 880 km (1953)
größte Monatsleistung:	8 188 km (6.48)

letzte Hauptrevision:
Nevers (5)	10.9.64–14.10.64
Leistung seither:	152 431 km
letzte Kesselprobe:	28.9.64

Ausrangierung: 27.12.72

141 R 144 (Abb. 104, 105)

Lieferfirma:	Lima (USA)
Inbetriebnahme:	4. 5.1946

Heimatdepots:
Ambérieu (5)	4. 5.46– 7.11.47
Villeneuve (5)	8.11.47– 6. 7.50
Nevers (5)	7. 7.50–10.12.53
Dijon Perrigny (5)	11.12.53– 6. 1.54
Nevers (5)	7. 1.54–15.12.60
Grenoble (5)	16.12.60– 6. 1.61
Nevers (5)	ab 7. 1.61

Gesamtleistung:	1,55 Mio. km
Leistung bis Ende 1958:	876 697 km
größte Jahresleistung:	87 741 km (1949)
größte Monatsleistung:	9 570 km (12.46)

letzte Hauptrevision:
Nevers (5)	25.6.66–25.7.66
Leistung seither:	216 208 km
letzte Kesselprobe:	30.9.60

Ausrangierung: 2.4.70

141 R 148 (Abb. 56, 59)

Lieferfirma:	Lima (USA)
Inbetriebnahme:	3. 7.1946

Heimatdepots:
La Délivrance (2)	3. 7.46–14. 6.51
Tergnier (2)	15. 6.51– 1.10.63
Laon (2)	2.10.63–24.10.67
Boulogne (2)	25.10.67–25. 7.71
Beauvais (2)	ab 26. 7.71

Gesamtleistung:	1,2 Mio. km
Leistung bis Ende 1959:	747 445 km
größte Jahresleistung:	79 504 km (1957)
größte Monatsleistung:	7 872 km (7.59)

letzte Hauptrevision:
La Délivrance (2)	17.11.65–23.12.65
Leistung seither:	131 954 km
letzte Kesselprobe:	7.12.65

Ausrangierung: 31.12.72

141 R 149 (Abb. 33, 36–38)

Lieferfirma:	Lima (USA)
Inbetriebnahme:	26. 6.1946

Heimatdepots:
Noisy-le-Sec (1)	26. 6.46– 4.11.50
Vaires (1)	5.11.50–10. 6.61
Mulhouse Nord (1)	11. 6.61–10. 5.66
Hausbergen (1)	11. 5.66–30. 1.68
Belfort (1)	31. 1.68–27. 2.68
Nevers (5)	28. 2.68– 1. 3.68
Paray-le-Monial (5)	2. 3.68–26. 8.69
Nevers (5)	27. 8.69–30.10.69
Dole (5)	31.10.69– 7. 2.71
Sarreguemines (1)	ab 8. 2.71

Gesamtleistung:	1,45 Mio. km
Leistung bis Ende 1959:	960 968 km
größte Jahresleistung:	94 981 km (1959)
größte Monatsleistung:	10 587 km (10.54)

letzte Hauptrevision:
Bar-le-Duc (1)	17.2.64–8.5.64
Leistung seither:	191 138 km
letzte Kesselprobe:	29.4.64

Ausrangierung: 13.3.72

141 R 151 (Abb. 57)

Lieferfirma:	Lima (USA)
Inbetriebnahme:	30. 6.1946

Heimatdepots:
La Délivrance (2)	30. 6.46–22. 7.67
Boulogne (2)	ab 23. 7.67

Gesamtleistung:	1,1 Mio. km
Leistung bis Ende 1958:	…
größte Jahresleistung:	…
größte Monatsleistung:	…

letzte Hauptrevision:
La Délivrance (2)	5.8.65–30.8.65
Leistung seither:	195 213 km
letzte Kesselprobe:	14.10.61

Ausrangierung: 8.12.70

141 R 169 (Abb. 96)

Lieferfirma:	Lima (USA)
Inbetriebnahme:	30. 7.1946

Heimatdepots:
La Délivrance (2)	30. 7.46–22. 3.64
Dole (5)	23. 3.64–26.11.71
Nevers (5)	ab 27.11.71

Gesamtleistung:	1,05 Mio. km
Leistung bis Ende 1959:	596 289 km
größte Jahresleistung:	67 176 km (1965)
größte Monatsleistung:	8 244 km (3.57)

letzte Hauptrevision:
Sotteville (3)	30.12.66–31.1.67
Leistung seither:	162 734 km
letzte Kesselprobe:	11.3.64

Ausrangierung: 16.2.72

141 R 158 (Abb. 43)

Lieferfirma:	Lima (USA)
Inbetriebnahme:	12. 7.1946

Heimatdepots:
Mulhouse Nord (1)	12. 7.46– 2. 5.47
Mohon (1)	3. 5.47–22. 5.51
Châlons-sur-Marne (1)	23. 5.51– 5. 4.55
Vaires (1)	6. 4.55–10. 8.55
Chalindrey (1)	11. 8.55–14. 1.57
Sarreguemines (1)	15. 1.57– 2. 2.57
Aulnoy (2)	3. 2.57–27. 5.64
Laon (2)	28. 5.64– 2. 5.68
Creil (2)	3. 5.68– 5. 5.69
Boulogne (2)	6. 5.69–25. 2.70
Sarreguemines (1)	26. 2.70–27. 9.70
Belfort (1)	28. 9.70–15.12.70
Sarreguemines (1)	ab 16.12.70

Gesamtleistung:	1,2 Mio. km
Leistung bis Ende 1959:	795 397 km
größte Jahresleistung:	94 761 km (1954)
größte Monatsleistung:	10 931 km (12.54)

letzte Hauptrevision:
La Délivrance (2)	28.8.63–14.9.63
Leistung seither:	221 036 km
letzte Kesselprobe:	3.9.63

Ausrangierung:	22.3.73
Tender:	30 R 96

141 R 179 (Abb. 59)

Lieferfirma:	Lima (USA)
Inbetriebnahme:	3. 9.1946

Heimatdepots:
Le Bourget (2)	3. 9.46–14. 5.57
Creil (2)	15. 5.57–27. 9.69
Boulogne (2)	28. 9.69–12. 7.71
Beauvais (2)	ab 13. 7.71

Gesamtleistung:	1 Mio. km
Leistung bis Ende 1958:	670 173 km
größte Jahresleistung:	76 815 km (1956)
größte Monatsleistung:	10 450 km (7.56)

letzte Hauptrevision:
La Délivrance (2)	20.10.64–16.11.64
Leistung seither:	132 687 km
letzte Kesselprobe:	3.11.64

Ausrangierung:	31.12.72

141 R 242 (Abb. 92–95)

Lieferfirma:	ALCO (USA)
Inbetriebnahme:	15. 1.1946

Heimatdepots:
Marseille Blancarde (6)	15. 1.46–10. 4.47
Dijon Perrigny (5)	11. 4.47–28. 3.50
Nevers (5)	29. 3.50–31. 3.50
Vierzon (4)	1. 4.50–25. 2.53
Nevers (5)	26. 2.53–14. 5.53
Montargis (5)	15. 5.53–22. 6.53
Nevers (5)	23. 6.53–10. 1.54
Corbeil (5)	11. 1.54–22. 3.54
Nevers (5)	ab 23. 3.54

Gesamtleistung:	1,5 Mio. km
Leistung bis Ende 1958:	807 804 km
größte Jahresleistung:	85 082 km (1948)
größte Monatsleistung:	9 782 km (7.49)

letzte Hauptrevision:
Nevers (5)	23.1.67–13.2.67
Leistung seither:	219 898 km
letzte Kesselprobe:	2.9.63

Ausrangierung:	10.10.70

141 R 180 (Abb. 59)

Lieferfirma:	Lima (USA)
Inbetriebnahme:	2. 8.1946

Heimatdepots:
La Délivrance (2)	2. 8.46– 2.12.66
Boulogne (2)	3.12.66– 3. 8.71
Beauvais (2)	ab 4. 8.71

Gesamtleistung:	1,1 Mio. km
Leistung bis Ende 1959:	656 903 km
größte Jahresleistung:	67 587 km (1956)
größte Monatsleistung:	7 805 km (9.56)

letzte Hauptrevision:
La Délivrance (2)	10.7.64–4.8.64
Leistung seither:	180 501 km
letzte Kesselprobe:	21.7.64

Ausrangierung:	31.12.72

141 R 298 (Abb. 45, 48)

Lieferfirma:	ALCO (USA)
Inbetriebnahme:	23. 2.1946

Heimatdepots:
Longueau (2)	23. 2.46–28.10.60
Creil (2)	29.10.60–27. 9.69
Boulogne (2)	28. 9.69–25. 2.70
Sarreguemines (1)	26. 2.70–14. 7.70
Belfort (1)	15. 7.70–19.12.70
Sarreguemines (1)	ab 20.12.70

Gesamtleistung:	0,9 Mio. km
Leistung bis Ende 1959:	581 537 km
größte Jahresleistung:	63 749 km (1956)
größte Monatsleistung:	7 367 km (12.57)

letzte Hauptrevision:
La Délivrance (2)	17.5.63–6.6.63
Leistung seither:	219 859 km
letzte Kesselprobe:	28.5.63

Ausrangierung:	16.5.73

141 R 218 (Abb. 102)

Lieferfirma:	ALCO (USA)
Inbetriebnahme:	17.12.1945

Heimatdepots:
Blainville (1)	17.12.45–28. 4.47
Chalindrey (1)	29. 4.47– 5. 6.50
Châlons-sur-Marne (1)	6. 6.50– 8.12.61
Nevers (5)	9.12.61– 2.11.66
Paray-le-Monial (5)	3.11.66–29. 6.67
Nevers (5)	ab 30. 6.67

Gesamtleistung:	1,3 Mio. km
Leistung bis Ende 1959:	995 000 km
größte Jahresleistung:	85 814 km (1954)
größte Monatsleistung:	9 376 km (3.47)

letzte Hauptrevision:
Nevers (5)	27.11.64–28.12.64
Leistung seither:	142 892 km
letzte Kesselprobe:	10.12.64

Ausrangierung:	2.12.74

141 R 357 (Abb. 57, 64)

Lieferfirma:	ALCO (USA)
Inbetriebnahme:	9. 5.1946

Heimatdepots:
Caen (3)	9. 5.46– 5. 6.48
Amiens (2)	6. 6.48– 7.10.50
Longueau (2)	8.10.50–12. 7.66
Boulogne (2)	13. 7.66–25. 7.71
Beauvais (2)	ab 26. 7.71

Gesamtleistung:	1,15 Mio. km
Leistung bis Ende 1959:	727 433 km
größte Jahresleistung:	74 034 km (1947)
größte Monatsleistung:	8 682 km (10.46)

letzte Hauptrevision:
La Délivrance (2)	24.10.63–14.11.63
Leistung seither:	242 712 km
letzte Kesselprobe:	31.10.63

Ausrangierung:	31.12.72

141 R 367 (Abb. 9, 16, 47)

Lieferfirma: ALCO (USA)
Inbetriebnahme: 8. 5.1946

Heimatdepots:
Metz Frescaty (1)	8. 5.46–15.12.50
Chalindrey (1)	16.12.50–22. 6.57
Metz Frescaty (1)	23. 6.57–30.10.58
Reims (1)	31.10.58–24. 7.69
Mulhouse Nord (1)	25. 7.69–27. 9.70
Belfort (1)	28. 9.70–17. 1.71
Sarreguemines (1)	ab 18. 1.71

Gesamtleistung: 1,2 Mio. km
Leistung bis Ende 1958: 632 383 km
größte Jahresleistung: 71 695 km (1960)
größte Monatsleistung: 8 884 km (6.60)

letzte Hauptrevision:
Montigny (1) 20.4.66–8.6.66
Leistung seither: 148 807 km
letzte Kesselprobe: 23.10.62

Ausrangierung: 26.5.72

---

141 R 374 (Abb. 15, 17)

Lieferfirma: ALCO (USA)
Inbetriebnahme: 1. 5.1946

Heimatdepots:
Ambérieu (5)	1. 5.46– 6. 6.48
Nevers (5)	7. 6.48–11. 9.50
Chalindrey (1)	12. 9.50–21. 4.54
Sarreguemines (1)	22. 4.54–18. 2.59
Châlons-sur-Marne (1)	19. 2.59– 4.11.59
Sarreguemines (1)	5.11.59–27. 8.69
Mulhouse Nord (1)	28. 8.69–27. 9.70
Belfort (1)	ab 28. 9.70

Gesamtleistung: 1,25 Mio. km
Leistung bis Ende 1959: 776 301 km
größte Jahresleistung: 79 954 km (1949)
größte Monatsleistung: 10 067 km (1.49)

letzte Hauptrevision:
Bar-le-Duc (1) 21.9.65–21.10.65
Leistung seither: 185 193 km
letzte Kesselprobe: 27.2.62

Ausrangierung: 11.9.72

---

141 R 375 (Abb. 49)

Lieferfirma: ALCO (USA)
Inbetriebnahme: 22. 8.1946

Heimatdepots:
Noisy-le-Sec (1)	22. 8.46– 6.11.50
Chalindrey (1)	7.11.50– 5.12.52
Metz Frescaty (1)	6.12.52–29. 1.53
Sarreguemines (1)	30. 1.53– 6. 4.70
Mulhouse Nord (1)	7. 4.70–20. 1.71
Sarreguemines (1)	ab 21. 1.71

Gesamtleistung: 1,15 Mio. km
Leistung bis Ende 1959: 737 175 km
größte Jahresleistung: 74 151 km (1951)
größte Monatsleistung: 7 624 km (12.56)

letzte Hauptrevision:
Bar-le-Duc (1) 14.5.66–20.6.66
Leistung seither: 126 933 km
letzte Kesselprobe: 7.2.63

Ausrangierung: 22.3.73

---

141 R 420 (Abb. 28, 30, 31, 34)

Lieferfirma: ALCO (USA)
Inbetriebnahme: 23. 8.1946

Heimatdepots:
Mézidon (3)	23. 8.46– 3.11.47
Creil (2)	4.11.47–17.10.69
Boulogne (2)	18.10.69–11. 7.71
Beauvais (2)	12. 7.71– 4. 1.73
Sarreguemines (1)	ab 5. 1.73

Gesamtleistung: 1,1 Mio. km
Leistung bis Ende 1959: 638 070 km
größte Jahresleistung: 64 026 km (1947)
größte Monatsleistung: 6 936 km (1.47)

letzte Hauptrevision:
La Délivrance (2) 28.9.66–5.11.66
Leistung seither: 151 157 km
letzte Kesselprobe: 20.10.66

Ausrangierung: 1.4.74

---

141 R 428 (Abb. 65)

Lieferfirma: ALCO (USA)
Inbetriebnahme: 28. 8.1946

Heimatdepots:
Le Bourget (2)	28. 8.46– 5. 1.65
Creil (2)	6. 1.65– 5. 6.69
Boulogne (2)	ab 6. 6.69

Gesamtleistung: 1 Mio. km
Leistung bis Ende 1958: 552 507 km
größte Jahresleistung: 70 037 km (1951)
größte Monatsleistung: 8 745 km (1.50)

letzte Hauptrevision:
La Délivrance (2) 20.5.66–1.7.66
Leistung seither: 150 273 km
letzte Kesselprobe: 3.11.61

Ausrangierung: 8.12.70

---

141 R 437 (Abb. 58)

Lieferfirma: ALCO (USA)
Inbetriebnahme: 30. 8.1946

Heimatdepots:
Béthune (2)	30. 8.46–18. 4.48
Aulnoye (2)	19. 4.48– 3. 6.64
Laon (2)	4. 6.64–20. 4.68
Creil (2)	21. 4.68–31.10.68
Boulogne (2)	ab 1.11.68

Gesamtleistung: 0,9 Mio. km
Leistung bis Ende 1958: 623 269 km
größte Jahresleistung: 62 450 km (1961)
größte Monatsleistung: 8 117 km (3.50)

letzte Hauptrevision:
La Délivrance (2) 15.4.64–11.5.64
Leistung seither: 151 916 km
letzte Kesselprobe: 23.4.64

Ausrangierung: 31.8.71

---

141 R 471 (Abb. 12)

Lieferfirma: Baldwin (USA)
Inbetriebnahme: 7. 2.1946

Heimatdepots:
Avignon (6)	7. 2.46–13. 6.47
Le Teil (6)	14. 6.47–18. 1.48
Hausbergen (1)	19. 1.48–22.10.48
Mohon (1)	23.10.48– 7. 7.50
Hausbergen (1)	8. 7.50–11. 4.59
Mulhouse Nord (1)	12. 4.59–29. 1.68
Belfort (1)	ab 30. 1.68

Gesamtleistung: 1,35 Mio. km
Leistung bis Ende 1958: 828 712 km
größte Jahresleistung: 74 336 km (1954)
größte Monatsleistung: 10 247 km (4.47)

letzte Hauptrevision:
Montigny (1) 3.6.66–19.7.66
Leistung seither: 145 095 km
letzte Kesselprobe: 24.5.63

Ausrangierung: 31.1.71

---

141 R 484 (Abb. 25, 28)

Lieferfirma: Baldwin (USA)
Inbetriebnahme: 9. 4.1946

Heimatdepots:
Blainville (1)	9. 4.46–16. 5.47
Châlons-sur-Marne (1)	17. 5.47– 7. 6.50
Hausbergen (1)	8. 6.50–17. 9.60
Mulhouse Nord (1)	18. 9.60–24. 6.68
Belfort (1)	25. 6.68–19.12.70
Sarreguemines (1)	ab 20.12.70

Gesamtleistung: 1,25 Mio. km
Leistung bis Ende 1959: 823 932 km
größte Jahresleistung: 85 686 km (1948)
größte Monatsleistung: 9 550 km (3.49)

letzte Hauptrevision:
Bar-le-Duc (1) 29.9.66–31.10.66
Leistung seither: 117 867 km
letzte Kesselprobe: 24.6.63

Ausrangierung: 4.6.73

141 R 486 (Abb. 15, 32)

Lieferfirma:	Baldwin (USA)
Inbetriebnahme:	7. 4.1946

Heimatdepots:
Blainville (1)	7. 4.46–14. 9.47
Châlons-sur-Marne (1)	15. 9.47–15. 7.52
Hausbergen (1)	16. 7.52– 5. 2.57
Sarreguemines (1)	6. 2.57–23. 1.68
Belfort (1)	24. 1.68–24. 6.68
Chaumont (1)	25. 6.68–12. 5.70
Mulhouse Nord (1)	13. 5.70–27. 9.70
Belfort (1)	28. 9.70–11.12.70
Sarreguemines (1)	ab 12.12.70

Gesamtleistung:	1,35 Mio. km
Leistung bis Ende 1959:	947 421 km
größte Jahresleistung:	88 908 km (1948)
größte Monatsleistung:	9 149 km (11.48)

letzte Hauptrevision:
Bar-le-Duc (1)	20.5.64–4.7.64
Leistung seither:	218 193 km
letzte Kesselprobe:	18.6.64

Ausrangierung:	16.11.72

141 R 497 (Abb. 58)

Lieferfirma:	Baldwin (USA)
Inbetriebnahme:	1. 3.1946

Heimatdepots:
Somain (2)	1. 3.46– 1. 8.47
Tergnier (2)	2. 8.47–16.12.63
Laon (2)	17.12.63–24.10.67
Boulogne (2)	ab 25.10.67

Gesamtleistung:	1,25 Mio. km
Leistung bis Ende 1958:	...
größte Jahresleistung:	...
größte Monatsleistung:	...

letzte Hauptrevision:
La Délivrance (2)	28.12.65–30.1.66
Leistung seither:	185 571 km
letzte Kesselprobe:	18.1.66

Ausrangierung:	4.2.71

141 R 505 (Abb. 58)

Lieferfirma:	Baldwin (USA)
Inbetriebnahme:	14. 4.1946

Heimatdepots:
Béthune (2)	14. 4.46–22.11.46
Somain (2)	23.11.46–5. 3.48
Creil (2)	6. 3.48–26. 7.67
Boulogne (2)	27. 7.67–18. 7.71
Beauvais (2)	ab 19. 7.71

Gesamtleistung:	1,05 Mio. km
Leistung bis Ende 1958:	601 193 km
größte Jahresleistung:	60 290 km (1956)
größte Monatsleistung:	7 187 km (10.56)

letzte Hauptrevision:
La Délivrance (2)	8.2.66–13.3.66
Leistung seither:	141 625 km
letzte Kesselprobe:	24.2.66

Ausrangierung:	24.1.72

141 R 511 (Abb. 97, 99)

Lieferfirma:	Baldwin (USA)
Inbetriebnahme:	28. 3.1946

Heimatdepots:
Béthune (2)	28. 3.46– 3.10.49
Tergnier (2)	4.10.49–16.12.63
Laon (2)	17.12.63–10. 9.65
Nevers (5)	11. 9.65– 3. 3.68
Paray-le-Monial (5)	4. 3.68–27.11.68
Nevers (5)	28.11.68–28.10.69
Dole (5)	29.10.69–20.12.70
Nevers (5)	ab 21.12.70

Gesamtleistung:	1,4 Mio. km
Leistung bis Ende 1959:	824 190 km
größte Jahresleistung:	74 206 km (1957)
größte Monatsleistung:	8 080 km (7.59)

letzte Hauptrevision:
La Délivrance (2)	8.5.64–28.5.64
Leistung seither:	232 941 km
letzte Kesselprobe:	19.5.64

Ausrangierung:	1.1.73

141 R 568 (Abb. 26, 35)

Lieferfirma:	Baldwin (USA)
Inbetriebnahme:	11. 4.1946

Heimatdepots:
Longueau (2)	11. 4.46–26. 5.61
La Délivrance (2)	27. 5.61– 3. 8.68
Boulogne (2)	4. 8.68–11. 7.71
Beauvais (2)	12. 7.71– 4. 1.73
Sarreguemines (1)	ab 5. 1.73

Gesamtleistung:	1,05 Mio. km
Leistung bis Ende 1959:	662 308 km
größte Jahresleistung:	65 837 km (1956)
größte Monatsleistung:	8 724 km (8.55)

letzte Hauptrevision:
La Délivrance (2)	28.11.66–2.1.67
Leistung seither:	134 570 km
letzte Kesselprobe:	16.12.66

Ausrangierung:	1.4.74

141 R 577 (Abb. 110)

Lieferfirma:	Baldwin (USA)
Inbetriebnahme:	7. 6.1946

Heimatdepots:
Avignon (6)	7. 6.46– 2. 2.47
Dijon Perrigny (5)	3. 2.47– 7.10.65
Dole (5)	ab 8.10.65

Gesamtleistung:	1,2 Mio. km
Leistung bis Ende 1957:	...
größte Jahresleistung:	...
größte Monatsleistung:	...

letzte Hauptrevision:
Nevers (5)	5.11.63–5.12.63
Leistung seither:	155 000 km
letzte Kesselprobe:	20.11.63

Ausrangierung:	18.9.69

141 R 586 (Abb. 76)

Lieferfirma:	Baldwin (USA)
Inbetriebnahme:	27. 3.1946

Heimatdepots:
La Délivrance (2)	27. 3.46–28.11.67
Le Mans (3)	29.11.67–18.10.68
Argentan (3)	ab 19.10.68

Gesamtleistung:	1,1 Mio. km
Leistung bis Ende 1958:	...
größte Jahresleistung:	...
größte Monatsleistung:	...

letzte Hauptrevision:
La Délivrance (2)	15.10.62–8.11.62
Leistung seither:	201 291 km
letzte Kesselprobe:	26.10.62

Ausrangierung:	16.1.70

141 R 598 (Abb. 98)

Lieferfirma:	Baldwin (USA)
Inbetriebnahme:	23. 4.1946

Heimatdepots:
Badan (5)	23. 4.46–17. 4.48
Dijon Perrigny (5)	18. 4.48–16. 3.50
Ambérieu (5)	17. 3.50– 6.11.50
Dijon Perrigny (5)	7.11.50–24. 7.53
Dole (5)	25. 7.53–21.11.56
Dijon Perrigny (5)	22.11.56–16.12.56
Dole (5)	17.12.56– 6. 5.71
Nevers (5)	ab 7. 5.71

Gesamtleistung:	1,25 Mio. km
Leistung bis Ende 1959:	735 061 km
größte Jahresleistung:	90 334 km (1949)
größte Monatsleistung:	9 888 km (9.51)

letzte Hauptrevision:
Nevers (5)	2.10.64–4.11.64
Leistung seither:	187 076 km
letzte Kesselprobe:	19.10.64

Ausrangierung:	29.12.72

141 R 606 (Abb. 29, 39–41)

Lieferfirma:	Baldwin (USA)
Inbetriebnahme:	14. 6.1946
Heimatdepots:	
Le Mans (3)	14. 6.46– 2.11.47
Creil (2)	3.11.47–10.11.66
Boulogne (2)	11.11.66– 1.12.67
Le Mans (3)	2.12.67–15. 9.70
Sarreguemines (1)	ab 16. 9.70
Gesamtleistung:	1 Mio. km
Leistung bis Ende 1959:	594 289 km
größte Jahresleistung:	72 615 km (1947)
größte Monatsleistung:	10 357 km (5.47)
letzte Hauptrevision:	
La Délivrance (2)	13.3.64–4.4.64
Leistung seither:	259 992 km
letzte Kesselprobe:	20.3.64
Ausrangierung:	4.6.73

141 R 615 (Abb. 60, 61)

Lieferfirma:	Baldwin (USA)
Inbetriebnahme:	12. 7.1946
Heimatdepots:	
Rennes (3)	12. 7.46–11.10.46
Caen (3)	12.10.46– 2.12.47
Boulogne (2)	3.12.47–20. 6.59
Longueau (2)	21. 6.59–29. 9.60
Creil (2)	30. 9.60–17. 7.61
Somain (2)	18. 7.61–21. 5.63
Boulogne (2)	ab 22. 5.63
Gesamtleistung:	1 Mio. km.
Leistung bis Ende 1958:	...
größte Jahresleistung:	...
größte Monatsleistung:	...
letzte Hauptrevision:	
La Délivrance (2)	...4.67–...5.67
Leistung seither:	169 441 km
letzte Kesselprobe:	14.8.63
Ausrangierung:	8.12.70

141 R 654 (Abb. 26, 34)

Lieferfirma:	Baldwin (USA)
Inbetriebnahme:	20. 6.1946
Heimatdepots:	
Metz Frescaty (1)	20. 6.46–29. 5.58
Sarreguemines (1)	30. 5.58– 2. 7.61
Dijon Perrigny (5)	3. 7.61–14. 3.62
Dole (5)	15. 3.62–13.11.67
Le Mans (3)	14.11.67–24. 8.70
Thouars (3)	25. 8.70–21.10.70
Chaumont (1)	22.10.70–19. 9.72
Sarreguemines (1)	ab 20. 9.72
Gesamtleistung:	1,1 Mio. km
Leistung bis Ende 1959:	687 495 km
größte Jahresleistung:	58 666 km (1953)
größte Monatsleistung:	7 568 km (1.66)
letzte Hauptrevision:	
Nevers (5)	18.12.64–21.1.65
Leistung seither:	231 213 km
letzte Kesselprobe:	6.1.65
Ausrangierung:	1.4.74
Tender:	30 R 367

141 R 678 (Abb. 78)

Lieferfirma:	Baldwin (USA)
Inbetriebnahme:	29. 6.1946
Heimatdepots:	
Longueau (2)	29. 6.46–15. 5.55
Bordeaux St-Jean (4)	16. 5.55– 1. 6.56
La Délivrance (2)	2. 6.56– 4.11.65
Thouars (3)	ab 5.11.65
Gesamtleistung:	1,15 Mio. km
Leistung bis Ende 1958:	603 996 km
größte Jahresleistung:	64 457 km (1955)
größte Monatsleistung:	10 623 km (9.55)
letzte Hauptrevision:	
La Délivrance (2)	7.12.64–12.1.65
Leistung seither:	221 671 km
letzte Kesselprobe:	30.6.61
Ausrangierung:	23.3.70
Tender:	30 R 226

141 R 693 (Abb. 87–89, 98, 100)

Lieferfirma:	Baldwin (USA)
Inbetriebnahme:	27. 8.1946
Heimatdepots:	
Le Teil (6)	27. 8.46–24. 5.47
Roanne (5)	25. 5.47–29. 5.50
Nevers (5)	30. 5.50– 7. 7.50
Chalindrey (1)	8. 7.50–10. 7.50
Metz Frescaty (1)	11. 7.50–10. 4.59
Châlons-sur-Marne (1)	11. 4.59– 5. 6.61
Dijon Perrigny (5)	6. 6.61– 8.10.65
Dole (5)	9.10.65–24. 1.71
Nevers (5)	ab 25. 1.71
Gesamtleistung:	1,25 Mio. km
Leistung bis Ende 1959:	683 736 km
größte Jahresleistung:	83 497 km (1960)
größte Monatsleistung:	10 279 km (10.60)
letzte Hauptrevision:	
Thouars (3)	29.9.64–29.10.64
Leistung seither:	185 470 km
letzte Kesselprobe:	19.10.64
Ausrangierung:	1.1.73

141 R 1206 (Abb. 90)

Lieferfirma:	Montreal Loc.
Inbetriebnahme:	7. 4.1947
Heimatdepots:	
Bordeaux St-Jean (4)	7. 4.47– 8.12.52
Nevers (5)	9.12.52–21.12.52
Dijon Perrigny (5)	22.12.52–15. 2.55
Nevers (5)	ab 16. 2.55
Gesamtleistung:	1,8 Mio. km
Leistung bis Ende 1958:	967 088 km
größte Jahresleistung:	103 662 km (1949)
größte Monatsleistung:	11 839 km (7.49)
letzte Hauptrevision:	
Nevers (5)	16.8.66–29.9.66
Leistung seither:	201 132 km
letzte Kesselprobe:	10.2.64
Ausrangierung:	30.5.70

141 R 1214 (Abb. 91)

Lieferfirma:	Montreal Loc.
Inbetriebnahme:	21. 4.1947
Heimatdepots:	
Bordeaux St-Jean (4)	21. 4.47–18. 3.55
Vierzon (4)	19. 3.55– 5. 1.65
Nevers (5)	ab 6. 1.65
Gesamtleistung:	...
Leistung bis Ende 1958:	...
größte Jahresleistung:	...
größte Monatsleistung:	...
letzte Hauptrevision:	
Nevers (5)	........–11.9.66
Leistung seither:	177 653 km
letzte Kesselprobe:	30.10.63
Ausrangierung:	15.12.70

141 R 1265 (Abb. 75)

Lieferfirma:	Montreal Loc.
Inbetriebnahme:	26. 9.1947
Heimatdepots:	
Rennes (3)	26. 9.47–23. 1.48
Le Mans (3)	24. 1.48–12. 1.57
Rennes (3)	13. 1.57–29. 6.57
Caen (3)	30. 6.57–20.10.65
Argentan (3)	21.10.65–19. 5.70
Thouars (3)	ab 20. 5.70
Gesamtleistung:	1,4 Mio. km
Leistung bis Ende 1959:	897 863 km
größte Jahresleistung:	90 874 km (1951)
größte Monatsleistung:	11 469 km (9.51)
letzte Hauptrevision:	
Thouars (3)	18.1.66–8.2.66
Leistung seither:	198 559 km
letzte Kesselprobe:	31.7.62
Ausrangierung:	17.11.70
Umbau auf Kohlefeuerung:	
Sotteville (3)	27.11.56–10.12.56

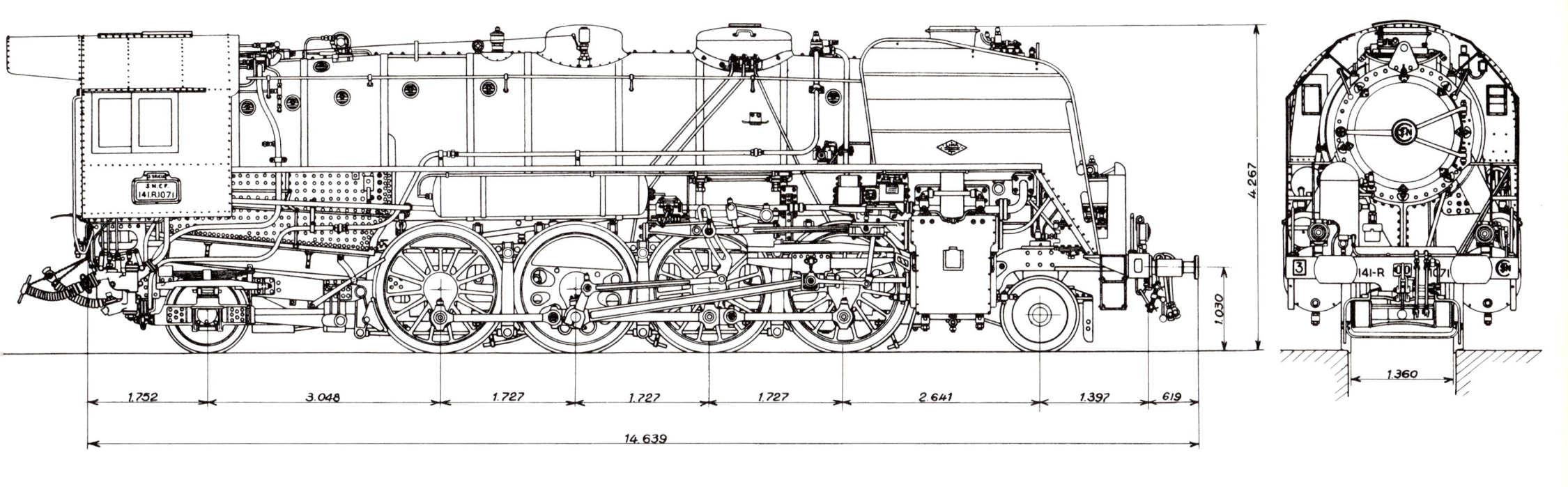

141 R fuel

Baujahre	1946–1947
Anzahl (Stand 1957)	584*
Kesseldruck	15,5 kg/cm²
Höchstgeschwindigkeit	100 km/h
Zahl der Zylinder	2
Zylinderdurchmesser	597 mm
Kolbenhub	711 mm
Grundfläche der Feuerbüchse	5,16 m²
Verdampfungsheizfläche	250,74 m²
Überhitzerheizfläche	65,4 m²
Leergewicht	106,3 t
Dienstgewicht	116,25 t
größter Achsdruck	20 t
Länge über Puffer	14,639 m
Triebraddurchmesser	1,65 m
Blasrohr	Kylchap

* Nr. 701–964, 966–969, 971–984, 986–990, 992, 993, 995–1019, 1021–1038, 1040–1200, 1236–1240, 1242–1259, 1262, 1263, 1266–1271, 1274, 1275, 1277, 1279–1284, 1286, 1287, 1289–1293, 1295, 1298–1340

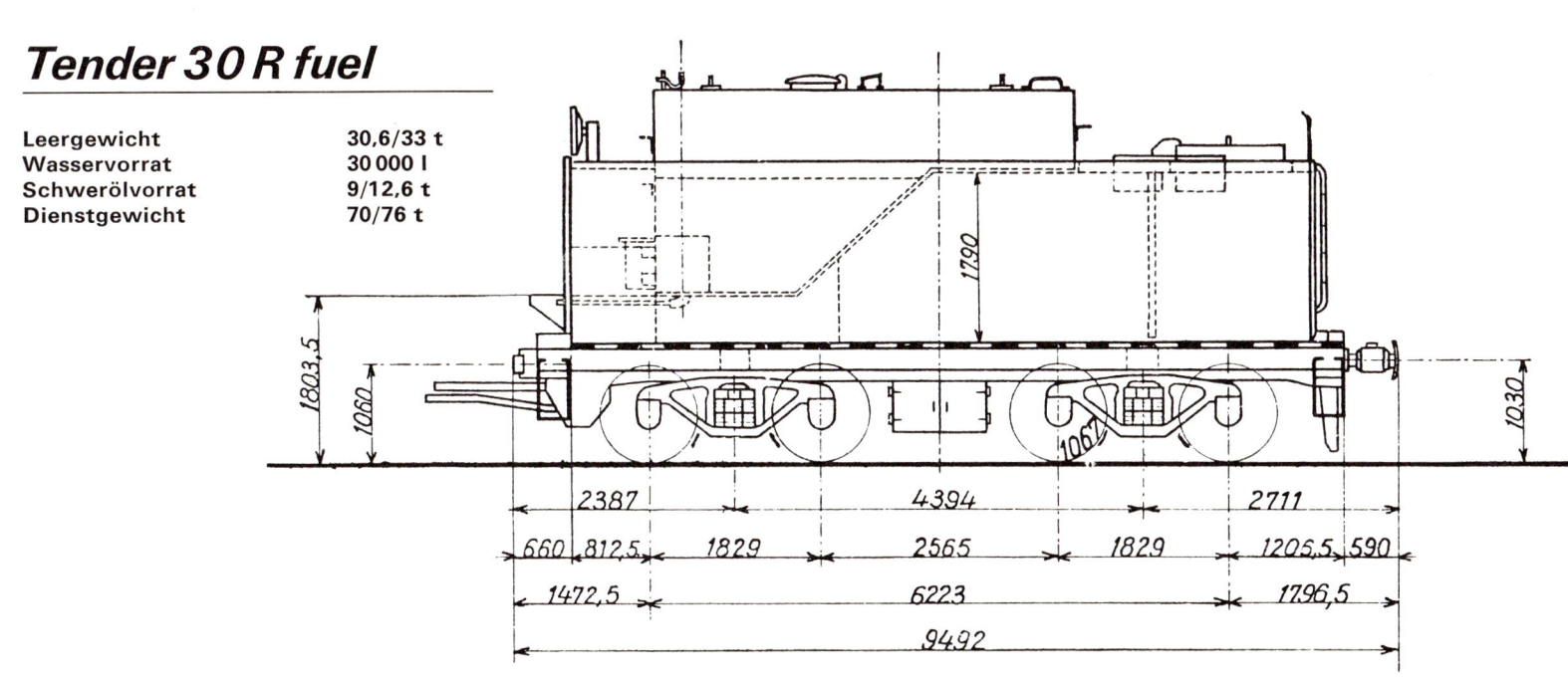

Tender 30 R fuel

Leergewicht	30,6/33 t
Wasservorrat	30 000 l
Schwerölvorrat	9/12,6 t
Dienstgewicht	70/76 t

141 R fuel 701   (Abb. 108)

Lieferfirma:	Baldwin (USA)
Inbetriebnahme:	29. 8.1946

Heimatdepots:
Hausbergen (1)	29. 8.46–11. 6.50
Dijon Perrigny (5)	12. 6.50–19. 3.55
Annemasse (5)	20. 3.55–30. 9.56
Grenoble (5)	1.10.56– 7. 4.57
Nice St-Roch (6)	8. 4.57–25. 2.65
Marseille Blancarde (6)	26. 2.65–12.12.65
Annemasse (5)	13.12.65–17. 8.69
Vénissieux (5)	ab 18. 8.69

Gesamtleistung:	1,4 Mio. km
Leistung bis Ende 1959:	872 058 km
größte Jahresleistung:	88 069 km (1951)
größte Monatsleistung:	11 752 km (1.55)

letzte Hauptrevision:
Nîmes (6)	22.3.65–23.4.65
Leistung seither:	115 419 km
letzte Kesselprobe:	1.10.62
Ausrangierung:	11.8.72

Umbau auf Ölfeuerung:
Nevers (5)	3.8.48–6.8.48

141 R fuel 729   (Abb. 112)

Lieferfirma:	Baldwin (USA)
Inbetriebnahme:	16. 9.1946

Heimatdepots:
Grenoble (5)	16. 9.46–15. 8.51
Ambérieu (5)	16. 8.51–16.10.51
Grenoble (5)	17.10.51–17.12.51
Ambérieu (5)	18.12.51– 7. 1.52
Grenoble (5)	8. 1.52– 8. 4.52
Ambérieu (5)	9. 4.52–12. 4.52
Grenoble (5)	13. 4.52– 9. 7.52
Ambérieu (5)	10. 7.52– 2.10.53
Annemasse (5)	3.10.53–13.10.62
Grenoble (5)	14.10.62–29. 5.64
Annemasse (5)	ab 30. 5.64

Gesamtleistung:	1,2 Mio. km
Leistung bis Ende 1959:	686 691 km
größte Jahresleistung:	80 911 km (1949)
größte Monatsleistung:	9 939 km (8.52)

letzte Hauptrevision:
Nevers (5)	16.9.64–16.10.64
Leistung seither:	183 304 km
letzte Kesselprobe:	30.9.64
Ausrangierung:	13.4.72

Umbau auf Ölfeuerung:
Nevers (5)	3.9.48–9.9.48

141 R fuel 742   (Abb. 112)

Lieferfirma:	Baldwin (USA)
Inbetriebnahme:	7.10.1946

Heimatdepots:
Grenoble (5)	7.10.46–17. 7.51
Ambérieu (5)	18. 7.51–10.10.51
Grenoble (5)	11.10.51–17.12.51
Ambérieu (5)	18.12.51– 4. 1.52
Grenoble (5)	5. 1.52–10. 7.52
Ambérieu (5)	11. 7.52–19. 5.53
Grenoble (5)	20. 5.53–24. 9.53
Badan (5)	25. 9.53–14. 1.56
Vénissieux (5)	15. 1.56–26. 3.56
Badan (5)	27. 3.56–12. 6.56
Vénissieux (5)	13. 6.56– 3.10.57
Badan (5)	4.10.57–16. 1.58
Vénissieux (5)	17. 1.58– 4. 4.58
Badan (5)	5. 4.58–15.12.58
Ambérieu (5)	
Annemasse (5)	ab 16.12.58

Gesamtleistung:	1,25 Mio. km
Leistung bis Ende 1959:	766 397 km
größte Jahresleistung:	83 195 km (1950)
größte Monatsleistung:	10 005 km (7.50)

letzte Hauptrevision:
Nevers (5)	8.2.65–10.3.65
Leistung seither:	176 598 km
letzte Kesselprobe:	22.2.65
Ausrangierung:	13.4.72

Umbau auf Ölfeuerung:
Nevers (5)	20.8.48–25.8.48

141 R fuel 765   (Abb. 113)

Lieferfirma:	Baldwin (USA)
Inbetriebnahme:	2.12.1946

Heimatdepots:
Dijon Perrigny (5)	2.12.46–19. 4.48
Badan (5)	20. 4.48– 4. 3.49
Roanne (5)	5. 3.49– 9. 7.50
Badan (5)	10. 7.50–27. 1.52
Roanne (5)	28. 1.52– 1. 2.52
Badan (5)	2. 2.52–27.10.52
Narbonne (6)	28.10.52– 3.10.66
Vénissieux (5)	4.10.66–23. 8.68
Annemasse (5)	ab 24. 8.68

Gesamtleistung:	1,4 Mio. km
Leistung bis Ende 1959:	838 610 km
größte Jahresleistung:	92 127 km (1951)
größte Monatsleistung:	9 838 km (6.51)

letzte Hauptrevision:
Nîmes (6)	16.12.64–14.1.65
Leistung seither:	176 540 km
letzte Kesselprobe:	13.4.62
Ausrangierung:	13.4.72

Umbau auf Ölfeuerung:
Nevers (5)	12.4.48–19.4.48

141 R fuel 786 (Abb. 77)

Lieferfirma:	Baldwin (USA)
Inbetriebnahme:	8. 5.1947

Heimatdepots:	
Mulhouse Nord (1)	8. 5.47–31. 8.50
Nevers (5)	1. 9.50–13.12.52
Bordeaux St-Jean (4)	14.12.52–31. 5.55
Nantes Blottereau (3)	1. 6.55–27.11.58
Achères (3)	28.11.58–30. 9.62
Sotteville (3)	1.10.62–22. 7.64
Le Mans (3)	23. 7.64–30. 7.64
Sotteville (3)	31. 7.64–11. 6.67
Le Havre (3)	12. 6.67–27. 9.67
Sotteville (3)	28. 9.67–28.10.67
Le Mans (3)	29.10.67–30. 6.70
Auray (3)	ab 1. 7.70

Gesamtleistung:	1,35 Mio. km
Leistung bis Ende 1959:	732 178 km
größte Jahresleistung:	96 355 km (1955)
größte Monatsleistung:	11 715 km (7.53)

letzte Hauptrevision:	
Sotteville (3)	15.3.65–13.4.65
Leistung seither:	173 322 km
letzte Kesselprobe:	30.3.65

Ausrangierung:	8.9.71

Umbau auf Ölfeuerung:	
Nevers (5)	30.11.48–3.12.48

141 R fuel 909 (Abb. 79)

Lieferfirma:	ALCO (USA)
Inbetriebnahme:	22. 9.1946

Heimatdepots:	
Grenoble (5)	22. 9.46–23. 3.50
Dijon Perrigny (5)	24. 3.50–11. 2.55
Grenoble (5)	12. 2.55–27. 3.58
Ambérieu (5)	28. 3.58–17. 4.58
Grenoble (5)	18. 4.58– 6. 3.64
Vierzon (4)	ab 7. 3.64

Gesamtleistung:	1,7 Mio. km
Leistung bis Ende 1959:	1 055 978 km
größte Jahresleistung:	109 568 km (1949)
größte Monatsleistung:	13 046 km (8.50)

letzte Hauptrevision:	
Bordeaux St-Jean (4)	8.7.66–26.7.66
Leistung seither:	180 836 km
letzte Kesselprobe:	26.7.66

Ausrangierung:	28.9.71

Umbau auf Ölfeuerung:	
Nevers (5)	9.7.48–15.7.48

141 R fuel 1017 (Abb. 143)

Lieferfirma:	ALCO (USA)
Inbetriebnahme:	24. 1.1947

Heimatdepots:	
Marseille Blancarde (6)	24. 1.47–20. 1.54
Miramas (6)	21. 1.54–30.12.63
Le Teil (6)	31.12.63–10.12.69
Narbonne (6)	ab 11.12.69

Gesamtleistung:	1,1 Mio. km
Leistung bis Ende 1959:	732 502 km
größte Jahresleistung:	68 141 km (1948)
größte Monatsleistung:	7 269 km (9.56)

letzte Hauptrevision:	
Nevers (5)	24.7.64–25.8.64
Leistung seither:	191 176 km
letzte Kesselprobe:	6.8.64

Ausrangierung:	20.9.72
Tender:	30 R 1188

141 R fuel 933 (Abb. 77)

Lieferfirma:	ALCO (USA)
Inbetriebnahme:	22.10.1946

Heimatdepots:	
Villeneuve (5)	22.10.46–19.10.48
Roanne (5)	20.10.48–20. 4.53
Nevers (5)	21. 4.53–12.12.54
Vierzon (4)	13.12.54–11. 3.55
Coutras (4)	12. 3.55– 3. 6.55
Rennes (3)	4. 6.55– 7. 6.55
Auray (3)	8. 6.55– 4.10.65
Mézidon (3)	5.10.65–28. 1.69
Le Mans (3)	29. 1.69– 5. 3.70
Auray (3)	ab 6. 3.70

Gesamtleistung:	1,8 Mio. km
Leistung bis Ende 1959:	1 000 228 km
größte Jahresleistung:	110 581 km (1956)
größte Monatsleistung:	12 875 km (8.61)

letzte Hauptrevision:	
Sotteville (3)	23.6.66–1.8.66
Leistung seither:	206 522 km
letzte Kesselprobe:	1.3.62

Ausrangierung:	25.1.71

Umbau auf Ölfeuerung:	
Nevers (5)	14.10.48–19.10.48

141 R fuel 1006 (Abb. 129)

Lieferfirma:	ALCO (USA)
Inbetriebnahme:	22. 1.1947

Heimatdepots:	
Avignon (6)	22. 1.47– 5. 3.47
Marseille Blancarde (6)	6. 3.47–25. 9.53
Avignon (6)	26. 9.53– 8.10.63
Le Teil (6)	9.10.63–20.11.64
Miramas (6)	21.11.64–11. 4.70
Narbonne (6)	ab 12. 4.70

Gesamtleistung:	1,25 Mio. km
Leistung bis Ende 1959:	901 676 km
größte Jahresleistung:	93 226 km (1957)
größte Monatsleistung:	10 836 km (7.56)

letzte Hauptrevision:	
Sotteville (3)	7.10.64–14.11.64
Leistung seither:	117 996 km
letzte Kesselprobe:	27.10.64

Ausrangierung:	12.10.72
Kessel:	R 154 (27.10.64)
Tender:	30 R 1161

141 R fuel 1030 (Abb. 77)

Lieferfirma:	Lima (USA)
Inbetriebnahme:	10. 9.1946

Heimatdepots:	
Vaires (1)	10. 9.46–20.10.47
Nantes Blottereau (3)	21.10.47–13. 8.48
Achères (3)	14. 8.48–22. 2.57
Le Mans (3)	23. 2.57– 7.11.67
Nantes Blottereau (3)	8.11.67– 2.10.68
Auray (3)	ab 3.10.68

Gesamtleistung:	1,4 Mio. km
Leistung bis Ende 1958:	740 675 km
größte Jahresleistung:	82 284 km (1952)
größte Monatsleistung:	10 126 km (7.63)

letzte Hauptrevision:	
Sotteville (3)	17.12.65–17.1.66
Leistung seither:	168 512 km
letzte Kesselprobe:	13.5.60

Ausrangierung:	26.7.70

Umbau auf Ölfeuerung:	
Niort (3)	28.7.48–6.8.48

141 R fuel 1106 (Abb. 107, 108)

Lieferfirma:	Lima (USA)
Inbetriebnahme:	30. 4.1947

Heimatdepots:
Nevers (5)	30. 4.47–22. 6.48
Ambérieu (5)	23. 6.48–19.11.53
Annemasse (5)	20.11.53–21.11.53
Ambérieu (5)	22.11.53– 4. 3.55
Annemasse (5)	5. 3.55–22. 3.55
Dijon Perrigny (5)	23. 3.55– 3. 3.57
Vénissieux (5)	4. 3.57–11. 3.64
Grenoble (5)	12. 3.64–30. 4.65
Vénissieux (5)	1. 5.65– 6.10.65
Annemasse (5)	7.10.65–25. 8.69
Vénissieux (5)	ab 26. 8.69

Gesamtleistung:	1,55 Mio. km
Leistung bis Ende 1959:	1 023 676 km
größte Jahresleistung:	116 848 km (1950)
größte Monatsleistung:	12 174 km (7.49)

letzte Hauptrevision:
Sotteville (3)	3.11.66–6.12.66
Leistung seither:	160 956 km
letzte Kesselprobe:	9.10.62
Ausrangierung:	25.10.72

Umbau auf Ölfeuerung:
Nevers (5)	15.6.48–21.6.48

141 R fuel 1113 (Abb. 117/118)

Lieferfirma:	Lima (USA)
Inbetriebnahme:	16. 5.1947

Heimatdepots:
Nevers (5)	16. 5.47–28. 5.48
Ambérieu (5)	29. 5.48–23. 9.53
Dijon Perrigny (5)	24. 9.53–23. 6.55
Vénissieux (5)	24. 6.55–10. 7.61
Marseille Blancarde (6)	11. 7.61– 4.10.61
Nice St-Roch (6)	5.10.61–17.12.70
Narbonne (6)	ab 18.12.70

Gesamtleistung:	1,65 Mio. km
Leistung bis Ende 1960:	1 027 513 km
größte Jahresleistung:	116 356 km (1950)
größte Monatsleistung:	12 956 km (9.62)

letzte Hauptrevision:
Sotteville (3)	27.2.67–6.4.67
Leistung seither:	159 879 km
letzte Kesselprobe:	22.6.64
Ausrangierung:	1.4.74

Umbau auf Ölfeuerung:
Nevers (5)	21.5.48–27.5.48
Kessel:	R 874 (15.3.67)

141 R fuel 1115 (Abb. 147)

Lieferfirma:	Lima (USA)
Inbetriebnahme:	6. 5.1947

Heimatdepots:
Nevers (5)	6. 5.47–15. 6.48
Ambérieu (5)	16. 6.48–24. 9.53
Dijon Perrigny (5)	25. 9.53–17. 2.56
Vénissieux (5)	18. 2.56– 7. 7.61
Nice St-Roch (6)	8. 7.61–15.12.69
Narbonne (6)	16.12.69–15. 4.70
Miramas (6)	16. 4.70– 6.12.70
Narbonne (6)	ab 7.12.70

Gesamtleistung:	1,65 Mio. km
Leistung bis Ende 1960:	1 028 022 km
größte Jahresleistung:	108 946 km (1963)
größte Monatsleistung:	13 295 km (7.63)

letzte Hauptrevision:
Sotteville (3)	20.7.66–31.8.66
Leistung seither:	166 207 km
letzte Kesselprobe:	10.8.66
Ausrangierung:	1.10.74

Umbau auf Ölfeuerung:
Nevers (5)	9.6.48–15.6.48

141 R fuel 1116 (Abb. 116)

Lieferfirma:	Lima (USA)
Inbetriebnahme:	12. 5.1947

Heimatdepots:
Nevers (5)	12. 5.47–16. 6.48
Ambérieu (5)	17. 6.48–11. 3.55
Dijon Perrigny (5)	12. 3.55– 5. 3.57
Vénissieux (5)	6. 3.57– 2. 6.64
Grenoble (5)	3. 6.64–11. 6.65
Vénissieux (5)	12. 6.65–26. 3.66
Annemasse (5)	27. 3.66–16. 4.66
Vénissieux (5)	17. 4.66–15. 3.71
Narbonne (6)	ab 16. 3.71

Gesamtleistung:	1,55 Mio. km
Leistung bis Ende 1960:	1 106 051 km
größte Jahresleistung:	115 978 km (1949)
größte Monatsleistung:	13 149 km (10.50)

letzte Hauptrevision:
Nevers (5)	10.5.65–11.6.65
Leistung seither:	206 922 km
letzte Kesselprobe:	25.5.65
Ausrangierung:	1.4.74

Umbau auf Ölfeuerung:
Nevers (5)	11.6.48–16.6.48
Tender:	30 R 1169

141 R fuel 1124 (Abb. 121, 146)

Lieferfirma:	ALCO (USA)
Inbetriebnahme:	27. 3.1947
Heimatdepots:	
Nîmes (6)	27. 3.47–26. 9.51
Nice St-Roch (6)	27. 9.51– 3. 3.64
Marseille Blancarde (6)	4. 3.64–26. 9.66
Narbonne (6)	27. 9.66–14.11.73
Thessaloniki (CH)	15.11.73–24. 4.74
Narbonne (6)	ab 25. 4.74
Gesamtleistung:	1,95 Mio. km
Leistung bis Ende 1960:	1 243 292 km
größte Jahresleistung:	125 796 km (1960)
größte Monatsleistung:	14 699 km (8.58)
letzte Hauptrevision:	
Sotteville (3)	25.8.67–26.10.67
Leistung seither:	217 015 km
letzte Kesselprobe:	28.9.67
Ausrangierung:	10.6.74
Leistung bei den CH:	59 520 km

141 R fuel 1126 (Abb. 132, 141)

Lieferfirma:	ALCO (USA)
Inbetriebnahme:	18. 3.1947
Heimatdepots:	
Nîmes (6)	18. 3.47–22.11.50
Nice St-Roch (6)	23.11.50–17. 1.66
Avignon (6)	18. 1.66–18. 5.66
Nice St-Roch (6)	19. 5.66–26. 9.66
Narbonne (6)	ab 27. 9.66
Gesamtleistung:	2,25 Mio. km
Leistung bis Ende 1960:	1 349 613 km
größte Jahresleistung:	131 706 km (1957)
größte Monatsleistung:	14 726 km (7.62)
letzte Hauptrevision:	
Sotteville (3)	4.8.65–2.9.65
Leistung seither:	250 379 km
letzte Kesselprobe:	17.8.65
Ausrangierung:	7.8.75
Kessel:	R 970 (17.8.65)

141 R fuel 1129 (Abb. 117/118, 145)

Lieferfirma:	ALCO (USA)
Inbetriebnahme:	14. 3.1947
Heimatdepots:	
Nîmes (6)	14. 3.47–20.11.51
Nice St-Roch (6)	21.11.51–25. 9.66
Narbonne (6)	26. 9.66– 4. 2.70
Miramas (6)	5. 2.70– 7. 5.70
Narbonne (6)	ab 8. 5.70
Gesamtleistung:	2 Mio. km
Leistung bis Ende 1960:	1 271 977 km
größte Jahresleistung:	118 702 km (1963)
größte Monatsleistung:	13 356 km (7.57)
letzte Hauptrevision:	
Sotteville (3)	29.9.67–23.10.67
Leistung seither:	122 843 km
letzte Kesselprobe:	7.12.64
Ausrangierung:	1.4.74
Kessel:	R 1006 (7.12.64)

141 R fuel 1132 (Abb. 117/118)

Lieferfirma:	ALCO (USA)
Inbetriebnahme:	30. 3.1947
Heimatdepots:	
Nîmes (6)	30. 3.47–11. 6.60
Marseille Blancarde (6)	12. 6.60–20.12.66
Narbonne (6)	ab 21.12.66
Gesamtleistung:	1,65 Mio. km
Leistung bis Ende 1960:	1 041 151 km
größte Jahresleistung:	94 626 km (1955)
größte Monatsleistung:	10 698 km (9.58)
letzte Hauptrevision:	
Nîmes (6)	27.10.66–6.12.66
Leistung seither:	237 423 km
letzte Kesselprobe:	28.6.63
Ausrangierung:	28.6.73

141 R fuel 1135 (Abb. 134)

Lieferfirma:	ALCO (USA)
Inbetriebnahme:	15. 3.1947
Heimatdepots:	
Nîmes (6)	15. 3.47–21. 9.53
Marseille Blancarde (6)	22. 9.53–22. 6.54
Nîmes (6)	23. 6.54– 6. 4.65
Marseille Blancarde (6)	7. 4.65–28. 6.66
Narbonne (6)	ab 29. 6.66
Gesamtleistung:	1,75 Mio. km
Leistung bis Ende 1959:	1 052 365 km
größte Jahresleistung:	94 498 km (1950)
größte Monatsleistung:	10 722 km (3.50)
letzte Hauptrevision:	
Nîmes (6)	8.1.66–25.2.66
Leistung seither:	224 703 km
letzte Kesselprobe:	21.3.60
Ausrangierung:	24.1.73

141 R fuel 1136 (Abb. 126/127, 137–139)

Lieferfirma:	ALCO (USA)
Inbetriebnahme:	18. 3.1947
Heimatdepots:	
Nîmes (6)	18. 3.47–11. 6.60
Marseille Blancarde (6)	12. 6.60–21. 1.66
Avignon (6)	22. 1.66–21. 5.66
Nîmes (6)	22. 5.66–11.12.70
Narbonne (6)	ab 12.12.70
Gesamtleistung:	1,65 Mio. km
Leistung bis Ende 1960:	1 117 762 km
größte Jahresleistung:	95 314 km (1950)
größte Monatsleistung:	10 569 km (4.50)
letzte Hauptrevision:	
Sotteville (3)	19.3.65–17.4.65
Leistung seither:	248 567 km
letzte Kesselprobe:	5.4.65
Ausrangierung:	1.4.74

141 R fuel 1137 (Abb. 116, 130, 140)

Lieferfirma:	ALCO (USA)
Inbetriebnahme:	18. 3.1947
Heimatdepots:	
Nîmes (6)	18. 3.47– 7. 6.60
Marseille Blancarde (6)	8. 6.60–26. 9.66
Narbonne (6)	ab 27. 9.66
Gesamtleistung:	1,8 Mio. km
Leistung bis Ende 1959:	936 747 km
größte Jahresleistung:	94 063 km (1954)
größte Monatsleistung:	10 898 km (5.54)
letzte Hauptrevision:	
Sotteville (3)	29.11.67–5.1.68
Leistung seither:	205 122 km
letzte Kesselprobe:	28.4.61
Ausrangierung:	1.2.73

141 R fuel 1138 (Abb. 135)

Lieferfirma:	ALCO (USA)
Inbetriebnahme:	10. 4.1947
Heimatdepots:	
Nîmes (6)	10. 4.47–17. 7.51
Nice St-Roch (6)	18. 7.51–28. 1.64
Marseille Blancarde (6)	29. 1.64–28. 9.66
Narbonne (6)	ab 29. 9.66
Gesamtleistung:	2,15 Mio. km
Leistung bis Ende 1959:	1 230 834 km
größte Jahresleistung:	127 370 km (1955)
größte Monatsleistung:	18 611 km (4.52)
letzte Hauptrevision:	
Sotteville (3)	6.9.67–5.10.67
Leistung seither:	240 490 km
letzte Kesselprobe:	11.7.60
Ausrangierung:	21.7.72

141 R fuel 1147 (Abb. 117/118)

Lieferfirma:	ALCO (USA)
Inbetriebnahme:	24. 3.1947
Heimatdepots:	
Nîmes (6)	24. 3.47– 3.12.50
Nice St-Roch (6)	4.12.50– 6. 1.66
Nîmes (6)	7. 1.66–20. 2.68
Avignon (6)	21. 2.68–10. 6.68
Miramas (6)	11. 6.68–19. 3.70
Narbonne (6)	ab 20. 3.70
Gesamtleistung:	2,1 Mio. km
Leistung bis Ende 1960:	1 380 963 km
größte Jahresleistung:	138 524 km (1951)
größte Monatsleistung:	14 492 km (8.62)
letzte Hauptrevision:	
Sotteville (3)	24.1.67–2.3.67
Leistung seither:	133 323 km
letzte Kesselprobe:	13.10.64
Ausrangierung:	1.4.74

141 R fuel 1149 (Abb. 119, 144, 148, Titelbild)

Lieferfirma:	ALCO (USA)
Inbetriebnahme:	14. 3.1947
Heimatdepots:	
Nîmes (6)	14. 3.47–31. 1.51
Nice St-Roch (6)	1. 2.51– 4. 7.63
Marseille Blancarde (6)	5. 7.63–22. 9.66
Narbonne (6)	23. 9.66– 7. 5.70
Miramas (6)	8. 5.70–10.11.70
Narbonne (6)	ab 11.11.70
Gesamtleistung:	2,2 Mio. km
Leistung bis Ende 1959:	1 212 268 km
größte Jahresleistung:	130 054 km (1962)
größte Monatsleistung:	14 600 km (12.51)
letzte Hauptrevision:	
Sotteville (3)	12.2.66–21.3.66
Leistung seither:	191 448 km
letzte Kesselprobe:	7.3.66
Ausrangierung:	14.3.73

141 R fuel 1151 (Abb. 121, 122)

Lieferfirma:	ALCO (USA)
Inbetriebnahme:	16. 3.1947
Heimatdepots:	
Nîmes (6)	16. 3.47–22. 8.51
Nice St-Roch (6)	23. 8.51– 1. 3.68
Narbonne (6)	ab 2. 3.68
Gesamtleistung:	2,05 Mio. km
Leistung bis Ende 1959:	1 125 397 km
größte Jahresleistung:	120 455 km (1958)
größte Monatsleistung:	15 714 km (10.51)
letzte Hauptrevision:	
Sotteville (3)	31.7.67–4.9.67
Leistung seither:	204 891 km
letzte Kesselprobe:	29.10.62
Ausrangierung:	12.10.72

141 R fuel 1158 (Abb. 123, 124, 128)

Lieferfirma:	ALCO (USA)
Inbetriebnahme:	20. 3.1947
Heimatdepots:	
Nice St-Roch (6)	20. 3.47–28. 9.66
Narbonne (6)	29. 9.66– 3.11.68
Vierzon (4)	4.11.68–27. 3.69
Bordeaux St-Jean (4)	28. 3.69– 9. 9.70
Vierzon (4)	10. 9.70– 4. 1.72
Narbonne (6)	ab 5. 1.72
Gesamtleistung:	2,45 Mio. km
Leistung bis Ende 1959:	1 410 154 km
größte Jahresleistung:	147 427 km (1950)
größte Monatsleistung:	18 346 km (7.56)
letzte Hauptrevision:	
Sotteville (3)	2.11.67–18.12.67
Leistung seither:	305 525 km
letzte Kesselprobe:	29.10.64
Ausrangierung:	20.11.72

141 R fuel 1168 (Abb. 116)

Lieferfirma:	Baldwin (USA)
Inbetriebnahme:	11. 4.1947
Heimatdepots:	
Nîmes (6)	11. 4.47–21.12.50
Nice St-Roch (6)	22.12.50– 3. 3.64
Marseille Blancarde (6)	4. 3.64–25. 9.66
Narbonne (6)	ab 26. 9.66
Gesamtleistung:	2,05 Mio. km
Leistung bis Ende 1959:	1 221 723 km
größte Jahresleistung:	122 285 km (1960)
größte Monatsleistung:	14 680 km (8.55)
letzte Hauptrevision:	
Marseille Blancarde (6)	10.2.65–2.3.65
Leistung seither:	295 900 km
letzte Kesselprobe:	12.12.62
Ausrangierung:	20.9.72

141 R fuel 1174 (Abb. 83)

Lieferfirma:	Baldwin (USA)
Inbetriebnahme:	17. 4.1947
Heimatdepots:	
Marseille Blancarde (6)	17. 4.47– 4. 2.50
Nice St-Roch (6)	5. 2.50–13.12.65
Nîmes (6)	14.12.65–12. 4.68
Miramas (6)	13. 4.68– 9. 7.69
Vierzon (4)	ab 10. 7.69
Gesamtleistung:	2,1 Mio. km
Leistung bis Ende 1959:	1 263 635 km
größte Jahresleistung:	143 923 km (1950)
größte Monatsleistung:	19 106 km (8.50)
letzte Hauptrevision:	
Nevers (5)	15.2.65–16.3.65
Leistung seither:	274 963 km
letzte Kesselprobe:	3.3.65
Ausrangierung:	28.2.73

141 R fuel 1178 (Abb. 133)

Lieferfirma:	Baldwin (USA)
Inbetriebnahme:	19. 4.1947
Heimatdepots:	
Marseille Blancarde (6)	19. 4.47–23. 9.66
Narbonne (6)	ab 24. 9.66
Gesamtleistung:	1,65 Mio. km
Leistung bis Ende 1959:	1 025 256 km
größte Jahresleistung:	96 846 km (1951)
größte Monatsleistung:	12 858 km (12.51)
letzte Hauptrevision:	
Sotteville (3)	30.6.66–10.8.66
Leistung seither:	189 020 km
letzte Kesselprobe:	20.7.66
Ausrangierung:	5.3.73

141 R fuel 1187 (Abb. 84, 106, 114)

Lieferfirma:	Baldwin (USA)
Inbetriebnahme:	5. 7.1947

Heimatdepots:	
Le Mans (3)	5. 7.47– 6. 3.50
La Rochelle (3)	7. 3.50–22.10.60
Niort (3)	23.10.60– 1. 4.61
La Rochelle (3)	2. 4.61–25.11.61
Niort (3)	26.11.61–21. 2.62
La Rochelle (3)	22. 2.62– 1. 3.62
Nantes Blottereau (3)	2. 3.62– 7. 6.62
La Rochelle (3)	8. 6.62– 1. 4.64
St-Brieuc (3)	2. 4.64–19. 7.64
La Rochelle (3)	20. 7.64–11.12.65
Nantes Blottereau (3)	12.12.65–10.10.68
St-Brieuc (3)	11.10.68– 3.11.69
Auray (3)	4.11.69–12.12.71
Vénissieux (5)	ab 13.12.71

Gesamtleistung:	1,6 Mio. km
Leistung bis Ende 1960:	979 191 km
größte Jahresleistung:	100 463 km (1955)
größte Monatsleistung:	10 991 km (7.56)
letzte Hauptrevision:	
Sotteville (3)	8.12.67–18.1.68
Leistung seither:	150 457 km
letzte Kesselprobe:	2.11.64
Ausrangierung*:	2.11.75

* siehe «Nachtrag»

141 R fuel 1197 (Abb. 141)

Lieferfirma:	Baldwin (USA)
Inbetriebnahme:	10. 7.1947

Heimatdepots:	
Le Mans (3)	10. 7.47– 5.11.49
Caen (3)	6.11.49– 9. 7.53
Le Mans (3)	10. 7.53–23.11.70
Miramas (6)	24.11.70– 2.12.70
Narbonne (6)	ab 3.12.70

Gesamtleistung:	1,6 Mio. km
Leistung bis Ende 1959:	956 370 km
größte Jahresleistung:	91 464 km (1956)
größte Monatsleistung:	10 314 km (1.56)
letzte Hauptrevision:	
Nantes Blottereau (3)	3.11.65–1.12.65
Leistung seither:	214 573 km
letzte Kesselprobe:	23.4.63
Ausrangierung:	2.1.73

141 R fuel 1249 (Abb. 117/118, 125, 131, 140–142)

Lieferfirma:	Montreal Loc.
Inbetriebnahme:	16. 3.1947

Heimatdepots:	
Nice St-Roch (6)	16. 3.47–15.11.51
Nîmes (6)	16.11.51–21. 1.60
St-Brieuc (3)	22. 1.60–27.11.69
Auray (3)	28.11.69–10. 1.71
Miramas (6)	11. 1.71–12. 1.71
Narbonne (6)	ab 13. 1.71

Gesamtleistung:	1,7 Mio. km
Leistung bis Ende 1960:	1 163 608 km
größte Jahresleistung:	115 831 km (1948)
größte Monatsleistung:	12 646 km (7.48)
letzte Hauptrevision:	
Sotteville (3)	16.7.64–13.8.64
Leistung seither:	286 546 km
letzte Kesselprobe:	30.6.64
Ausrangierung:	1.4.74

141 R fuel 1244 (Abb. 115)

Lieferfirma:	Montreal Loc.
Inbetriebnahme:	25. 3.1947

Heimatdepots:	
Nice St-Roch (6)	25. 3.47–25. 1.51
Nîmes (6)	26. 1.51–25. 3.60
Annemasse (5)	26. 3.60–25. 4.60
St-Brieuc (3)	26. 4.60–30. 5.69
Auray (3)	31. 5.69–21. 8.70
Le Mans (3)	22. 8.70–31. 3.71
Auray (3)	1. 4.71–12.12.71
Vénissieux (5)	ab 13.12.71

Gesamtleistung:	1,45 Mio. km
Leistung bis Ende 1960:	942 539 km
größte Jahresleistung:	96 468 km (1950)
größte Monatsleistung:	12 245 km (7.49)
letzte Hauptrevision:	
Sotteville (3)	20.2.65–22.3.65
Leistung seither:	175 200 km
letzte Kesselprobe:	8.3.65
Ausrangierung:	8.3.75

141 R fuel 1256 (Abb. 108)

Lieferfirma:	Montreal Loc.
Inbetriebnahme:	25. 3.1947

Heimatdepots:	
Nice St-Roch (6)	25. 3.47– 2.12.50
Nîmes (6)	3.12.50–19. 4.67
Avignon (6)	20. 4.67–29. 4.68
Miramas (6)	30. 4.68–30.11.69
Vénissieux (5)	ab 1.12.69

Gesamtleistung:	1,4 Mio. km
Leistung bis Ende 1960:	991 581 km
größte Jahresleistung:	98 275 km (1949)
größte Monatsleistung:	13 598 km (8.49)
letzte Hauptrevision:	
Sotteville (3)	3.12.65–4.1.66
Leistung seither:	149 471 km
letzte Kesselprobe:	21.12.65
Ausrangierung:	2.10.73
Tender:	30 R 867

141 R fuel 1248 (Abb. 77)

Lieferfirma:	Montreal Loc.
Inbetriebnahme:	16. 3.1947

Heimatdepots:	
Nice St-Roch (6)	16. 3.47– 7.12.51
Nîmes (6)	8.12.51–10. 7.59
Avignon (6)	11. 7.59– 8. 9.59
Nîmes (6)	9. 9.59–12. 1.60
St-Brieuc (3)	13. 1.60–29. 5.69
Auray (3)	30. 5.69–10. 1.71
Miramas (6)	11. 1.71–13. 1.71
Narbonne (6)	ab 14. 1.71

Gesamtleistung:	1,7 Mio. km
Leistung bis Ende 1959:	1 067 140 km
größte Jahresleistung:	106 062 km (1948)
größte Monatsleistung:	12 693 km (9.50)
letzte Hauptrevision:	
Thouars (3)	8.8.64–10.9.64
Leistung seither:	295 232 km
letzte Kesselprobe:	23.3.62
Ausrangierung:	6.4.72

141 R fuel 1257 (Abb. 107)

Lieferfirma:	Montreal Loc.
Inbetriebnahme:	15.12.1947

Heimatdepots:	
Nantes Blottereau (3)	15.12.47– 9.10.55
Achères (3)	10.10.55–11.12.55
Rennes (3)	12.12.55–18. 4.62
Nîmes (6)	19. 4.62–30. 9.64
Le Teil (6)	1.10.64–25. 5.65
Nice St-Roch (6)	26. 5.65–15. 9.65
Nîmes (6)	16. 9.65–10. 2.69
Miramas (6)	11. 2.69–20. 5.69
Vénissieux (5)	ab 21. 5.69

Gesamtleistung:	1,6 Mio. km
Leistung bis Ende 1960:	1 039 720 km
größte Jahresleistung:	108 896 km (1949)
größte Monatsleistung:	15 327 km (8.65)
letzte Hauptrevision:	
Sotteville (3)	11.1.68–12.2.68
Leistung seither:	151 891 km
letzte Kesselprobe:	14.4.64
Ausrangierung:	11.4.74
Tender:	30 R 939

141 R fuel 1259 (Abb. 116, 120, 141, 148, Titelbild)

Lieferfirma:	Montreal Loc.
Inbetriebnahme:	17.12.1947
Heimatdepots:	
St-Brieuc (3)	17.12.47–20. 6.48
Rennes (3)	21. 6.48–21. 4.52
St-Brieuc (3)	22. 4.52– 2. 7.53
Rennes (3)	3. 7.53–30.11.53
Achères (3)	1.12.53–27. 2.55
Sotteville (3)	28. 2.55–25. 6.61
Nîmes (6)	26. 6.61–10.12.61
Annemasse (5)	11.12.61– 4. 1.62
Grenoble (5)	5. 1.62– 1. 7.62
Annemasse (5)	2. 7.62–14. 4.64
Grenoble (5)	15. 4.64– 1. 7.64
Annemasse (5)	2. 7.64–24.10.64
Grenoble (5)	25.10.64–26. 5.65
Vénissieux (5)	27. 5.65–17. 1.66
Marseille Blancarde (6)	18. 1.66–26. 9.66
Nîmes (6)	27. 9.66–28. 9.66
Avignon (6)	29. 9.66–11. 6.68
Miramas (6)	12. 6.68– 8.12.69
Narbonne (6)	9.12.69– 8. 6.70
Miramas (6)	9. 6.70–30. 6.70
Narbonne (6)	ab 1. 7.70
Gesamtleistung:	1,2 Mio. km
Leistung bis Ende 1959:	772 442 km
größte Jahresleistung:	88 913 km (1949)
größte Monatsleistung:	10 399 km (7.49)
letzte Hauptrevision:	
Nevers (5)	5.4.65–5.5.65
Leistung seither:	180 580 km
letzte Kesselprobe:	21.4.65
Ausrangierung:	26.4.73
Tender:	30 R 894

141 R fuel 1274 (Abb. 108, 109)

Lieferfirma:	Montreal Loc.
Inbetriebnahme:	29. 8.1947
Heimatdepots:	
Rennes (3)	29. 8.47–15. 5.50
St-Brieuc (3)	16. 5.50–22. 6.50
Auray (3)	23. 6.50–21.11.51
Sotteville (3)	22.11.51– 1. 8.52
Mantes Gassicourt (3)	2. 8.52–16. 5.53
Sotteville (3)	17. 5.53– 1. 7.56
Nice St-Roch (6)	2. 7.56–23.10.57
Nîmes (6)	24.10.57–29. 9.64
Le Teil (6)	30. 9.64–28. 5.65
Nîmes (6)	29. 5.65–28. 2.68
Avignon (6)	29. 2.68–15. 6.68
Miramas (6)	16. 6.68–19. 5.69
Vénissieux (5)	ab 20. 5.69
Gesamtleistung:	1,4 Mio. km
Leistung bis Ende 1960:	912 286 km
größte Jahresleistung:	92 687 km (1951)
größte Monatsleistung:	10 629 km (8.56)
letzte Hauptrevision:	
Sotteville (3)	24.5.67–28.6.67
Leistung seither:	131 551 km
letzte Kesselprobe:	25.10.63
Ausrangierung:	2.10.73
Tender:	30 R 719

141 R fuel 1279 (Abb. 116, 117/118)

Lieferfirma:	Montreal Loc.
Inbetriebnahme:	1. 9.1947
Heimatdepots:	
Rennes (3)	1. 9.47–25. 1.48
Le Mans (3)	26. 1.48–21. 6.48
Rennes (3)	22. 6.48–17.11.56
Auray (3)	18.11.56–11. 1.59
Rennes (3)	12. 1.59–13. 5.62
Nîmes (6)	14. 5.62–26. 1.66
Avignon (6)	27. 1.66–31. 5.67
Nîmes (6)	1. 6.67–12. 1.68
Miramas (6)	13. 1.68– 9.12.69
Narbonne (6)	10.12.69–24. 4.70
Miramas (6)	25. 4.70–11.11.70
Narbonne (6)	ab 12.11.70
Gesamtleistung:	1,45 Mio. km
Leistung bis Ende 1960:	992 493 km
größte Jahresleistung:	103 459 km (1958)
größte Monatsleistung:	13 246 km (7.57)
letzte Hauptrevision:	
Sotteville (3)	3.6.65–2.7.65
Leistung seither:	183 425 km
letzte Kesselprobe:	21.6.65
Ausrangierung:	15.6.73
Tender:	30 R 922

141 R fuel 1298 (Abb. 116, 117/118)

Lieferfirma:	Montreal Loc.
Inbetriebnahme:	21. 7.1947
Heimatdepots:	
Sotteville (3)	21. 7.47–22. 9.49
Mantes Gassicourt (3)	23. 9.49–14. 9.50
Nîmes (6)	15. 9.50–22. 1.66
Avignon (6)	23. 1.66–30. 5.67
Nîmes (6)	31. 5.67–22. 2.68
Avignon (6)	23. 2.68–12. 7.68
Miramas (6)	13. 7.68–19. 5.70
Narbonne (6)	ab 20. 5.70
Gesamtleistung:	1,25 Mio. km
Leistung bis Ende 1960:	838 537 km
größte Jahresleistung:	93 658 km (1955)
größte Monatsleistung:	9 876 km (8.56)
letzte Hauptrevision:	
Sotteville (3)	1.9.65–8.11.65
Leistung seither:	123 103 km
letzte Kesselprobe:	18.10.65
Ausrangierung:	9.9.73
Kessel:	R 1040 (18.10.65)
Tender:	30 R 1102

141 R fuel 1307 (Abb. 136)

Lieferfirma:	Canadian Loc.
Inbetriebnahme:	17. 7.1947

Heimatdepots:
Nantes Blottereau (3)	17. 7.47– 5. 3.68
Le Mans (3)	6. 3.68–20. 6.68
Nantes Blottereau (3)	21. 6.68– 1.10.68
Le Mans (3)	2.10.68–11. 1.71
Miramas (6)	12. 1.71–13. 1.71
Narbonne (6)	ab 14. 1.71

Gesamtleistung:	2,05 Mio. km
Leistung bis Ende 1959:	1 230 315 km
größte Jahresleistung:	116 706 km (1954)
größte Monatsleistung:	14 037 km (12.52)

letzte Hauptrevision:
Sotteville (3)	15.2.66–11.3.66
Leistung seither:	268 829 km
letzte Kesselprobe:	12.12.63
Ausrangierung:	21.7.72

141 R fuel 1320 (Abb. 81)

Lieferfirma:	Canadian Loc.
Inbetriebnahme:	7. 9.1947

Heimatdepots:
Le Mans (3)	7. 9.47–26. 4.56
Bordeaux St-Jean (4)	27. 4.56– 9. 2.71
Vierzon (4)	10. 2.71–23. 9.71
Annemasse (5)	24. 9.71– 3. 5.72
Vénissieux (5)	ab 4. 5.72

Gesamtleistung:	2,35 Mio. km
Leistung bis Ende 1959:	1 244 695 km
größte Jahresleistung:	128 173 km (1962)
größte Monatsleistung:	14 968 km (9.49)

letzte Hauptrevision:
Bordeaux St-Jean (4)	2.2.67–3.3.67
Leistung seither:	253 220 km
letzte Kesselprobe:	2.9.63
Ausrangierung:	9.1.73

141 R fuel 1323 (Abb. 77)

Lieferfirma:	Canadian Loc.
Inbetriebnahme:	16.10.1947

Heimatdepots:
Rennes (3)	16.10.47–27. 1.66
St-Brieuc (3)	28. 1.66– 7. 6.69
Auray (3)	8. 6.69–15. 9.70
Le Mans (3)	16. 9.70–30. 3.71
Auray (3)	1. 4.71–24.11.71
Vénissieux (5)	ab 25.11.71

Gesamtleistung:	1,6 Mio. km
Leistung bis Ende 1959:	1 026 594 km
größte Jahresleistung:	104 517 km (1954)
größte Monatsleistung:	11 171 km (5.54)

letzte Hauptrevision:
Sotteville (3)	31.3.66–4.5.66
Leistung seither:	184 861 km
letzte Kesselprobe:	19.4.66
Ausrangierung:	7.11.72

141 R fuel 1325 (Abb. 80, 82)

Lieferfirma:	Canadian Loc.
Inbetriebnahme:	22. 9.1947

Heimatdepots:
Rennes (3)	22. 9.47– 1. 3.54
Auray (3)	2. 3.54–30. 1.55
Rennes (3)	31. 1.55–11. 3.56
St-Brieuc (3)	12. 3.56–18. 7.56
Auray (3)	19. 7.56–26. 2.57
Rennes (3)	27. 2.57–24. 1.66
St-Brieuc (3)	25. 1.66–18.11.69
Bordeaux St-Jean (4)	19.11.69–11. 7.70
Vierzon (4)	12. 7.70–24. 9.71
Annemasse (5)	ab 25. 9.71

Gesamtleistung:	1,7 Mio. km
Leistung bis Ende 1959:	1 069 419 km
größte Jahresleistung:	101 070 km (1957)
größte Monatsleistung:	11 126 km (3.53)

letzte Hauptrevision:
Sotteville (3)	1.9.64–3.10.64
Leistung seither:	274 962 km
letzte Kesselprobe:	19.9.64
Ausrangierung:	11.9.72

141 R fuel 1334 (Abb. 116, 121)

Lieferfirma:	Canadian Loc.
Inbetriebnahme:	21.10.1947

Heimatdepots:
Sotteville (3)	21.10.47–13.11.66
Le Havre (3)	14.11.66–29. 9.67
Sotteville (3)	30. 9.67– 5.11.67
Le Mans (3)	6.11.67–10. 1.71
Miramas (6)	11. 1.71–12. 1.71
Narbonne (6)	ab 13. 1.71

Gesamtleistung:	1,3 Mio. km
Leistung bis Ende 1959:	722 831 km
größte Jahresleistung:	77 921 km (1948)
größte Monatsleistung:	8 898 km (11.48)

letzte Hauptrevision:
Sotteville (3)	26.7.66–5.9.66
Leistung seither:	187 615 km
letzte Kesselprobe:	10.4.63
Ausrangierung:	3.4.73

EST 1

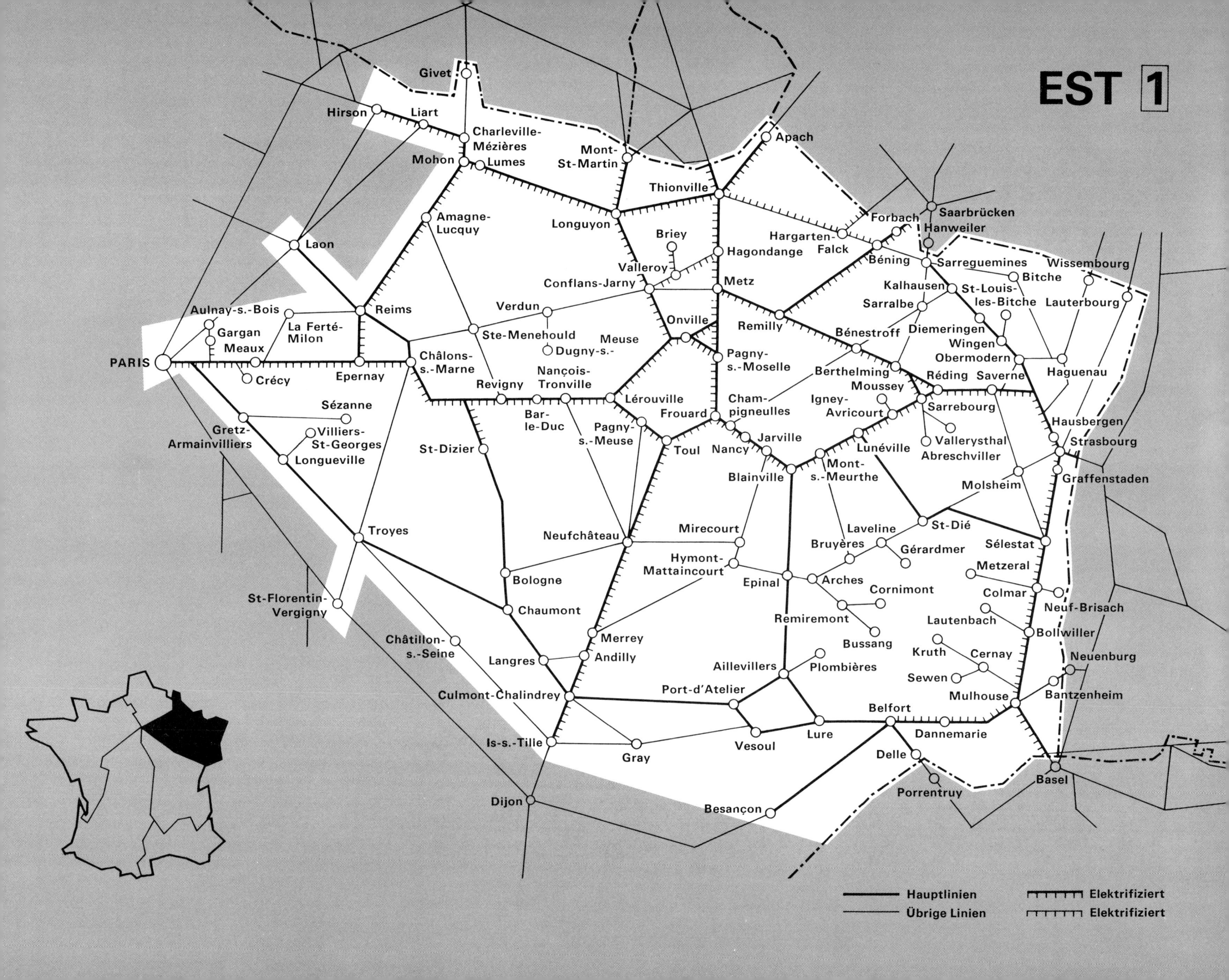

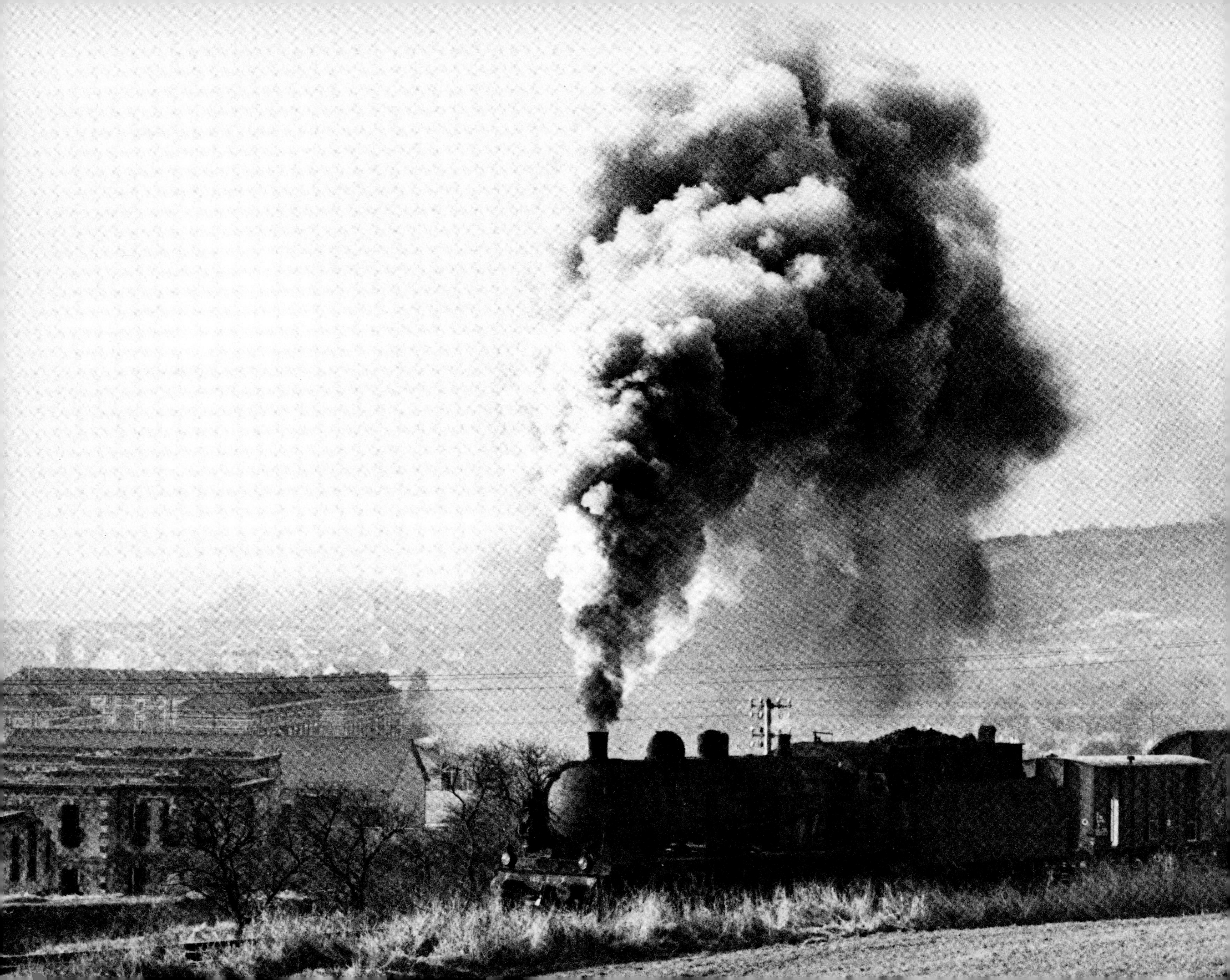

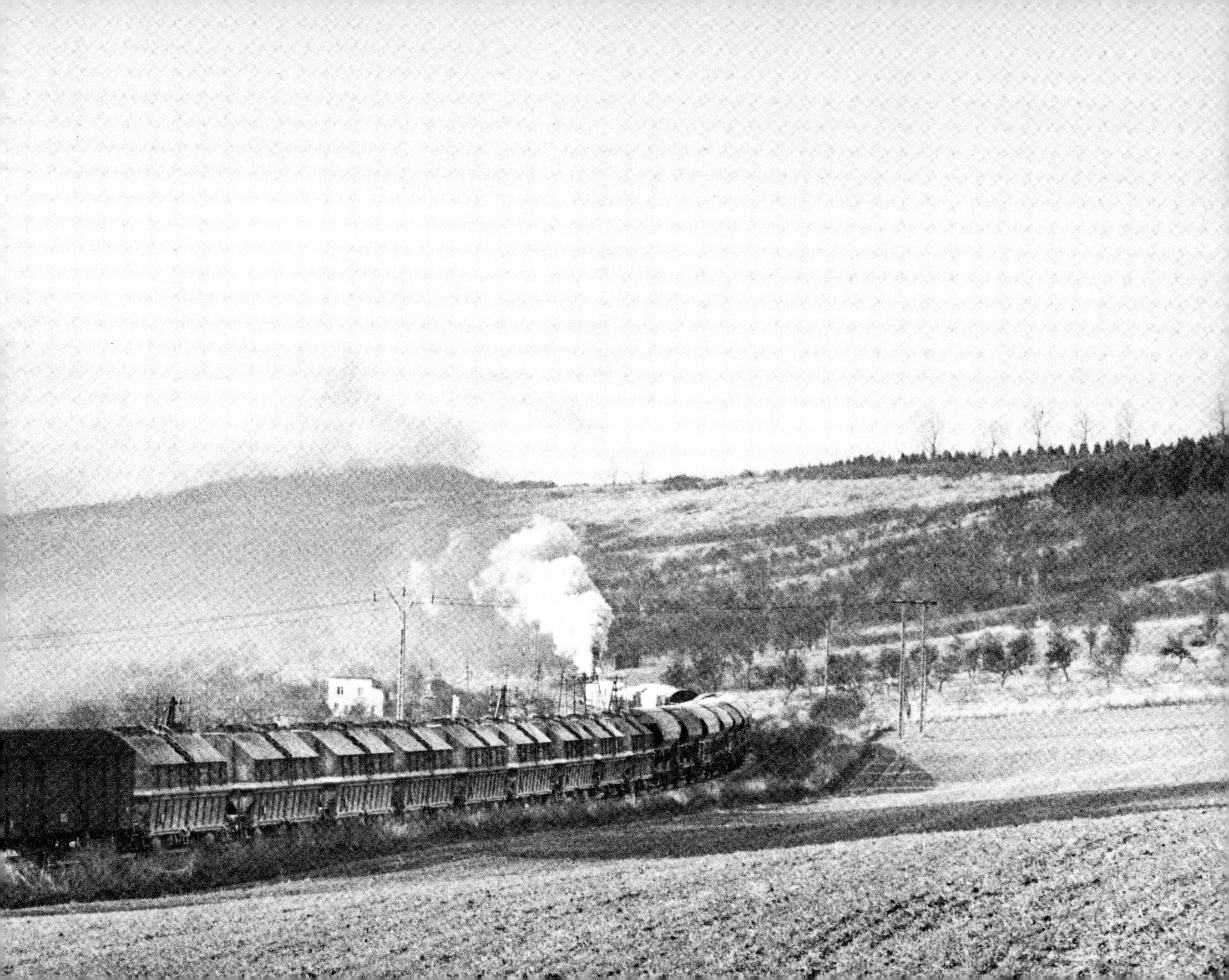

◀◀
Abb. 2 Auf der 15‰-Rampe ob Verdun. 140 C 7 (Verdun) mit Güterzug 20513 nach Conflans-Jarny; am Schluß arbeitet die 140 C 246 (Verdun). Geschoben wurden hier, auf eine Distanz von etwa 8 km, Züge ohne Vorspannlokomotive von mehr als 550 t Gewicht.
(9. Februar 1971)

◀
Abb. 3 Verdun. 140 C 175 (Verdun), Tender voraus, mit leerem Kalkzug 31914 nach Dugny. Da im Bestimmungsbahnhof eine Drehscheibe fehlt, muß in der einen Richtung rückwärts gefahren werden.
(9. Februar 1971)

◀
Abb. 4 Depot Verdun. 140 C 7 (Verdun) zieht die ausrangierte 140 C 277 (Verdun) aus der Rotonde. Im Winter 1971 präsentierte sich die reine Dampfatmosphäre dieses Depots noch beinahe ungestört.
(8. Februar 1971)

▶
Abb. 5 Doppeltraktion im Aufstieg von Verdun zum Tunnel von Tavannes. Die 140 C 246, Vorspann, und 218 (beide Verdun) mit Kalkzug 30529 nach Conflans-Jarny. Auf 15‰ betrug die Geschwindigkeit schwerer Züge etwa 12 km/h.
(9. Februar 1971)

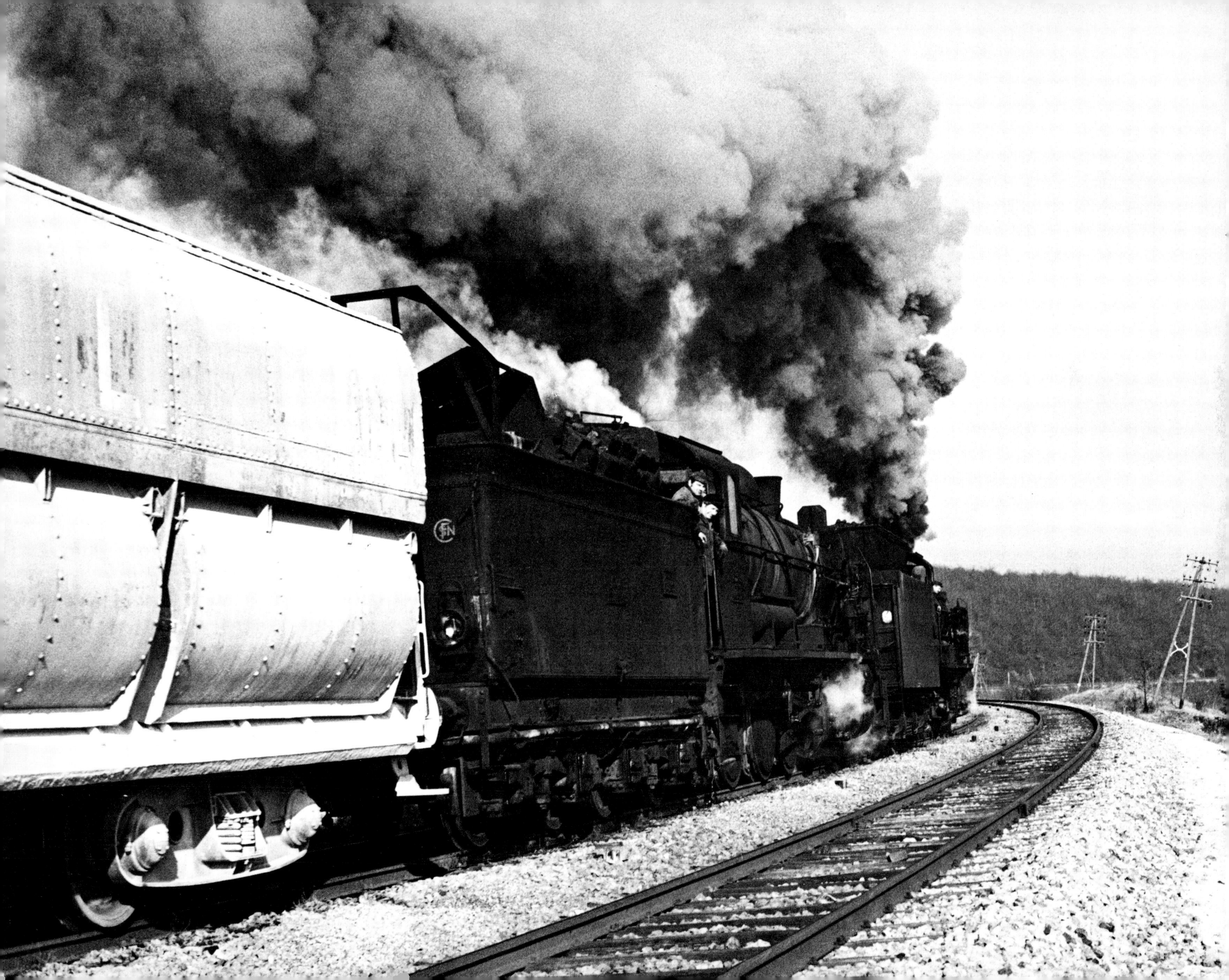

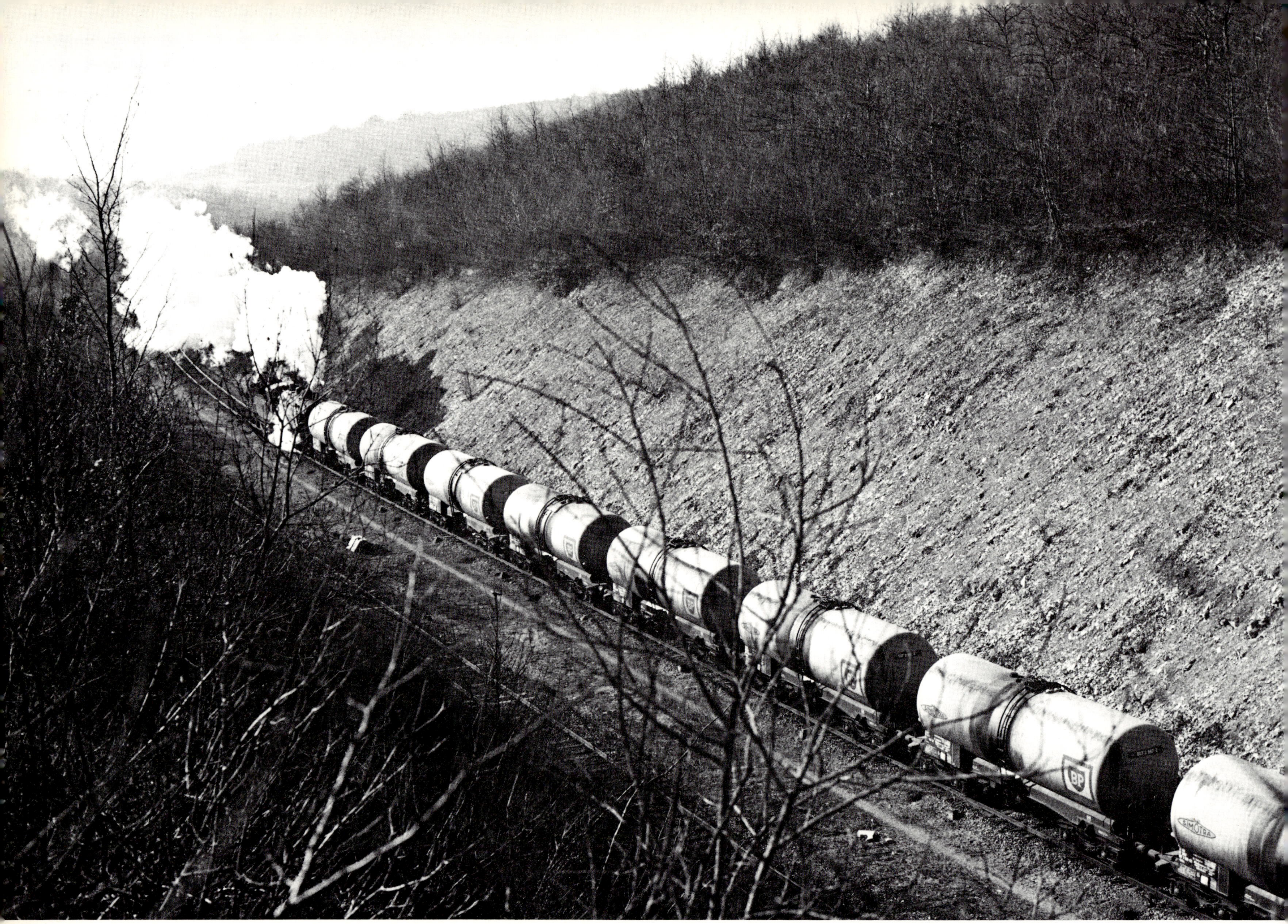
BP
SIMOTRA

◀
Abb. 6 Im Einschnitt zum Tunnel von Tavannes. 140 C 175 (Verdun) schiebt Ölzug 30 535 Verdun–Conflans-Jarny. Nicht angekuppelt, bleibt die Schublokomotive am Ende der Steigung, jenseits des Tunnels, zurück.
(9. Februar 1971)

▶
Abb. 7 Tunnel von Tavannes. 140 C 175 (Verdun) drückt Öl-Blockzug 30 535 Verdun–Conflans-Jarny ins Portal der 1936 in Betrieb genommenen Tunnelröhre. Der erste Durchstich datiert von 1874.
(9. Februar 1971)

▶
Abb. 8 Westseite des Tunnels von Tavannes. 140 C 175 (Verdun) kehrt, nach Schub bei Ölzug 30 535 Verdun–Conflans-Jarny, Tender voraus mit einer Höchstgeschwindigkeit von 40 km/h auf dem falschen Gleis nach Verdun zurück. Rechts die ältere der beiden 1190 m langen Tunnelröhren, die bei den schweren Kämpfen des Jahres 1916 den französischen Verteidigern als Deckung und als Nachschubdepot für die Sektoren Vaux und Souville gedient hat.
(9. Februar 1971)

▼Abb. 9 Ausfahrt aus Chaumont. 141 R 367 (Mulhouse Nord) mit Güterzug VZ 1155 St-Dizier–Culmont-Chalindrey. Die Doppelspur links führt zum Depot.
(11. August 1969)

▶

Abb. 10 Depot Chaumont. 030 TU 32 (Chaumont) in zerbrechlichem Zustand. Im Zweiten Weltkrieg mit dem US-Transportation-Corps in Frankreich gelandet, darf diese Rangiermaschine das Depotareal nicht mehr verlassen.
(22. Mai 1967)

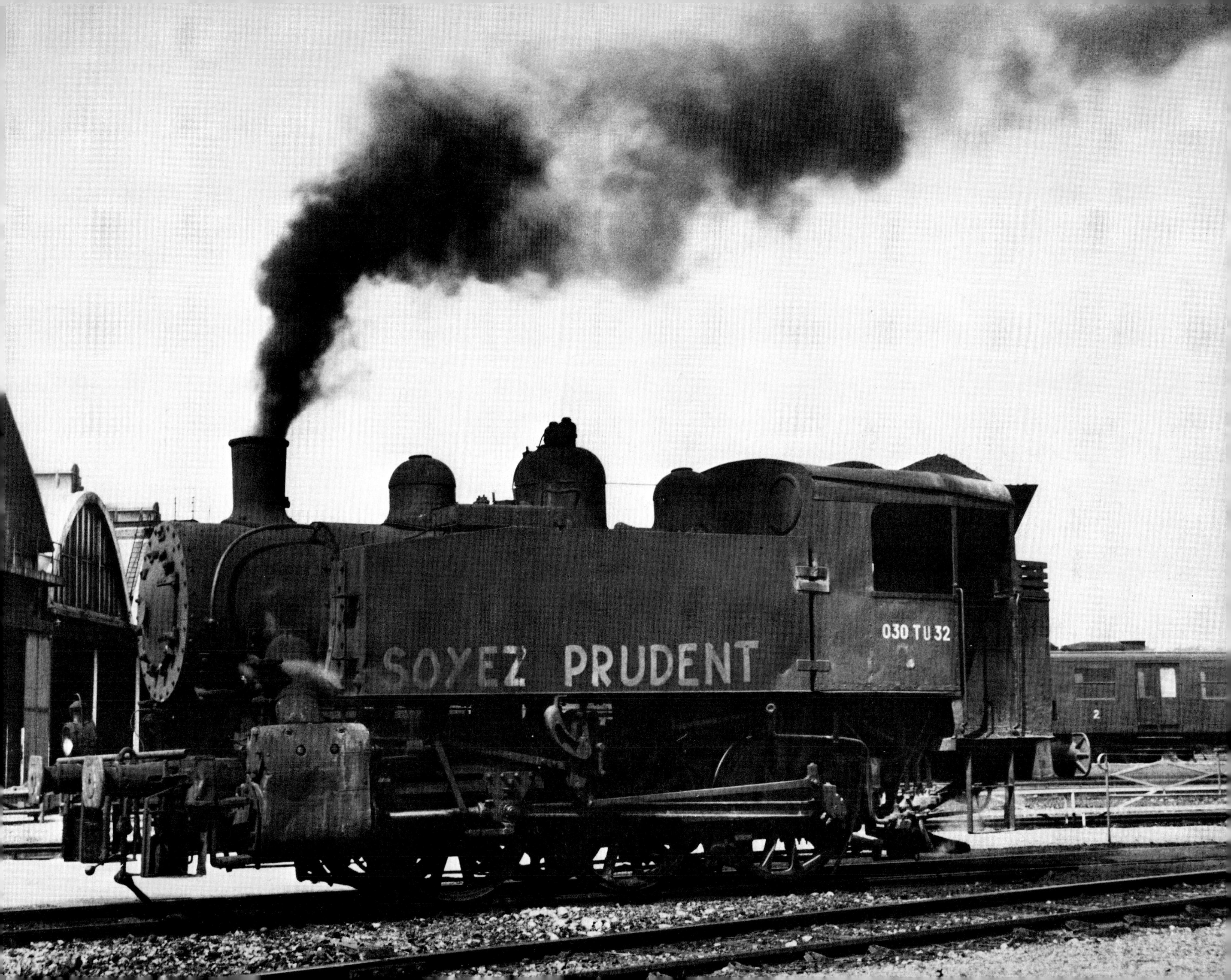
030 TU 32
SOYEZ PRUDENT
2

▲▲ Abb. 11 Depot Belfort. 230 B 862 (Belfort) nach dem Wasserfassen. Vor ihrer Ausrangierung war dieser originellen Vierzylinder-Verbundlokomotive die Beförderung leichter Rapide- und Expreßzüge zur Schweizer Grenze nach Delle übertragen. (12. Juni 1966)

▲ Abb. 12 Ausgangs Belfort. 141 R 471 (Belfort) mit Rapide 2851, bestehend aus einem auf den Geleisen der SNCF sonst nicht zugelassenen SBB-Leichtstahlwagen, nach Delle (–Bern). Vom Dampf verdeckt, die Depotanlagen, abzweigend die Umfahrungslinie nach Besançon. (13. April 1968)

▲
Abb. 13 Mit 100 km/h über den Viadukt von Ballersdorf. 141 R 56 (Mulhouse Nord), mit Expreß SLY, 13 Wagen/50 Achsen/rund 600 t, von (Strasbourg–) Mulhouse, stürmt Belfort (–Lyon) entgegen. Das 390 m lange gemauerte Brückenbauwerk, eines der bedeutendsten der Linie Basel–Paris, zählt 35 Bogen. (28. März 1970)

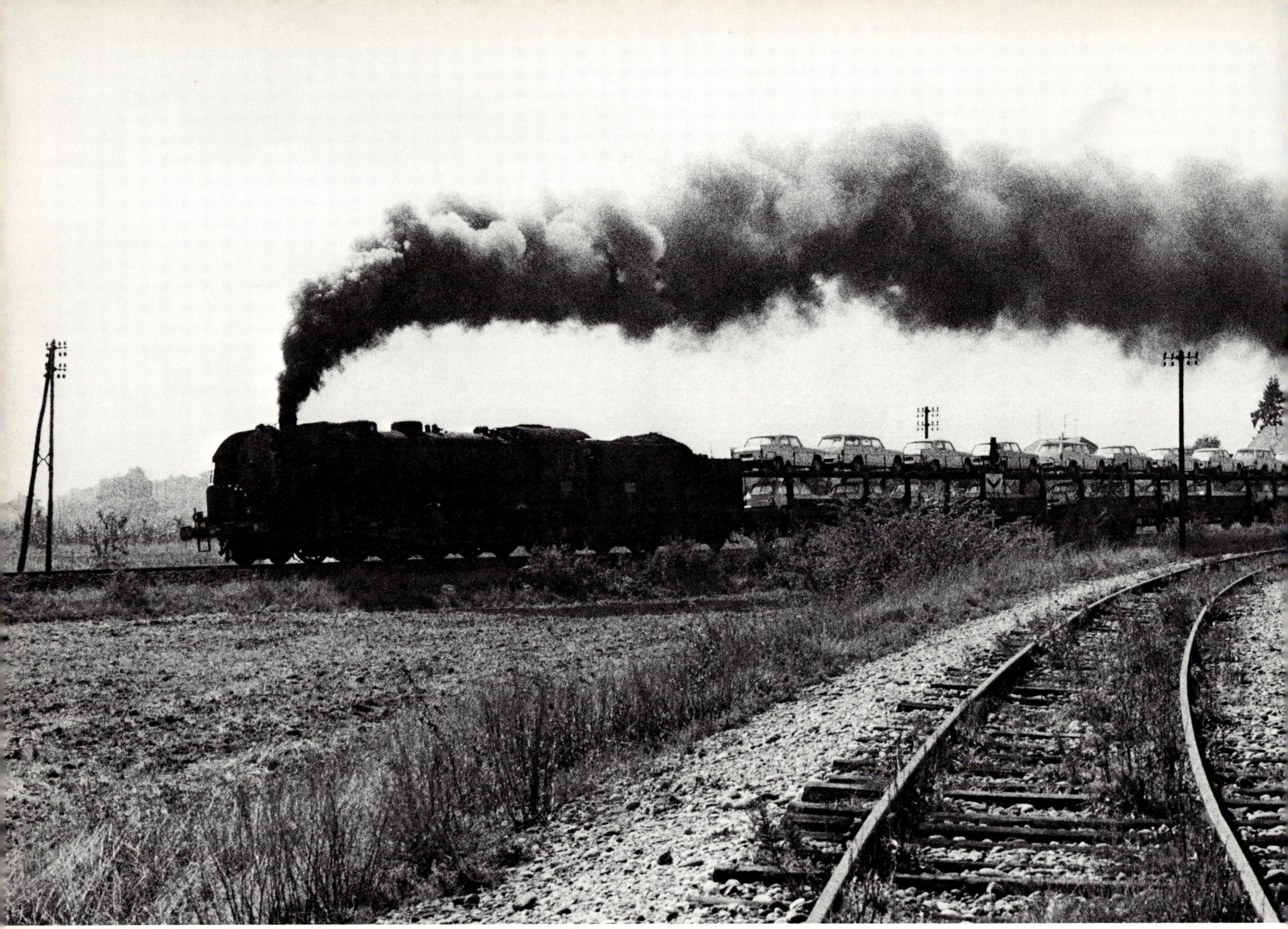

◄
Abb. 14 Umweltfreundliche Autoschlange bei Bantzenheim. 141 R 89 (Mulhouse Nord) mit Güterzug 23271 Mulhouse–Neuenburg (Baden). Im Vordergrund, als Überrest der einstigen Linie nach Neuf-Brisach, der schon halb überwachsene Schienenstrang nach Blodelsheim.
(19. September 1970)

▲
Abb. 15 Bantzenheim. 141 R 486 (Mulhouse Nord) vor Güterzug 33277 Mulhouse–Neuenburg (Baden). Auf dem Nebengleis die 141 R 374 (Mulhouse Nord).
(26. September 1970)

▲
Abb. 16 Rheinbrücke bei Chalampé. 141 R 367 (Mulhouse Nord), als Leerfahrt von Bantzenheim, passiert die französisch-deutsche Grenze. Die Traktion bis zum DB-Zollbahnhof Neuenburg (Baden) besorgt die SNCF. (9. Mai 1970)

▲
Abb. 17 Amerikanische Dampfmaschine der Französischen Staatsbahnen überquert bei Neuenburg (Baden) deutsche Autobahn. 141 R 374 (Mulhouse Nord), Tender voraus, mit Güterzug 33270 nach Mulhouse. Unmittelbar nach einem Wohnquartier und kurz vor einem Grenzkontrollposten herrschte an dieser Stelle sonst striktes Rauchverbot. (9. Mai 1970)

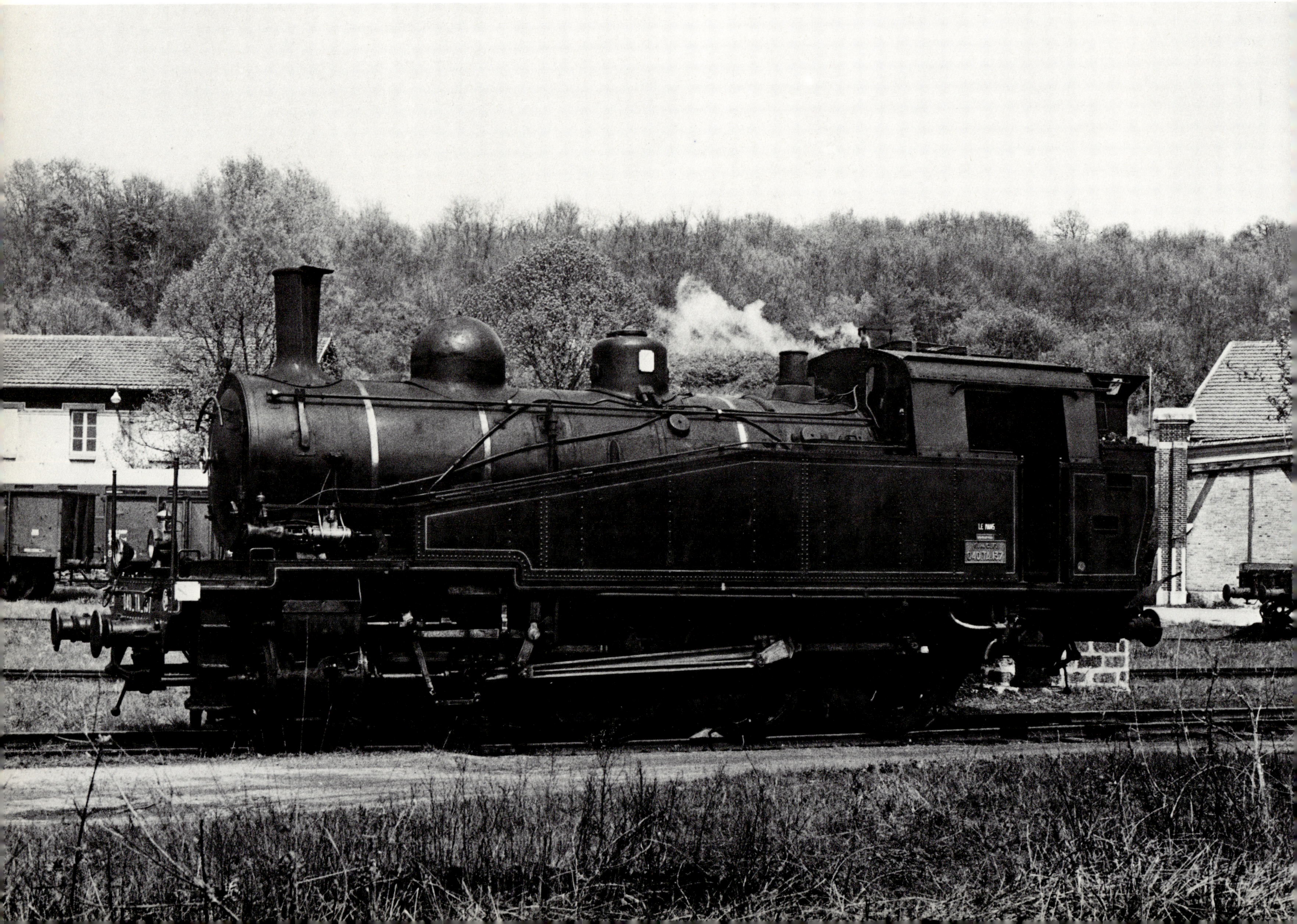
LE MANS

◀
Abb. 18 Depot Longueville. 040 TA 137 (Longueville) vor einer Sonderfahrt nach Villiers-St-Georges. Die von Eisenbahnfreunden sorgfältig restaurierte Rangiermaschine hat ihren letzten regulären Dienst im Depot Le Mans geleistet.
(23. April 1972)

▶
Abb. 19/20 Schlepptenderlokomotive ohne Schlepptender im Depot Châtillon-sur-Seine. 140 C 38 (Gray) und ihr Tender werden, voneinander getrennt, auf der zu kurzen Drehscheibe mit Muskelkraft um 180° gewendet. Im Hintergrund die 140 C 141, links, und 343 (beide Gray).
(27. Mai 1972)

▲
Abb. 21 Englische Dampflokomotive der Französischen Staatsbahnen vor ex-deutscher Reichsbahnkomposition zwischen Clerey und St-Parres-lès-Vaudes. 140 C 216 (Gray) mit Personenzug 7967 Troyes–Châtillon-sur-Seine. Bei 14 Zwischenhalten wurde auf der 67 km langen Strecke eine Reisegeschwindigkeit von 38,6 km/h erreicht.
(26. Mai 1972)

Abb. 22 Fouchères. 140 C 216 (Gray) mit Personenzug 7967 Troyes–Châtillon-sur-Seine.
(26. Mai 1972)

Abb. 23/24 Bei St-Julien-les-Villas und in der Bahnhofhalle von Troyes. 140 C 38 (Gray) mit Güterzug 22517 nach Châtillon-sur-Seine. Für diesen Tag liebevoll hergerichtet und mit der Trikolore geschmückt, wurde die Maschine nach dem Fahrplanwechsel in diesem Dienst von einer Diesellokomotive abgelöst.
(27. Mai 1972)

▲
Abb. 25 Depot Sarreguemines an einem Wintermorgen. 141 R 484 (Sarreguemines) auf der Drehscheibe. Die moderne Rotonde des Typs «P» stammt aus dem Jahre 1951.
(24. Februar 1973)

▶
Abb. 26 Rauchsäulen und zischender Dampf im Depot Sarreguemines. Die 141 R 654, links, und 568 (beide Sarreguemines) mit abblasenden Sicherheitsventilen. In Béning sind schwere Militärextrazüge nach Bitche Camp abzuholen.
(1. Dezember 1973)

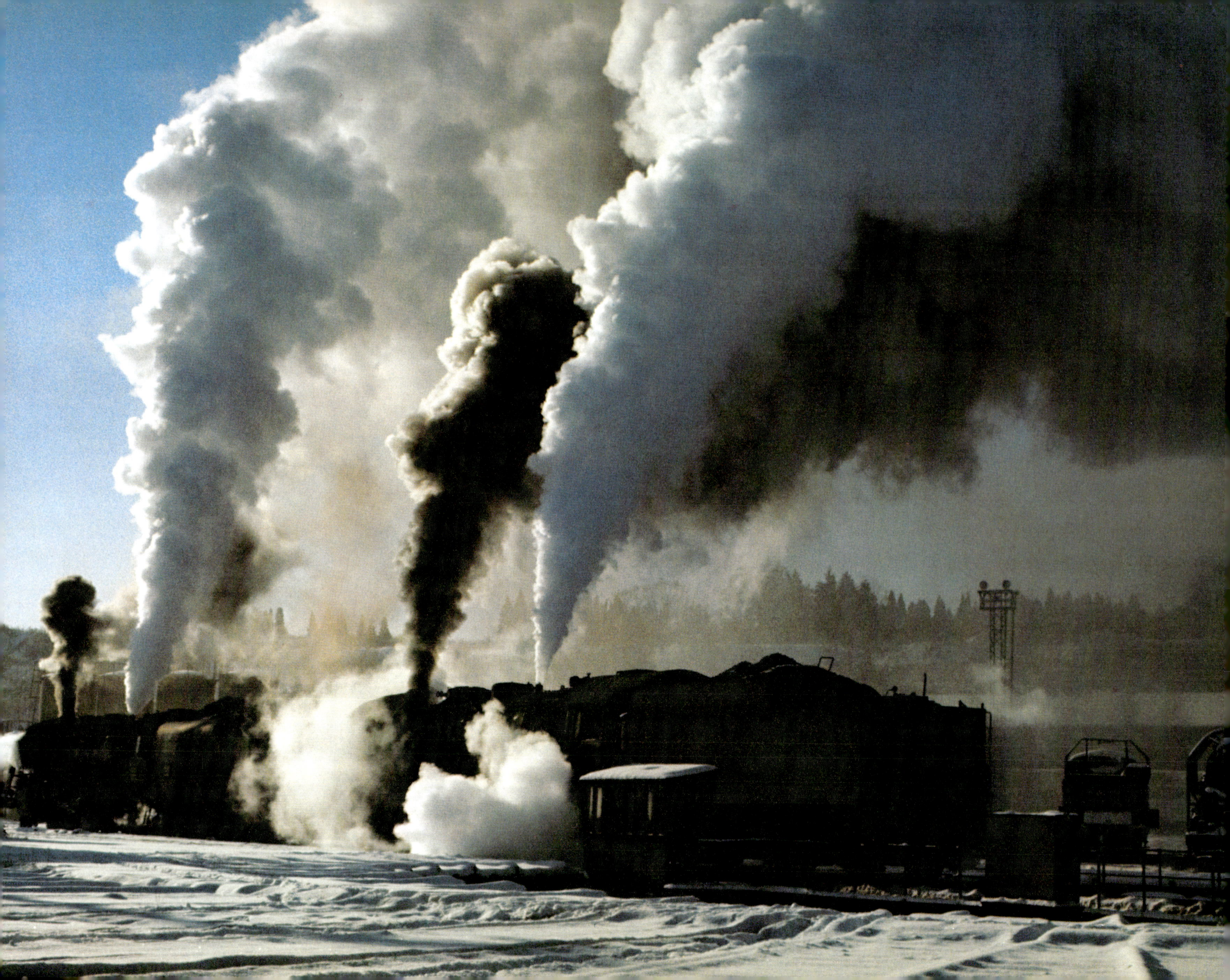

▲ ▶
Abb. 27/28 Depot Sarreguemines.

141 R 53 (Sarreguemines) ergänzt, nach Ankunft als Leerfahrt von Saarbrücken, ihren Brennstoffvorrat. Der Portalkran wurde benutzt, nachdem der Kohleturm baufällig geworden war.
(29. Oktober 1972)

141 R 484 (Sarreguemines), über Nacht leicht eingeschneit. Aus Beauvais herangeschleppt und an diesem Tag erstmals nach fast zwei Jahren wieder unter Druck gesetzt im Hintergrund links die 141 R 420 (Sarreguemines).
(24. Februar 1973)

◀◀ ▲
Abb. 29–31 Depot Sarreguemines.
141 R 606 (Sarreguemines) wird mit Wasser versorgt. Die Aufzugsanlage hat früher Rollwagen transportiert, aus denen Briketts in die Tender der 140-C-Lokomotiven gekippt wurden.
(8. Oktober 1972)

141 R 420 (Sarreguemines) im Schatten des großen Kohleturms. Mit einem Kran in dessen Innern konnte der Brennstoff aus Güterwagen in den Kohlebunker gehoben werden.
(1. Dezember 1973)

◄
Abb. 32 In der Rotonde des Depots Sarreguemines. 140 C 27, links, und die 141 R 486 (beide Sarreguemines), von Sonnenstrahlen umspielt. Eine Zeitlang noch «garées en bon état» (abgestellt in gutem Zustand), wurden beide Maschinen nicht mehr regulär eingesetzt.
(8. Oktober 1972)

▶
Abb. 33 Nächtliche Brennstoffaufnahme im Depot Sarreguemines. 141 R 149 (Sarreguemines) unter dem Kohleturm. Über eine schiefe Ebene rutschend, fällt das «schwarze Gold» in den Tender.
(10. April 1971)

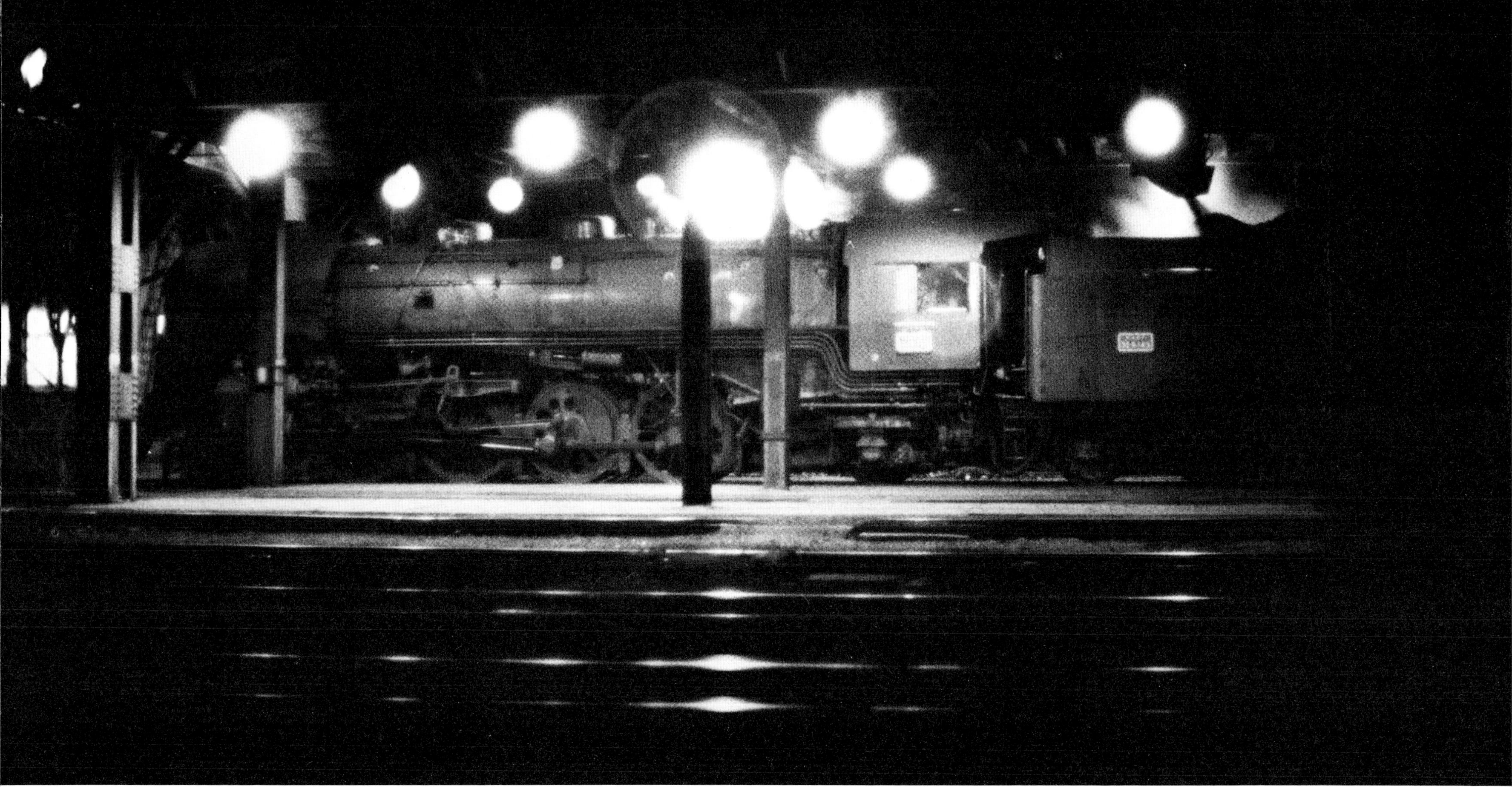

▲
Abb. 34 Kopf an Kopf im Depot Sarreguemines. 141 R 654 (Sarreguemines), links, von einer anstrengenden Nachtfahrt mit schwerer Last Sarreguemines–Hausbergen zurück, und die 141 R 420 (Sarreguemines) nach einer Frühdienstleistung zwischen Béning und Sarralbe. Mit den Schlauchleitungen im Vordergrund wurde Sand gefaßt.
(12. Oktober 1973)

▶
Abb. 35 Vor dem Werkstättetrakt des Depots Sarreguemines. 141 R 568 (Sarreguemines) in ihrem «Alltagskleid» nach 130 000 km Laufleistung. Die 141 R der Ost- und der Nord-Region behielten bei Revisionen den ursprünglichen schwarzen Anstrich bei.
(23. Februar 1974)

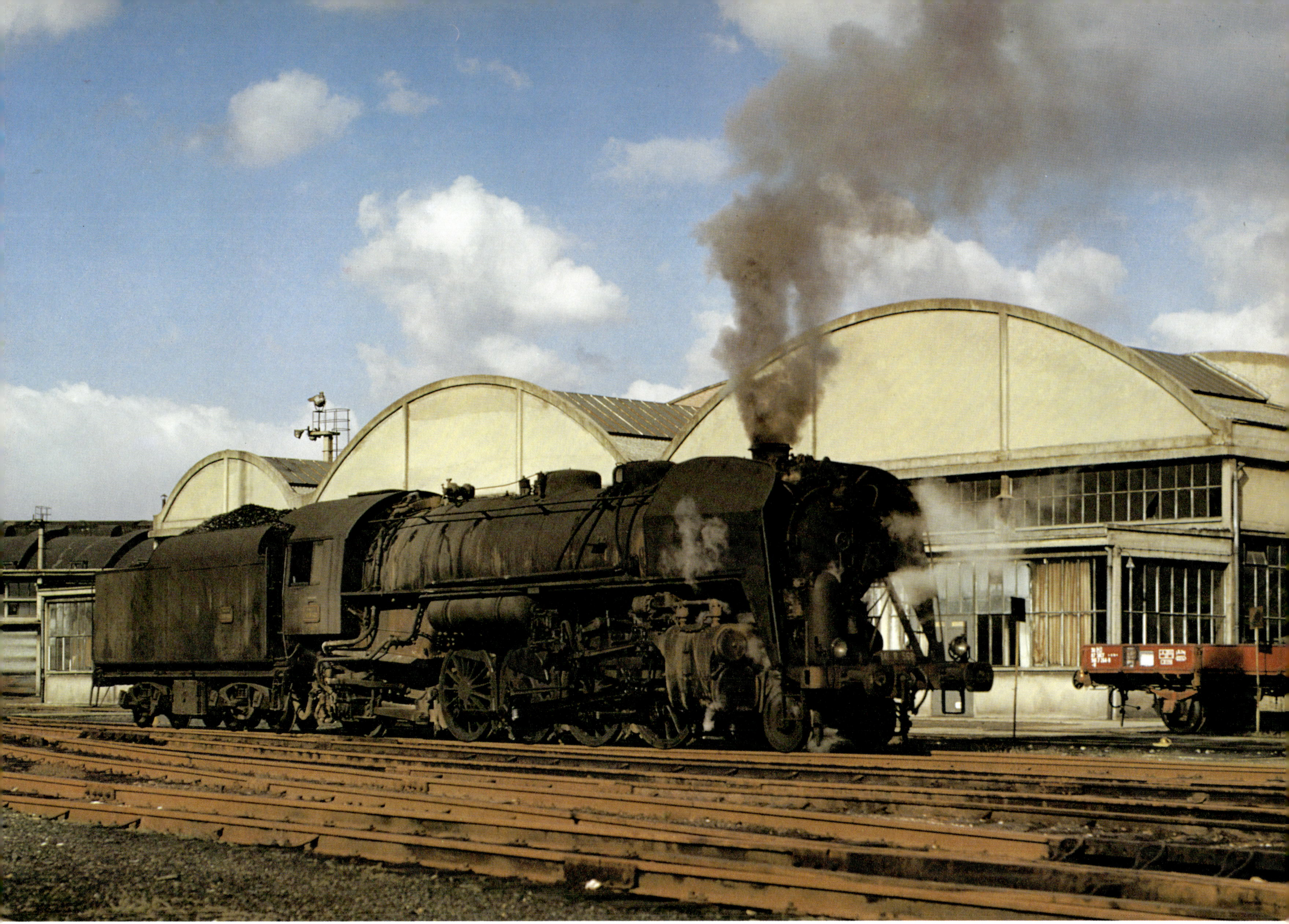

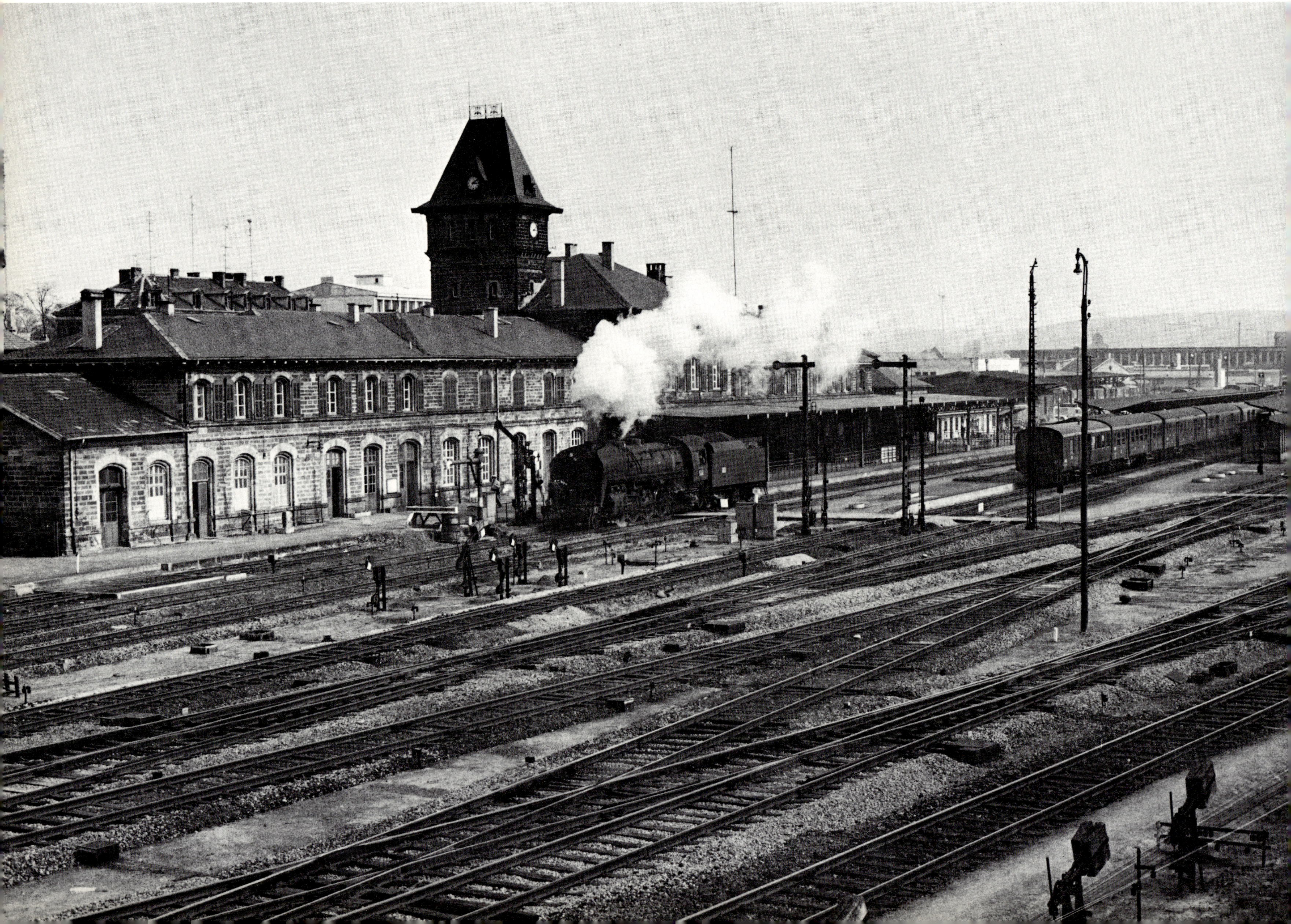

◀▶▶
Abb. 36–38 Im lothringisch-saarländischen Grenzgebiet. 141 R 149 (Sarreguemines) verläßt Sarreguemines, um in Hanweiler-Bad Rilchingen den deutschen Vorortszug 4069 nach Saarbrücken Hbf. zu übernehmen. Die «Silberlinge» und drei weitere Nahverkehrswagen hat zuvor eine DB-Lokomotive nach Hanweiler gebracht, die anschließend mit der Hälfte der Komposition nach Saarbrücken zurückgekehrt ist.
(10. April 1971)

▲▲▶
Abb. 39–41 Ausfahrt aus Sarreguemines. 141 R 606 (Sarreguemines), mit Güterzug 15217 nach Brebach (Saar), im Einschnitt bei der Kathedrale St-Nicolas. Es wird das rechte Gleis der Doppelspur benützt, eine Folge der vorübergehenden Zugehörigkeit Elsaß-Lothringens zum Deutschen Kaiserreich (1871–1918).
(10. April 1971)

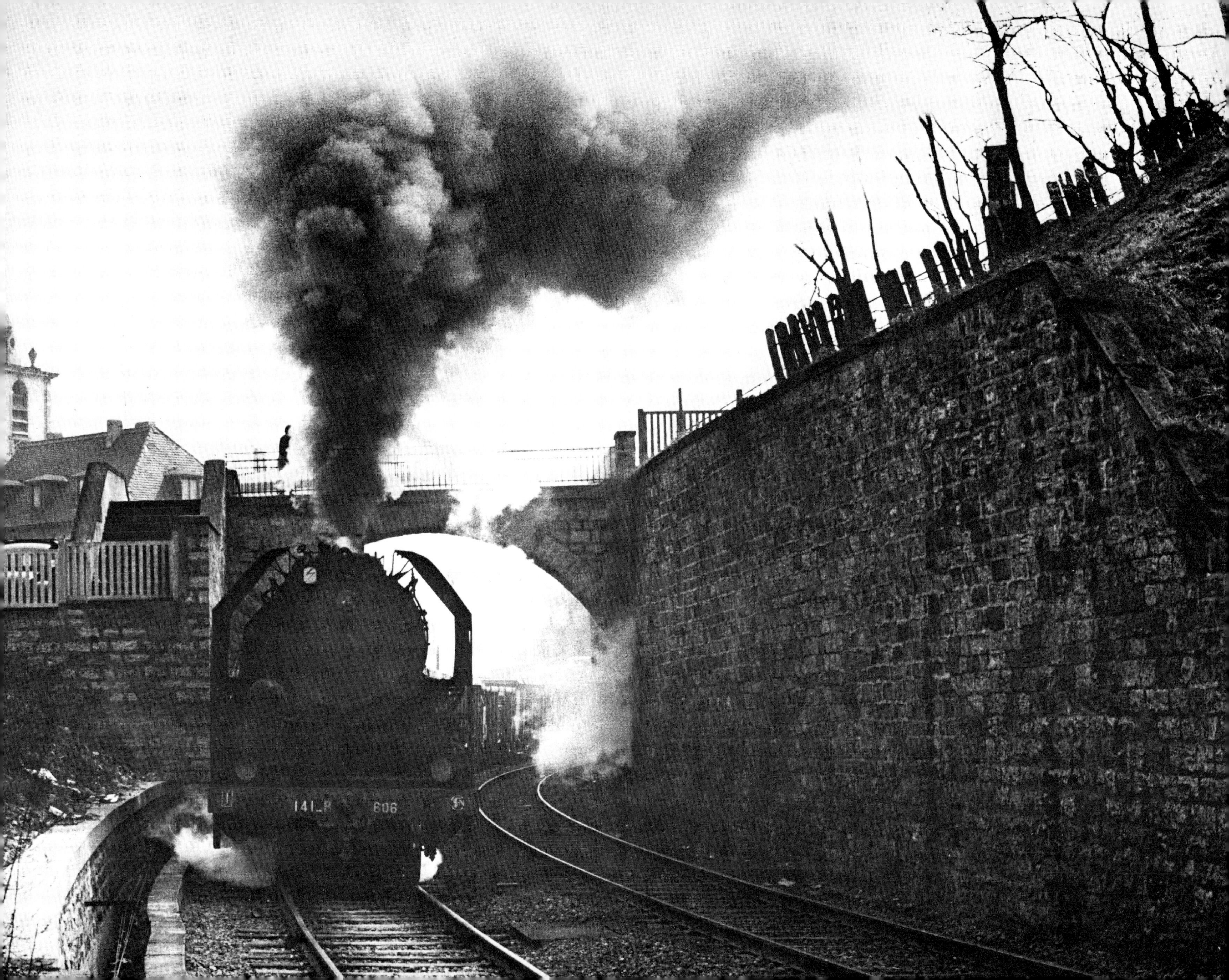
141-R 606

◀

Abb. 42 Französisch-deutsche Grenzbrücke bei Hanweiler-Bad Rilchingen. 141 R 44 (Sarreguemines) mit Güterzug 15217 Sarreguemines–Brebach. Das Spiegelbild liefert die Sarre.
(8. Mai 1971)

◀

Abb. 43 Ankunft in Hargarten-Falck. 141 R 158 (Sarreguemines) als Leerfahrt von Creutzwald. Das riesige Wasserschloß wurde nur noch für diese einzige tägliche Dampfleistung auf der seit 1956 elektrifizierten Strecke benötigt.
(7. Oktober 1972)

▶

Abb. 44 Frühmorgens in Sarreguemines. 140 C 127 (Sarreguemines), mit Personenzug 3502 von Bitche, überquert die Linie von und nach Strasbourg/Sarralbe sowie die Verbindungsgeleise zu den Rangierbahnhöfen Remelfing und Sarreinsming. Die Zweiachspersonenwagen aus den Jahren 1926 bis 1930, in ihrer deutschen Heimat «Donnerbüchsen» genannt, sind 1945 als «Kriegsbeute» nach Frankreich gelangt.
(10. April 1971)

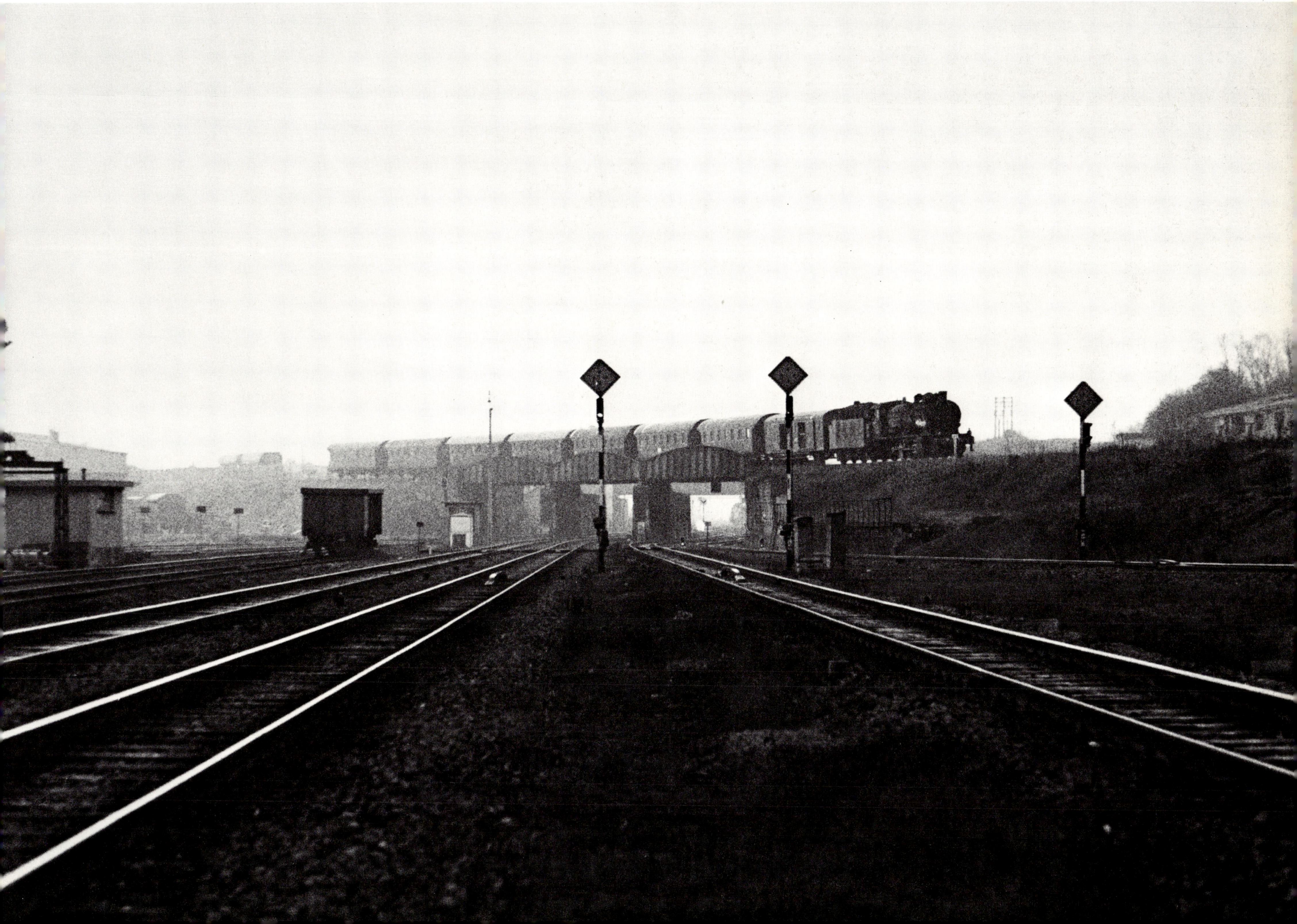

▲
Abb. 45 Zwischen Diemeringen und Domfessel. 141 R 298 (Sarreguemines) vor Personenzug 7192 Strasbourg–Sarreguemines. Mannschaft und Passagiere freuen sich über die Rückkehr der Dampftraktion als Folge der Felssprengungen am Lac du Bourget und der Entsendung von Diesellokomotiven des Depots Strasbourg nach Vénissieux.
(21. Oktober 1972)

▲▲
Abb. 46 Brücke von Wittring. 141 R 29 (Sarreguemines) mit Blockzug BS 61180 Sarralbe–Sarreguemines (–Béning). Das 142 m lange Bauwerk über die Sarre und den Sarre-aux-Mines-Kanal konnte nach Kriegsschäden erst 1947 wiederhergestellt werden. (24. Februar 1973)

▲
Abb. 47 Adamswiller. 141 R 367 (Sarreguemines), mit Güterzug SH 1115 Sarreguemines–Hausbergen, im «krummen Elsaß». Ausgezeichnet trassiert, fordert die Strecke der Maschine keine allzu großen Kraftanstrengungen ab. (8. Mai 1971)

▲
**Abb. 48 Start in die Nacht in Sarreguemines. 141 R 298 (Sarreguemines) mit Personenzug 7199 nach Diemeringen. Entfernt zeichnen sich die Umrisse der großen Depot-Rotonde ab.
(21. Oktober 1972)**

▶
**Abb. 49 Durchfahrt in Kalhausen. 141 R 375 (Sarreguemines) mit Güterzug BS 61180 Sarralbe–Sarreguemines (–Béning). Die mächtige Dampfwolke ist der kalten Witterung und der Wiederbeschleunigung des fast 2000 t schweren Zuges nach der Einmündung in die Hauptlinie von Strasbourg zu verdanken.
(12. Januar 1973)**

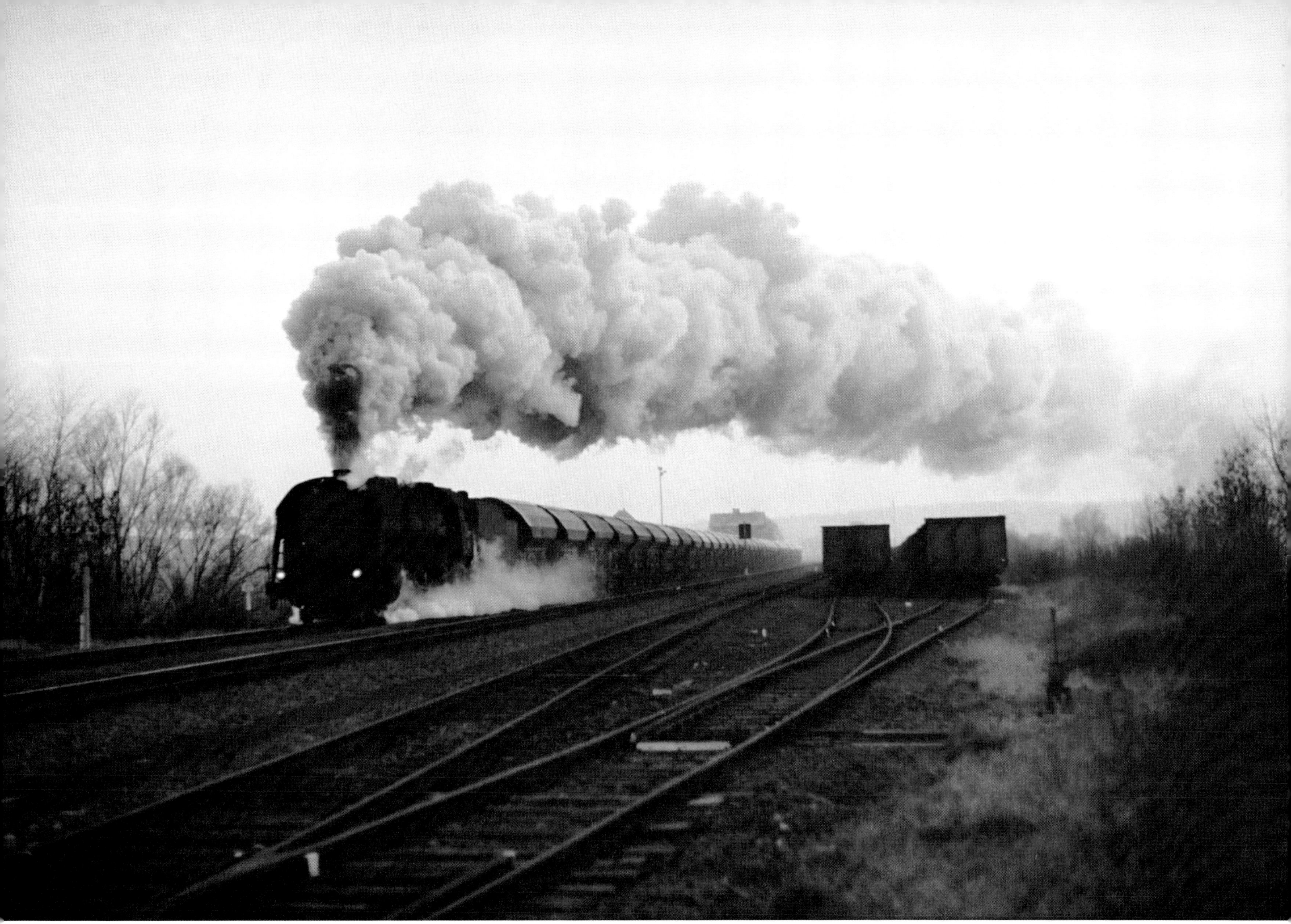

NORD 2

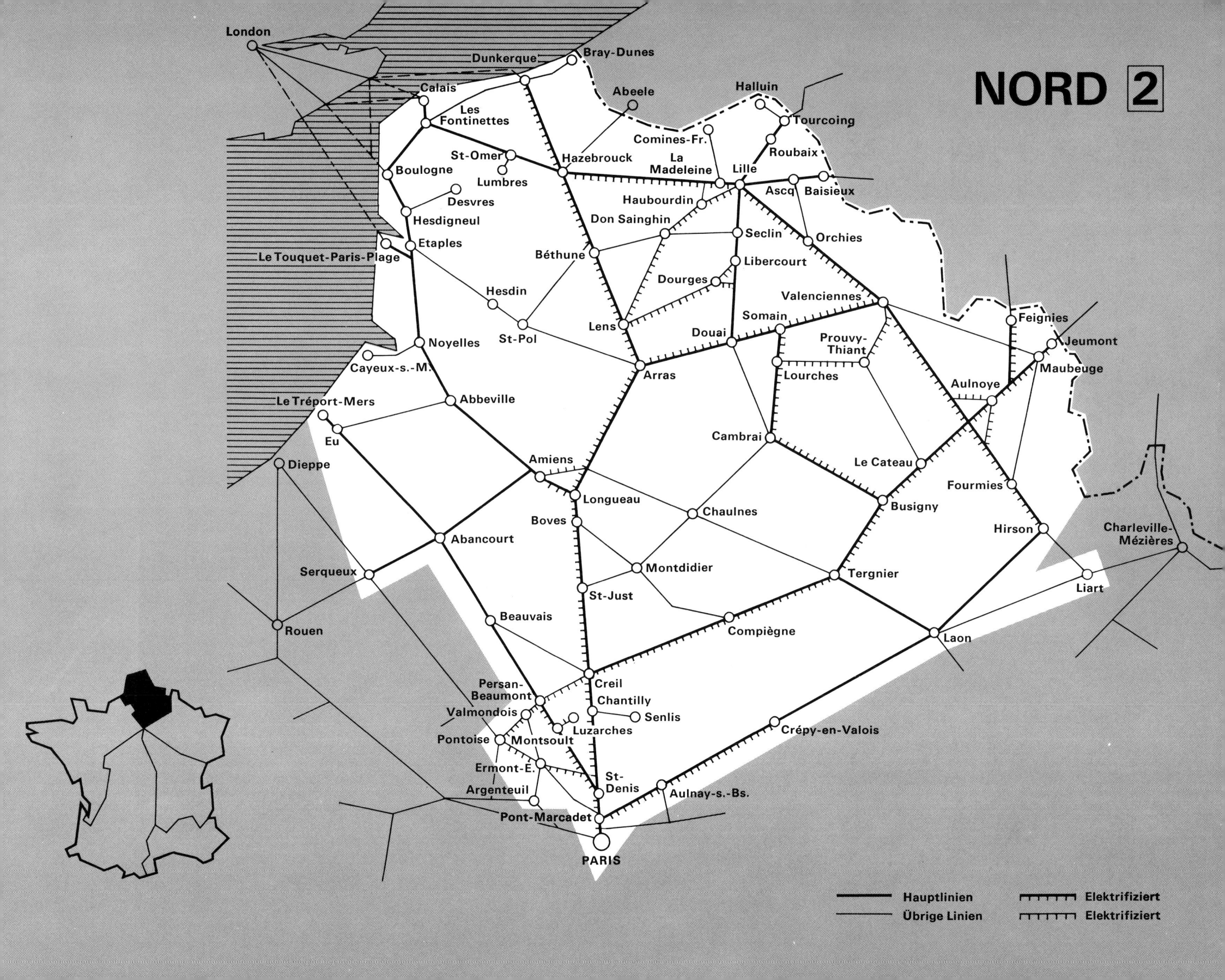

- Hauptlinien
- Übrige Linien
- ⊥⊥⊥⊥ Elektrifiziert
- ⊤⊤⊤⊤ Elektrifiziert

▲
Abb. 50 «Wintermanöver» im Depot Les Joncherolles. 050 TQ 32 (Les Joncherolles) verschiebt Kohlewagen.
Rechts raucht die 141 TC 30 (Les Joncherolles).
(15. Februar 1970)

◀
Abb. 51 Depot Les Joncherolles. Die 141 TC 15, vorn, und 25 (beide Les Joncherolles) neben der Werkstätte. Für Vorortspendelzüge der Pariser Nord-Region bestimmt, verfügten die 141 TC über die automatische Kupplung System Willison und die elektrische Fernsteuerung System Aubert, die bei Rückwärtsfahrt die Bedienung des Regulators, der Steuerung und der Bremsen durch den Lokomotivführer vom andern Ende des Zuges aus und den Einmannbetrieb durch den Heizer auf der Lokomotive ermöglichte.
(31. Oktober 1970)

◀
Abb. 52 Unter dem Kohleturm des Depots Les Joncherolles. 141 TC 54 (Les Joncherolles), mit fast 1,6 Mio. km Laufleistung Rekordhalterin dieser Serie, ergänzt ihren Brennstoffvorrat. Bei einem je nach Fähigkeiten der Mannschaft, Qualität der Kohle, Jahreszeit, Wetter und Revisionsfrist der Lokomotive um 25 kg pro km schwankenden Verbrauch genügte die Zuladung von rund 4 t Kohle und 60 bis 80 Briketts zu je 10 kg für zwei Hin- und Rückfahrten Paris Gare du Nord–Valmondois–Persan-Beaumont (152 km, max. 15‰).
(15. Februar 1970)

▶
Abb. 53 Rotonde des Depots Les Joncherolles. 040 TG 35 unter Volldampf an der Seite der 030 TU 18 (beide Les Joncherolles). Mit der 050 TQ 32 zusammen besorgten diese beiden Rangiermaschinen die Depotmanöver.
(15. Februar 1970)

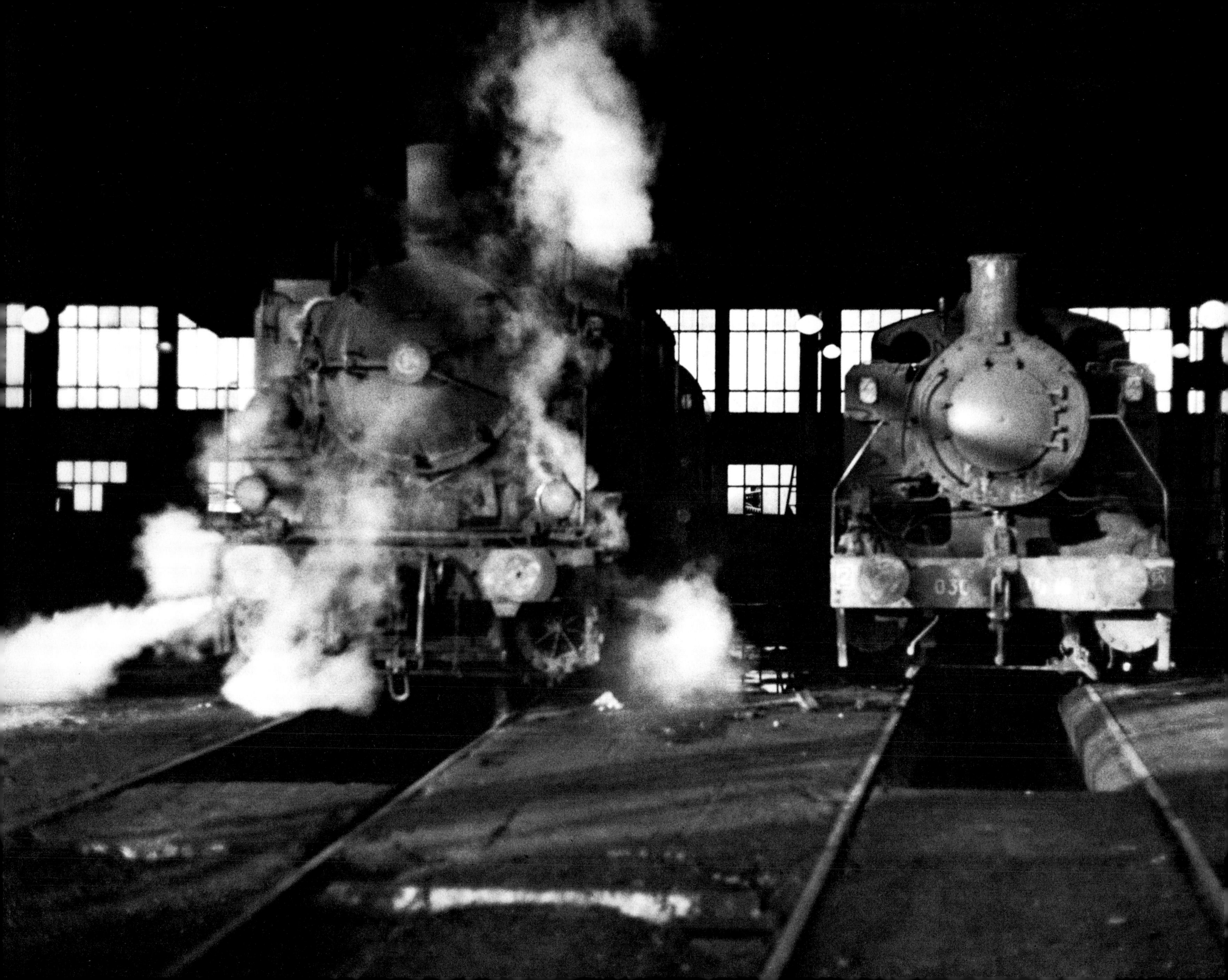

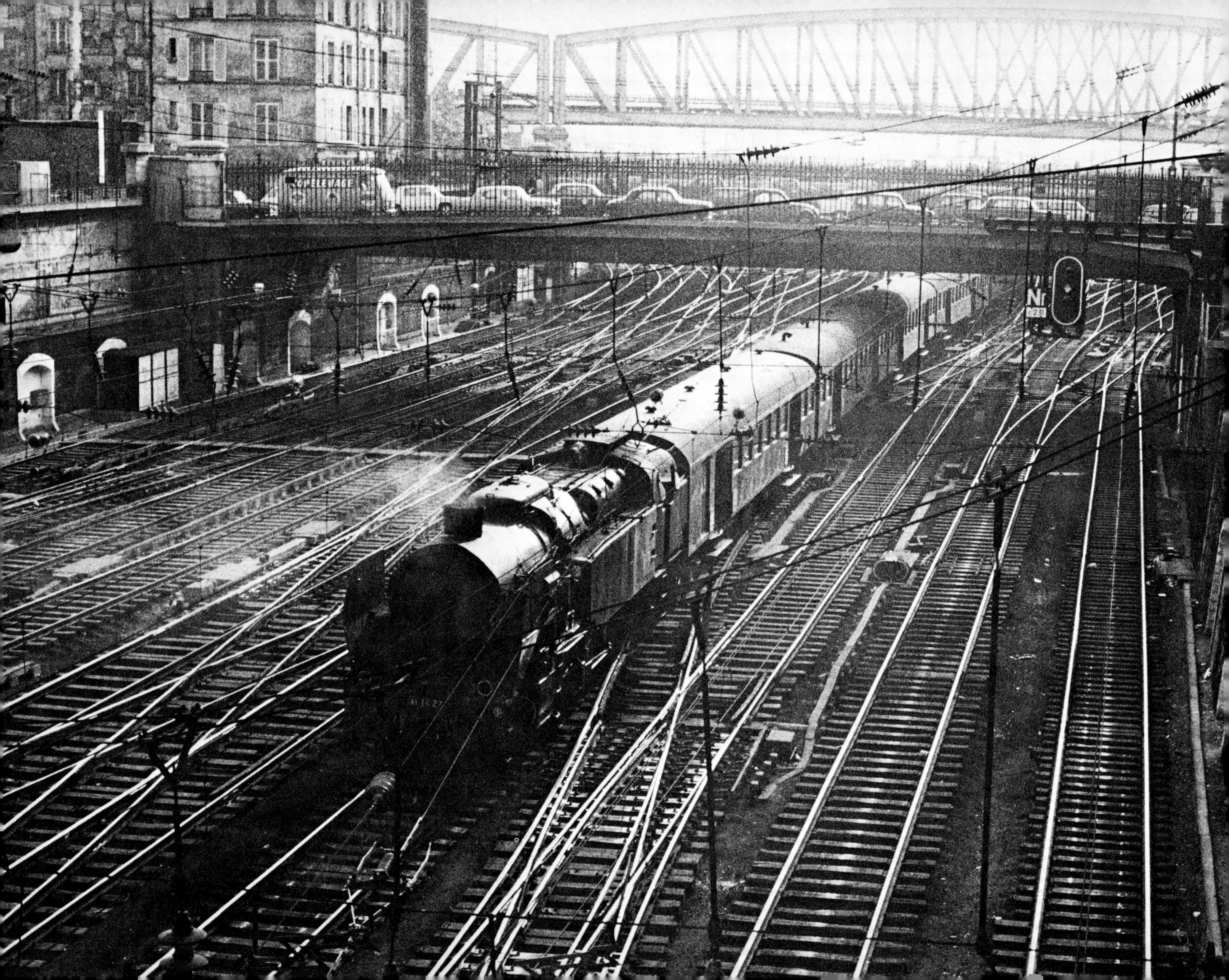
Nr
231

◀
Abb. 54 Im Einschnitt zur Pariser Gare du Nord. 141 TC 27 (Les Joncherolles) schiebt Vorortspendelzug 1748, 8 Wagen/32 Achsen/419 t, von Persan-Beaumont–Valmondois. Über den Geleisen der SNCF ein Viadukt der hier in Hochlage geführten Métrolinie 2.
(31. Oktober 1970)

▲
Abb. 55 Paris Gare du Nord. 141 TC 13 (Les Joncherolles) mit Vorortspendelzug 489, 8 Wagen/32 Achsen/419 t, nach Montsoult-Maffliers–Persan-Beaumont. Rechts wartet der Schlafwagenzug «The Night Ferry» auf Fahrgäste nach London Victoria Station.
(16. Februar 1970)

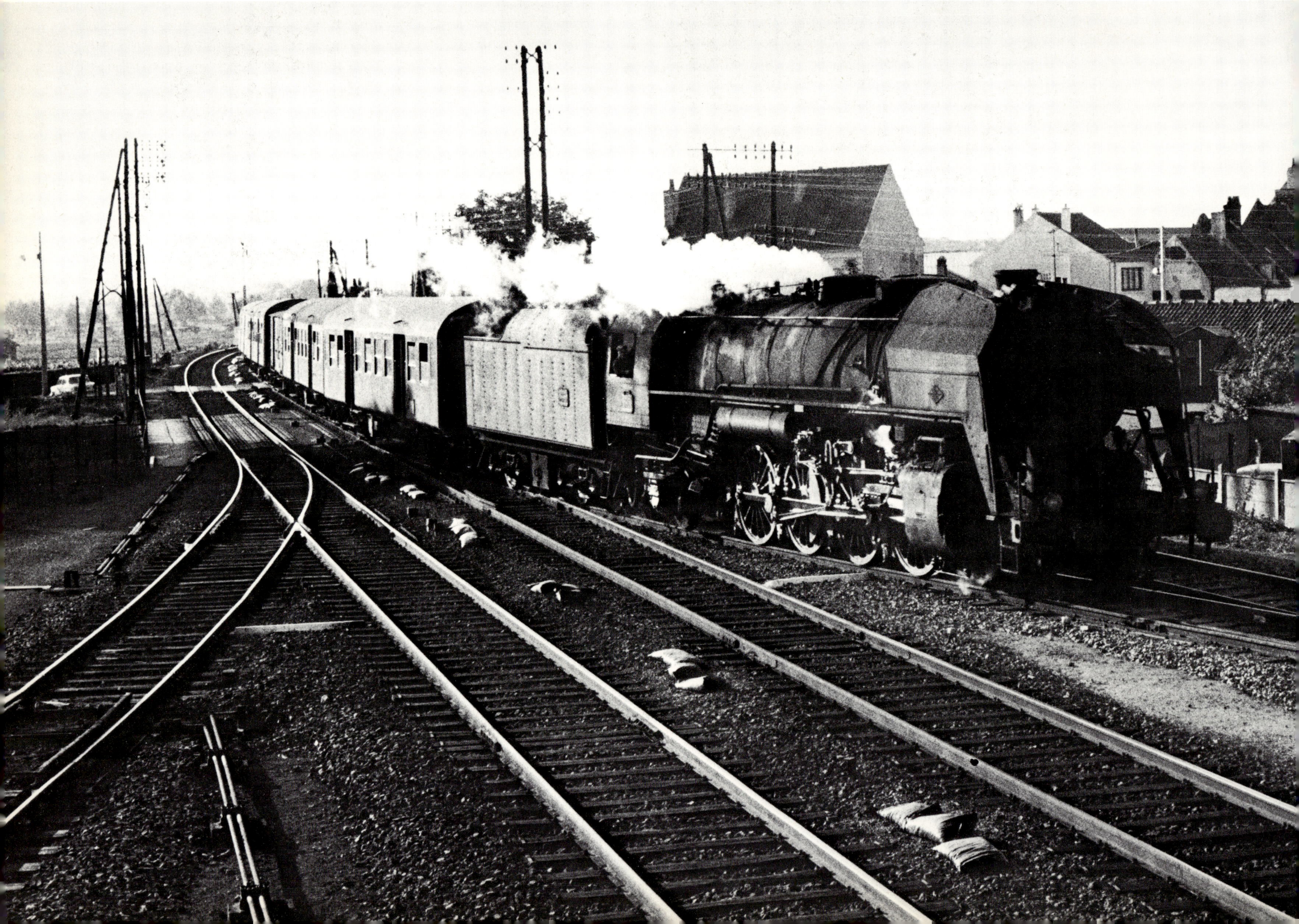

◀
Abb. 56 Ankunft in St-Omer. 141 R 148 (Boulogne) mit Personenzug 2266 Calais Ville–Hazebrouck. Acht Monate vor dem Ende des Dampfbetriebs in der Nord-Region waren mit Ausnahme eines Zugspaares noch sämtliche Leistungen dieser Strecke den 141 R anvertraut.
(11. August 1970)

▲
Abb. 57 St-Omer. 141 R 357 (Boulogne), links, vor Personenzug 2266 Calais Ville–Hazebrouck, kreuzt die 141 R 151 (Boulogne) mit Personenzug 2251 (Lille–) Hazebrouck–Calais Ville. Die Aufnahme kam auf Grund einer leichten Verspätung des Zuges von Lille zustande.
(10. August 1970)

▲
Abb. 58 Dreifachtraktion in St-Omer. Die 141 R 497, vorn, 437, Mitte, und 505 (alle Boulogne) als Lokzug X 36388 von Calais. Es gilt, zwischen Hazebrouck, St-Omer und Lumbres operierende Maschinen abzulösen, deren Kohlevorrat bald erschöpft ist.
(11. August 1970)

▲
Abb. 59 St-Omer. 141 R 179 (Boulogne) mit Personenzug 2220 Calais Ville–Hazebrouck (–Lille), in Fahrtrichtung Calais die 141 R 148 (Boulogne) und rechts im Hintergrund die 141 R 180 (Boulogne). Der Monumentalbahnhof stammt aus dem Jahre 1903, ist 1943 bei einem Fliegerangriff beschädigt und bis Ende 1948 wiederaufgebaut worden.
(12. August 1970)

▲
Abb. 60 Depot Calais. 141 R 615 (Boulogne) faßt T.I.A. (Traitement Intégral Armand). Nach seinem Erfinder Louis Armand, dem späteren Generalsekretär des Internationalen Eisenbahnverbandes, benannt, dient dieses chemische Mittel der Speisewasseraufbereitung zur Bekämpfung der Kesselsteinbildung.
(12. August 1970)

▶
Abb. 61 Beim Depot Calais. 141 R 615 (Boulogne) mit Extrazug 14719 (Lourdes–) Amiens–Calais Ville. Pilger kehren von einer Wallfahrt zurück.
(12. August 1970)

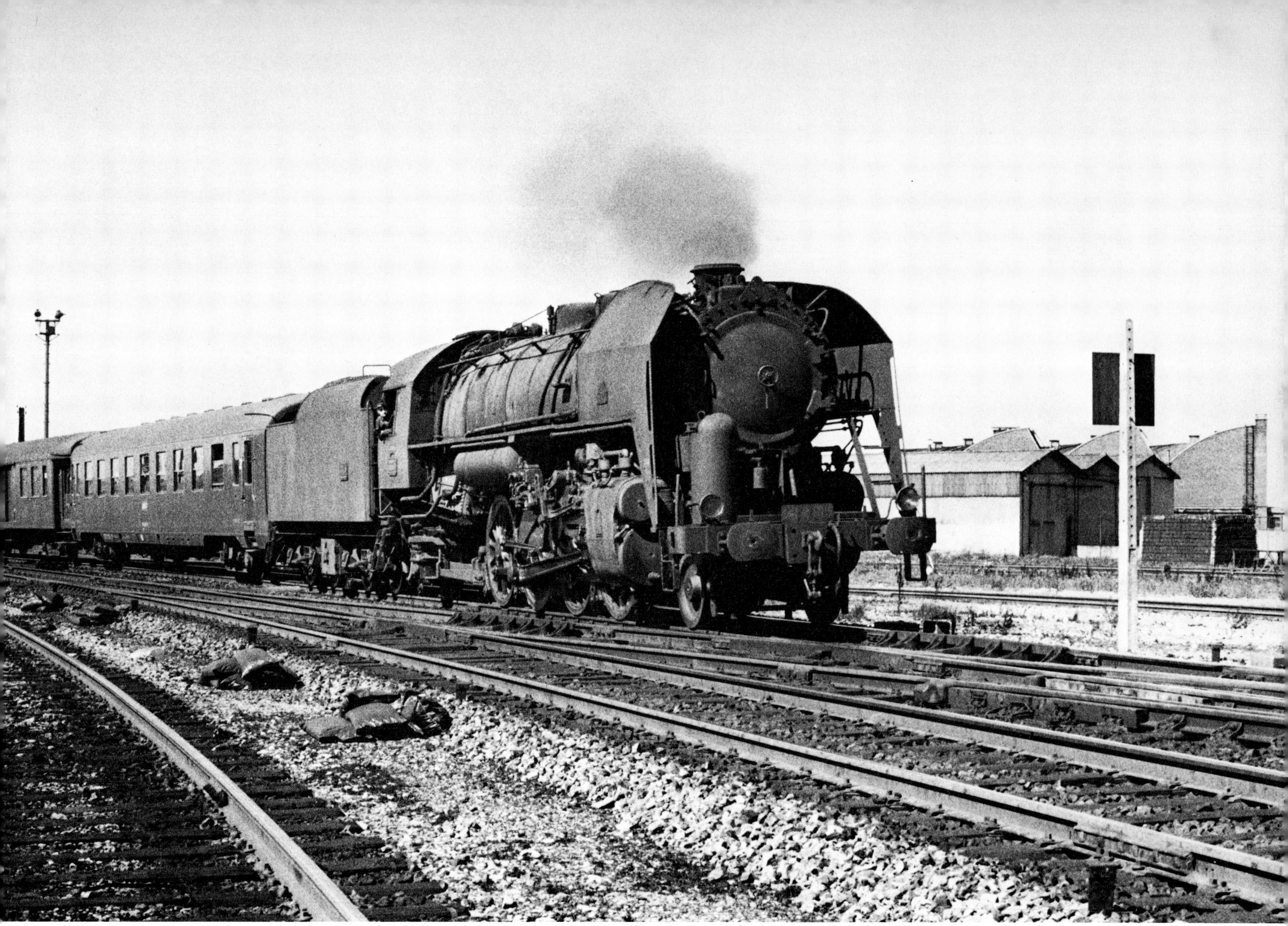

◄
Abb. 62 Kaminfegerarbeit im Depot Calais. 231 E 17 (Calais) mit geöffneter Rauchkammertür. 1909 von der PO beschafft, wurde diese Lokomotive 1934 in Tours nach den Plänen Ing. Chapelons grundlegend umgebaut, mit 19 anderen Pacific zusammen an die Nordbahn verkauft und 1936–37 durch 28 weitgehend gleichartige Neubaumaschinen ergänzt.
(25. August 1965)

▶
Abb. 63 Calais Maritime. 231 E 9 (Calais) trifft vom Depot her ein. Die «Chapelon-Pacific» beendeten ihren hervorragenden Dienst am 10. April 1967 nach einer Fahrt der 231 E 22 (Calais) mit dem einstigen Luxuszug «Flèche d'Or» auf ihrer früheren Stammroute von Calais Maritime nach der Pariser Gare du Nord (299 km).
(25. August 1965)

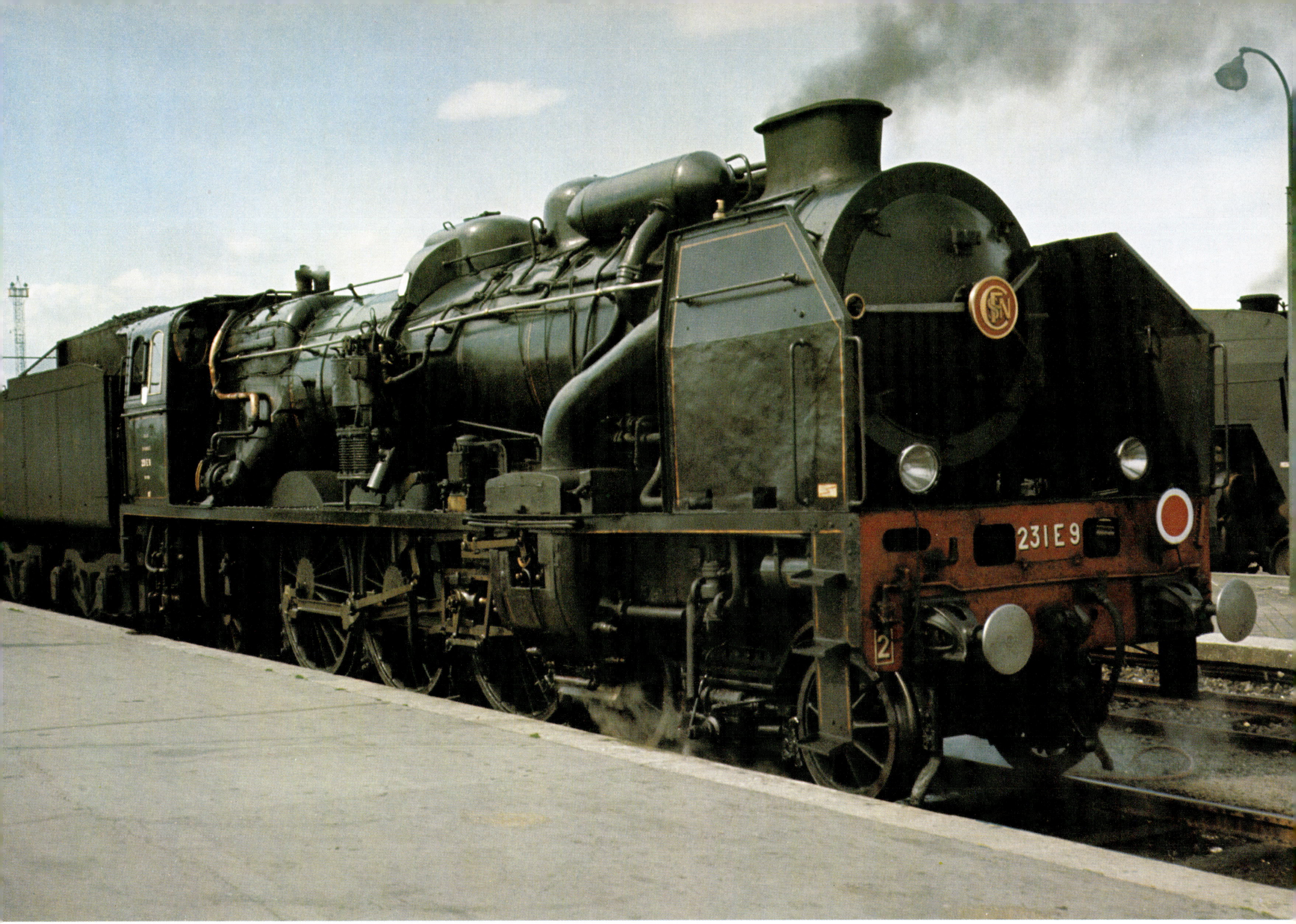
231 E 9

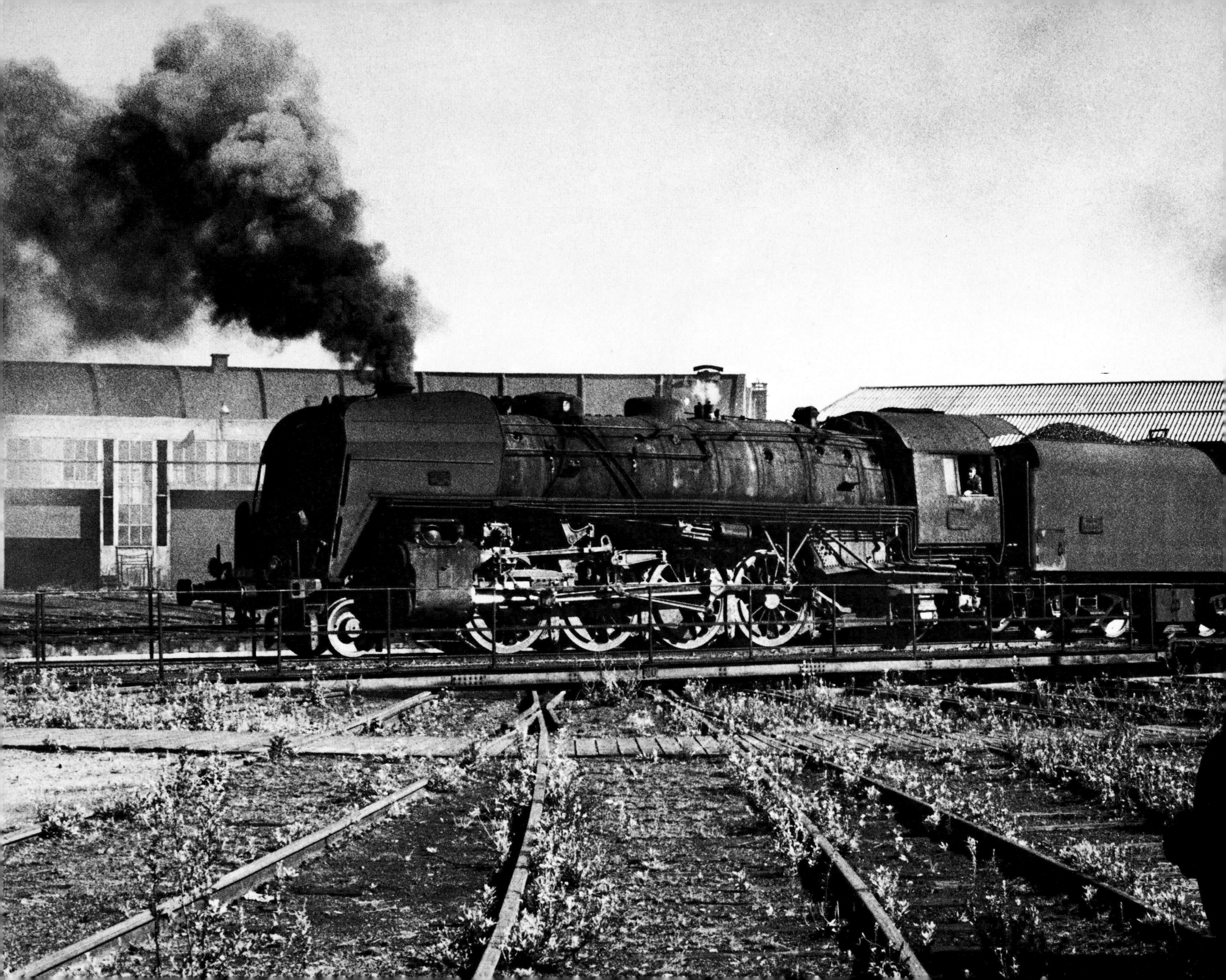

◄
Abb. 64 Depot Calais. 141 R 357 (Boulogne) rollt ab der Drehscheibe. Seit dem Rückzug der letzten Pacific 231 K am 11. Januar 1969 verfügt Calais über keine eigenen Lokomotiven mehr; das Personal fährt auf Maschinen der Nachbardepots.
(12. August 1970)

▲
Abb. 65 Etaples. 141 R 428 (Boulogne) mit Zementzug 6976 Boulogne–Hesdin. Außer den Hauptlinien (Paris–) Amiens–Calais und Calais–Hazebrouck (–Lille) umfaßten die Dienstpläne des Dampfdepots Boulogne bis zuletzt auch mehrere abzweigende Nebenstrecken.
(14. August 1970)

OUEST 3

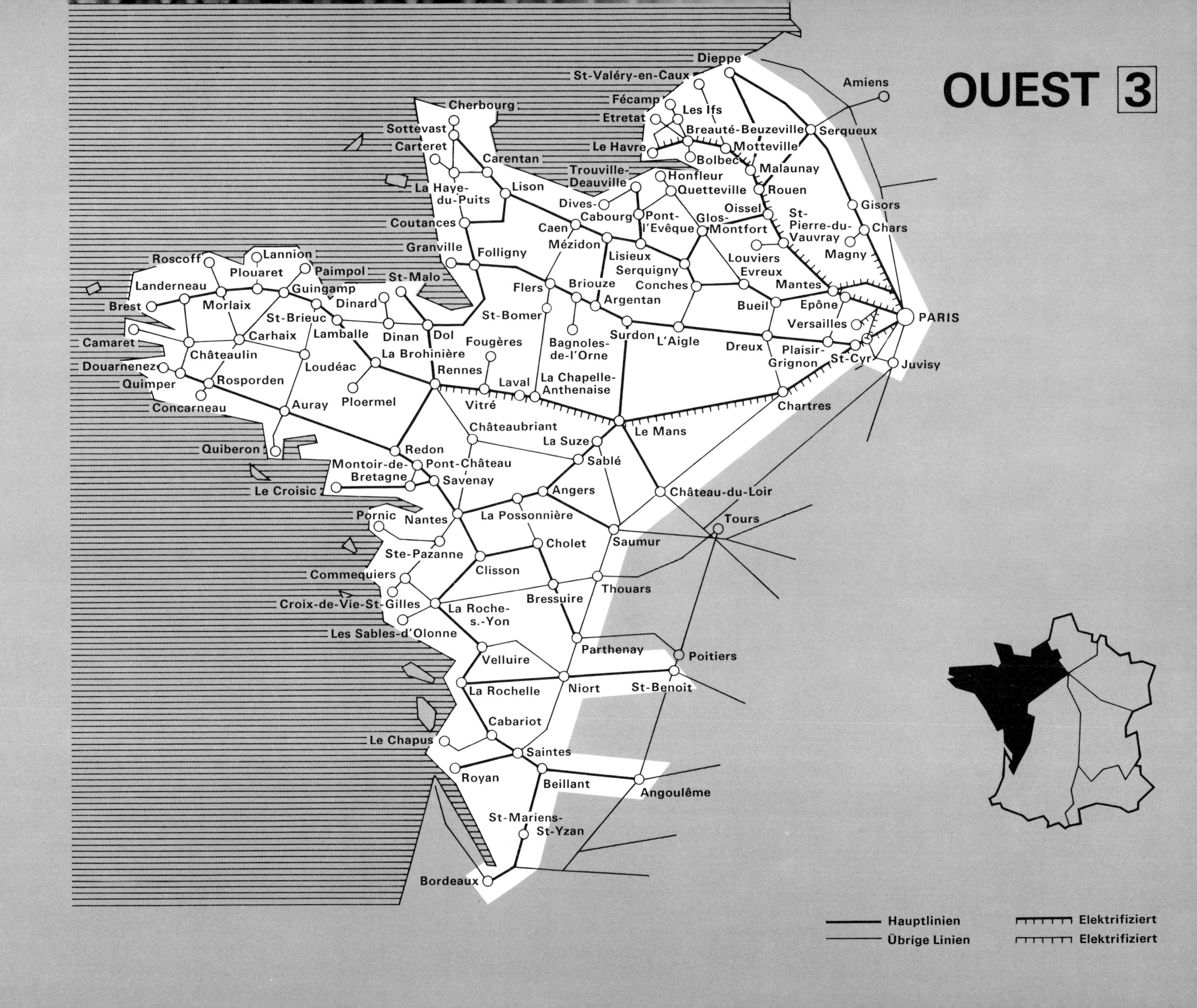

- Hauptlinien
- Übrige Linien
- Elektrifiziert
- Elektrifiziert

▲
Abb. 66 Guingamp. 141 TC Ouest 18 (Guingamp Patte d'Oie) mit Güterzug 522 nach Paimpol. 1896 als Schmalspurbahn in Betrieb genommen, ist diese 36 km lange Strecke des Réseau Breton 1924 mit einer dritten Schiene versehen und anfangs der fünfziger Jahre auf Normalspur umgebaut worden. (26. Juli 1971)

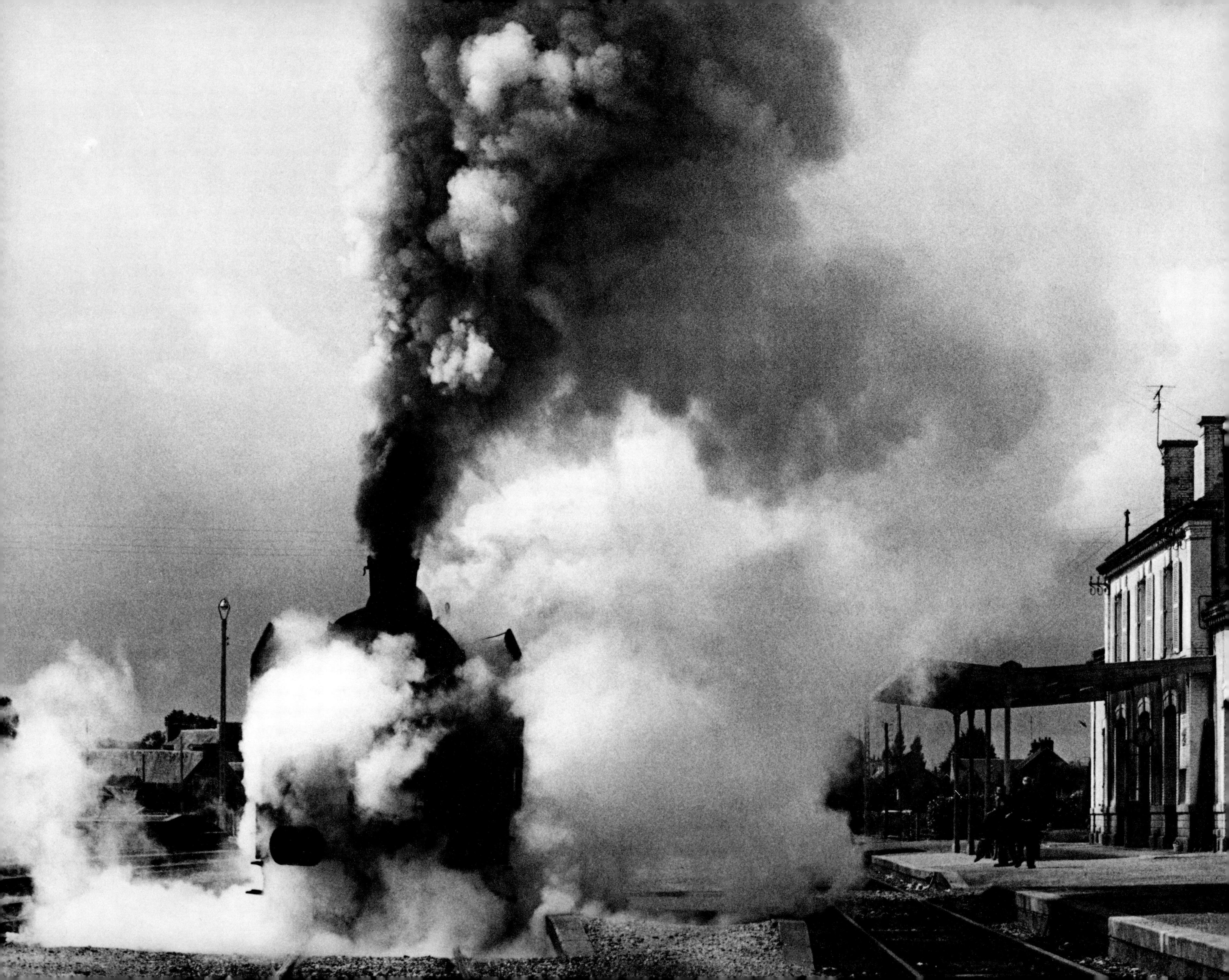

◀
Abb. 67 Paimpol. 141 TC Ouest 18 (Guingamp Patte d'Oie) manövriert. Der Bahnhof dieses reizvollen bretonischen Fischerstädtchens hatte 1971 einen Dampf-Güterzug und vier bis fünf Autorails pro Tag zu empfangen.
(27. Juli 1971)

▲
Abb. 68 Abfahrbereit in Paimpol. 141 TC Ouest 18 (Guingamp Patte d'Oie) mit Güterzug 523 nach Guingamp. Vor ihrer Versetzung in die Bretagne war diesen kräftigen Tendermaschinen fast ein halbes Jahrhundert lang die Beförderung schwerer Vorortszüge ab der Pariser Gare St-Lazare anvertraut.
(27. Juli 1971)

▲
Abb. 69 Depot Nantes Blottereau. 241 P 12 (Le Mans) vor dem Kohleturm. Hinsichtlich der Brennstoffkapazität die größten der SNCF, erlaubten die Tender 34 P die Mitnahme von 34 000 l Wasser, rund 11 t Kohle für die Stoker-Feuerung und 150 bis 160 Briketts.
(26. August 1969)

▶
Abb. 70 Ausfahrgruppe des Depots Nantes Blottereau. 241 P 9 (Le Mans) mit vollen Vorräten. 1948 bis 1952 fertiggestellt, waren die 241 P die letzten Dampfschnellzugslokomotiven Frankreichs.
(26. August 1969)

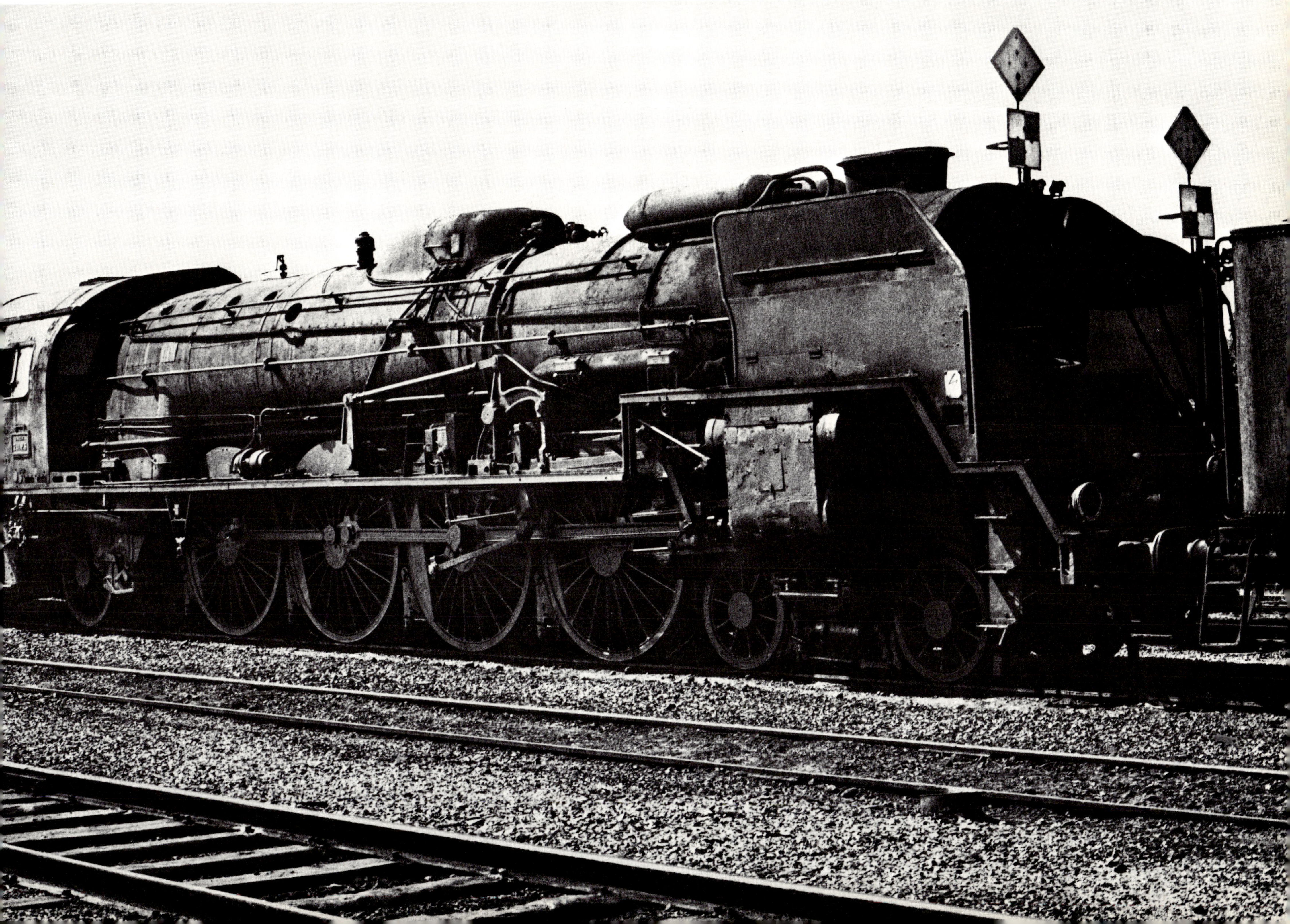

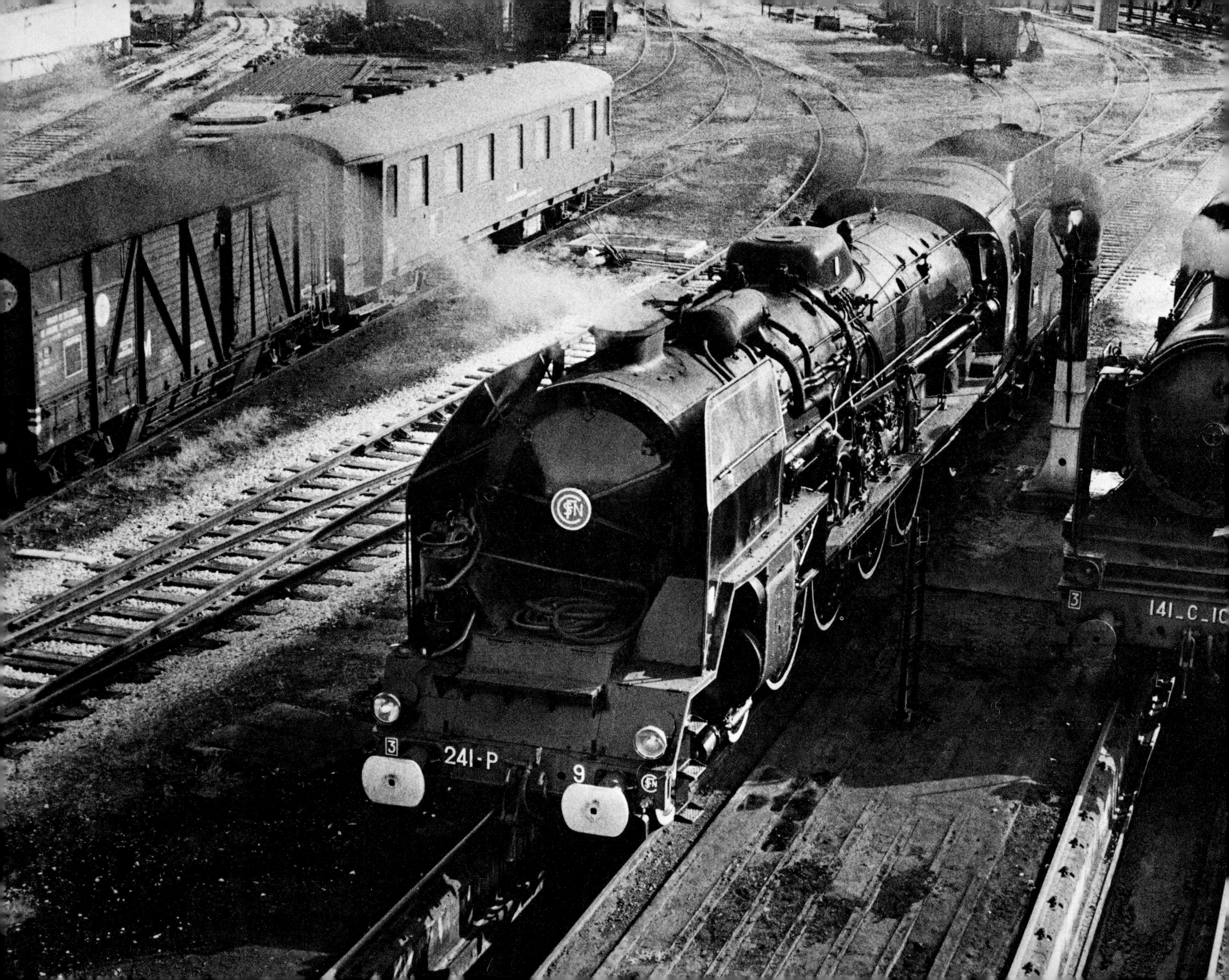
3
241-P
9

◀
Abb. 71 Depot Le Mans. 241 P 9, links, und die 141 C 100 (beide Le Mans), aus Anlaß der Abschiedsfahrt der «P 9» unter Dampf. Die «C» ist von Eisenbahnfreunden der Gegend von Caen zur Führung touristischer Sonderzüge erworben worden.
(16. Juni 1973)

▲
Abb. 72 Nantes Orléans. 241 P 33 (Le Mans) nach pünktlicher Ankunft mit Expreß 953, 15 Wagen/58 Achsen/660 t, von (Paris Montparnasse–) Le Mans. Der Zug wurde in Nantes getrennt und erreichte, nachdem die Pacific der Serien 231 D und 231 G Etat beim Herbstfahrplanwechsel 1968 ausrangiert worden waren, die Badeorte Les Sables-d'Olonne und Pornic hinter einer ölgefeuerten 141 R bzw. mit Dieseltraktion.
(20. August 1969)

▼ **Abb. 73** Depotausfahrt in Le Mans. 241 P 9 (Le Mans) enteilt in Richtung Personenbahnhof. Bis zur Vollendung der Elektrifizierung Laval–Rennes am 1. Juli 1965 leisteten die «P» des Depots Le Mans ohne Wechsel des Personals und ohne Brennstoffaufnahme unterwegs mit oft sehr schweren Schnellzügen Langstreckendienste auf den Linien Le Mans–Rennes–Brest (411 km), Le Mans–Nantes–Quimper (440 km) und Le Mans–Rennes–Quimper (410 km).
(17. Juni 1973)

▶

Abb. 74 Mit 120 km/h von Argentan nach Surdon. 241 P 9 (Le Mans) mit Extrazug 17 480, 8 Wagen Inox/32 Achsen/350 t, Mézidon–Le Mans. Es handelte sich um die letzte Schnellzugsfahrt einer Mountain in Frankreich.
(17. Juni 1973)

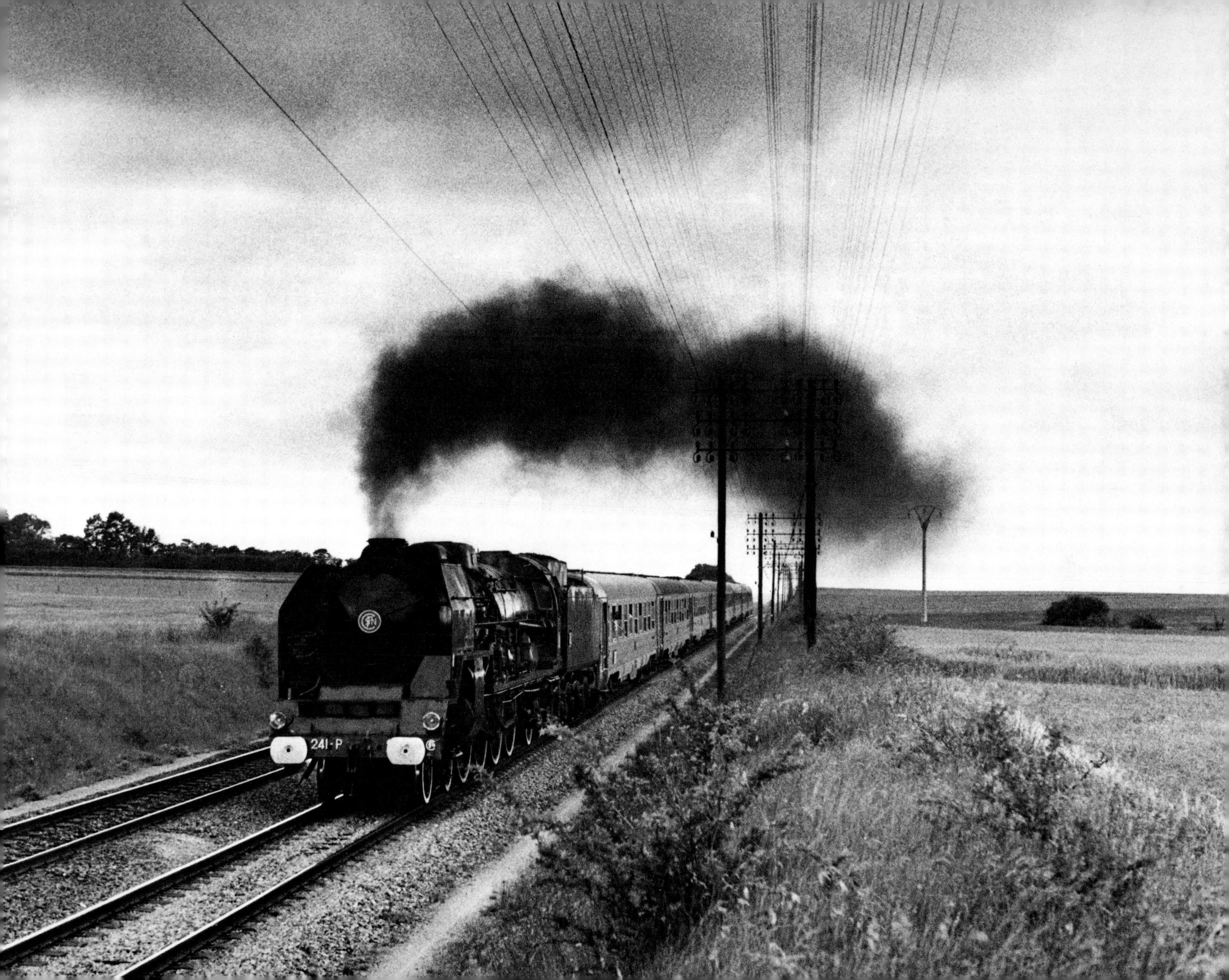
241-P

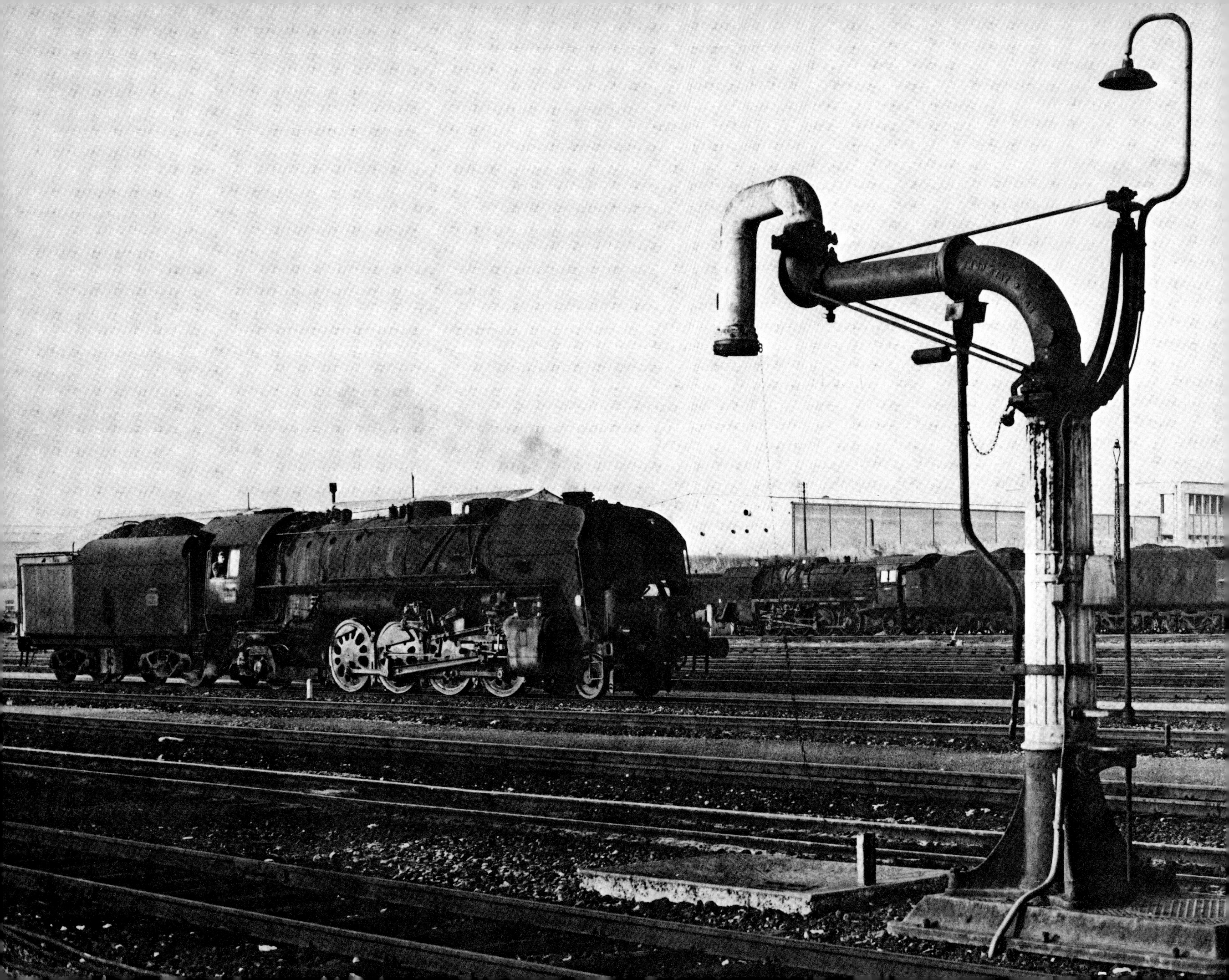

◀
Abb. 75 Argentan. 141 R 1265 (Argentan) rollt an den Erzleermaterialzug 72 395 nach Flers–St-Bomer. Im Hintergrund abgestellt 141 P, deren letzte ihren Dienst am 28. September 1968 beendet haben.
(29. August 1969)

▲
Abb. 76 Agonie der Dampftraktion im Depot Argentan. 141 R 586 (Argentan), mit politischer Propaganda verschmiert. Zur Zeit des Titularsystems, als Lokomotivführer und Heizer noch auf «ihrer» Maschine fuhren, waren die rauchenden Kolosse von ihren Mannschaften oft sauberer als heute Diesel- und elektrische Lokomotiven gehalten worden.
(28. August 1969)

▲
Abb. 77 Depot Auray. Von links die 141 R fuel 1030, 786, 933, 1248 und 1323 (alle Auray). Rund anderthalb Jahre vor dem Abschluß des Dampfbetriebs in der West-Region zählten zum Bestand dieses bretonischen Depots 36 ölgefeuerte 141 R, die bis nach Quimper, St-Brieuc, St-Malo, Le Mans, Poitiers, Tours und Bordeaux gelangten.
(17. August 1970)

▲
Abb. 78 Les Sables-d'Olonne. 141 R 678 (Thouars) nach Ankunft mit Expreß 871 von (Paris Austerlitz–) Saumur. In einem Zweitagesdienst legten die «R» ohne Ergänzung ihres Brennstoffvorrats die 534 km lange, mit bis zu 16‰ geneigte Strecke Thouars–Saumur–Les Sables-d'Olonne–La Roche-sur-Yon–Les Sables-d'Olonne–Saumur–Thouars zurück, wovon die Abschnitte Thouars–Saumur und Saumur–Thouars als Leerfahrt. (20. August 1969)

SUD-OUEST 4

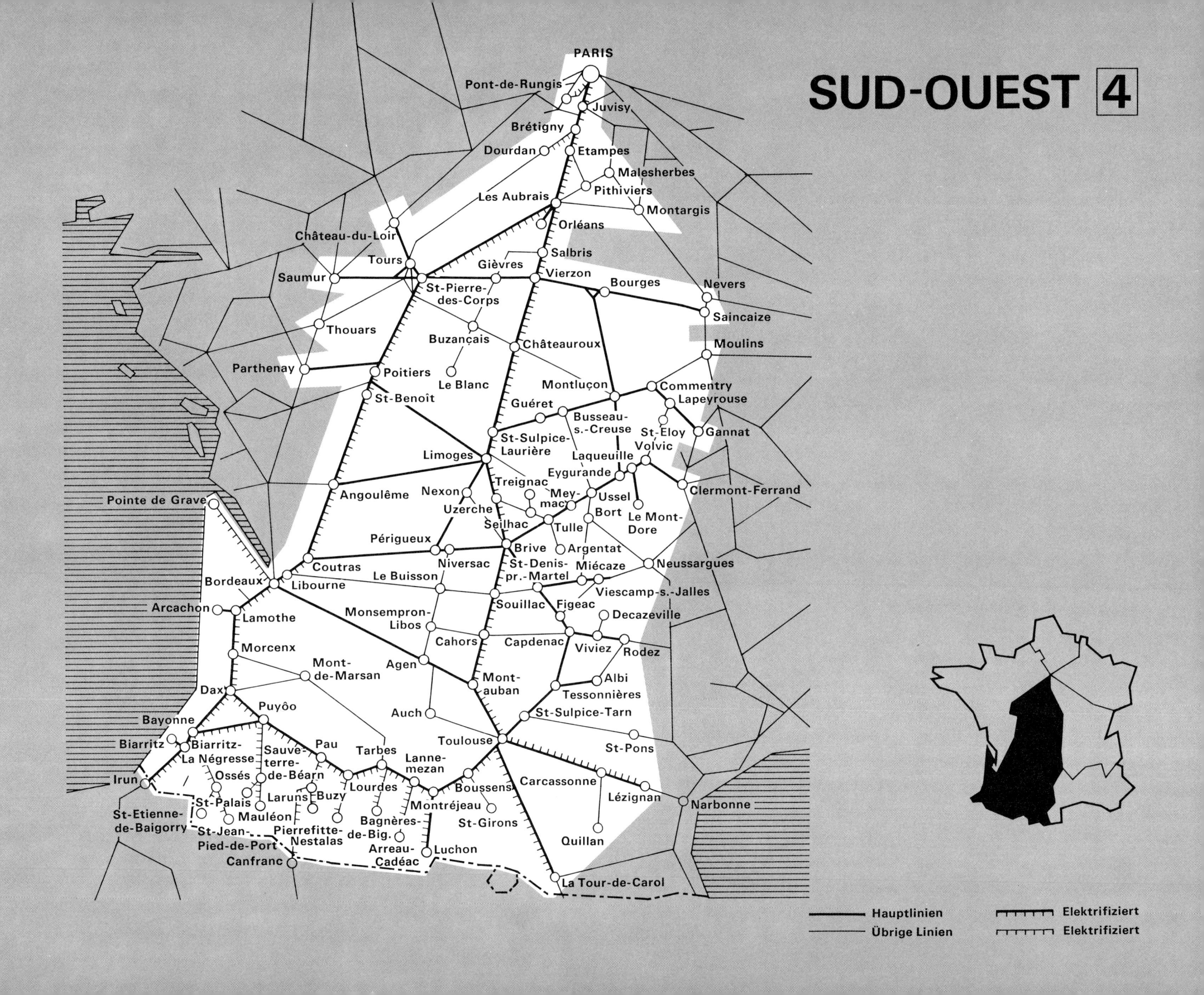

Hauptlinien
Übrige Linien
Elektrifiziert
Elektrifiziert

▲
Abb. 79 Viadukt von Le Guétin. 141 R fuel 909 (Vierzon), als Leerfahrt X 6326 Saincaize–La Guerche, überquert den bald darauf in die Loire mündenden Fluß Allier. Von den vierzehn Bogen des 381 m langen und 11 m hohen Brückenbauwerks aus dem Jahre 1850 fielen sieben 1944 den Kriegsereignissen zum Opfer und wurden 1946 rekonstruiert.
(19. August 1969)

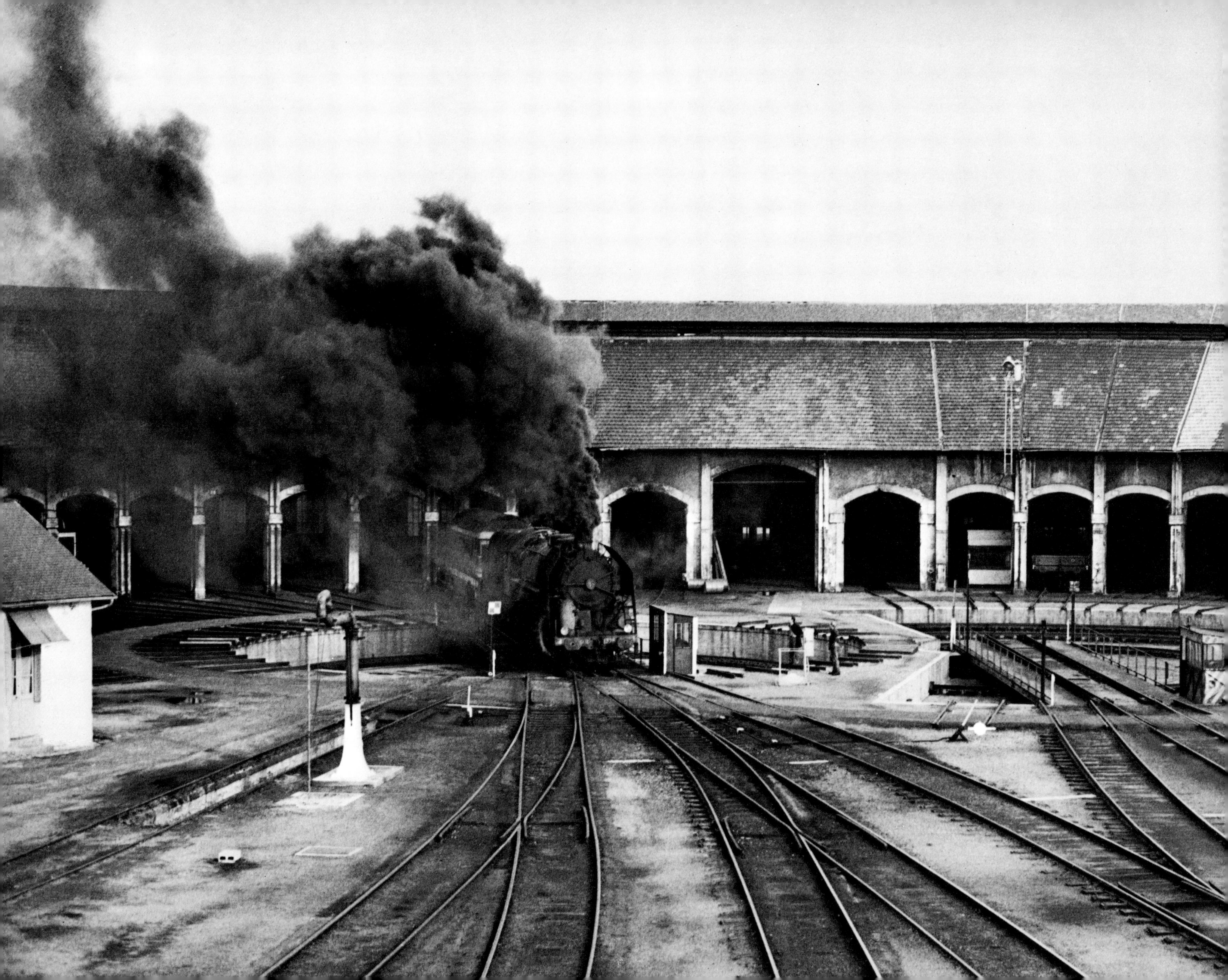

◀
Abb. 80 Depot Montluçon. 141 R fuel 1325 (Vierzon) vor der großen Rotonde, deren 39 Geleise über ein in Frankreich einzigartiges Drehscheiben-System zugänglich sind. Jetzt beinahe leer, hat dieses Depot mit über 100 zugeteilten Dampfmaschinen noch anfangs der fünfziger Jahre zu den bedeutendsten des Landes gehört.
(24. Juli 1971)

▼
Abb. 81 Ausfahrt aus Montluçon. 141 R fuel 1320 (Vierzon) mit Kohlezug 74312 (St-Eloy-les-Mines–) Montluçon–Vierzon (–Vaires). Die Fracht ist für ein thermisches Kraftwerk in der Pariser Region bestimmt.
(24. Juli 1971)

▼Abb. 82 «Elefantenparade» vor dem Depot Vierzon. 141 R fuel 1325 (Vierzon), vorne rechts, nach der Rückkehr von Montluçon. Obwohl räumlich sehr beengt, blieb Vierzon als Dampfstützpunkt bis zuletzt in Betrieb.
(25. Juli 1971)

▶

Abb. 83 Saincaize. 141 R fuel 1174 (Vierzon) an der Spitze eines Militärextrazugs von Vierzon. Die Traktion bis Clermont-Ferrand wird die kohlengefeuerte 141 R 1213 des Depots Nevers übernehmen.
(15. August 1969)

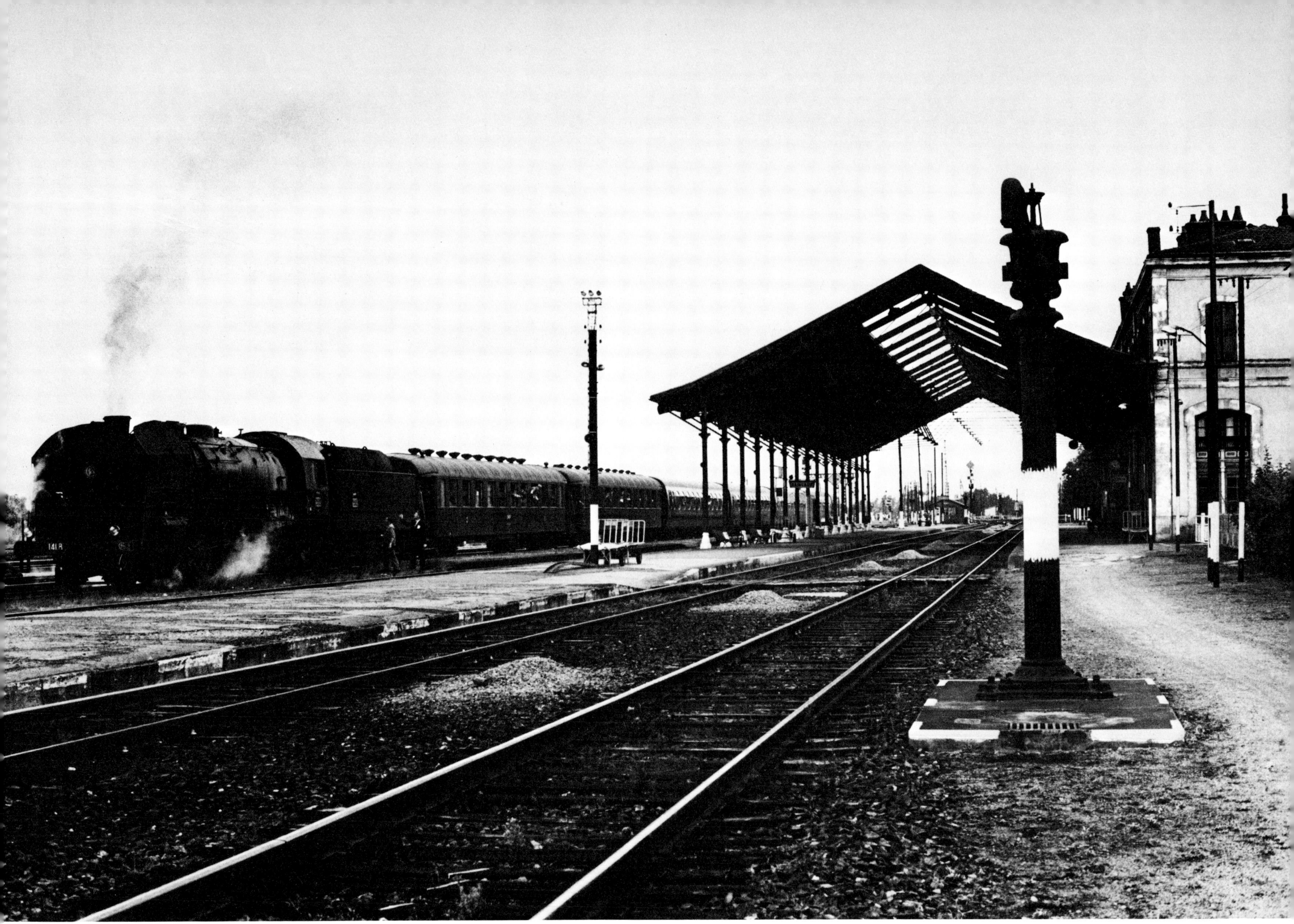

SUD-EST 5

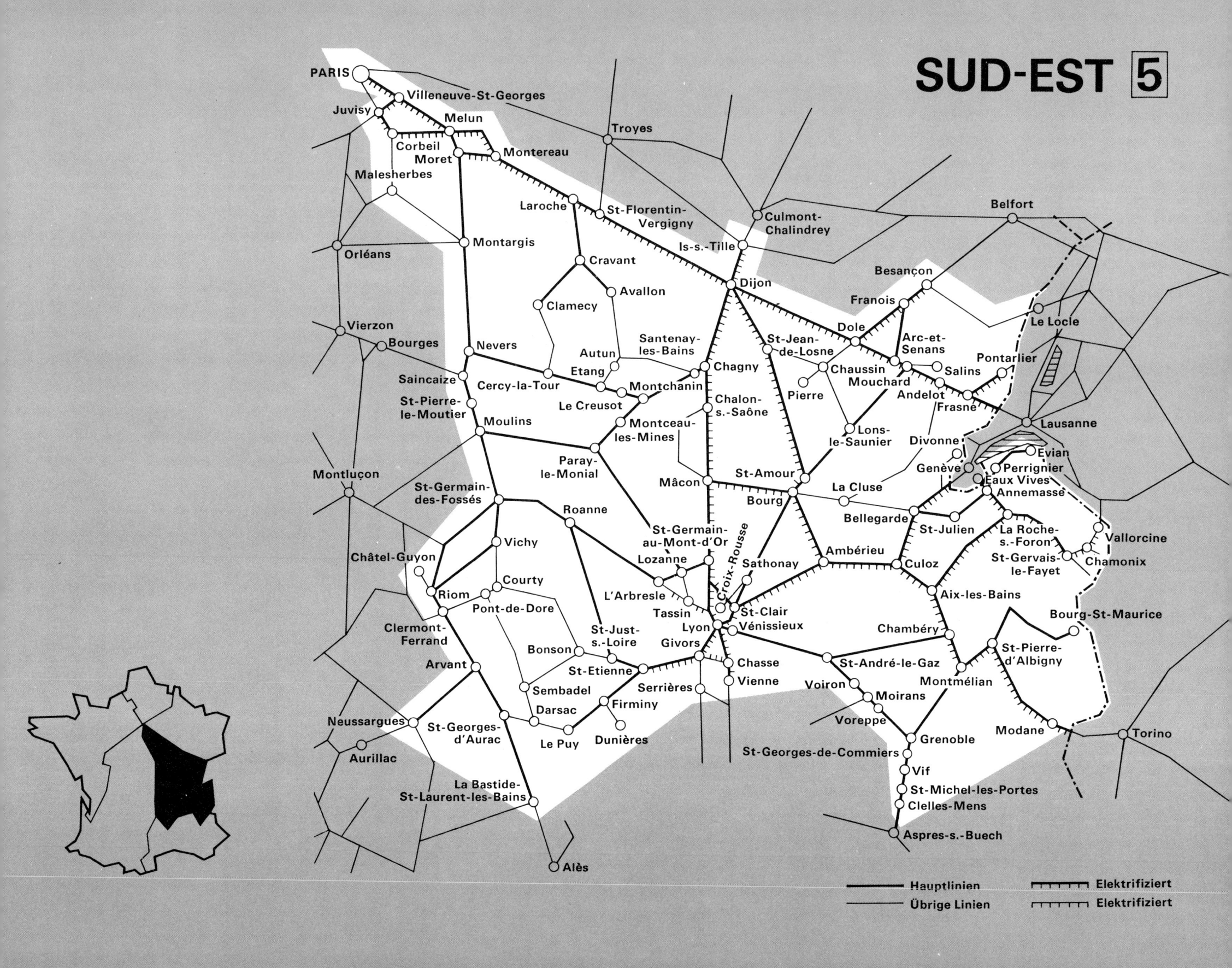

—— Hauptlinien	┬┬┬┬ Elektrifiziert
—— Übrige Linien	┬┬┬┬ Elektrifiziert

▲
Abb. 84 Bei Voreppe. 141 R fuel 1187 (Vénissieux) eilt nach Grenoble, um einen Extrazug über die «ligne des Alpes» zu schleppen. Im wesentlichen gleich wie diese Maschine präsentierten sich nach Revisionen alle 141 R der Regionen Sud-Est und Méditerranée, während die Südwest-Region den Rand der Umlaufbleche gelb hielt und die Region Ouest auf rote Zierstreifen verzichtete.
(21. April 1974)

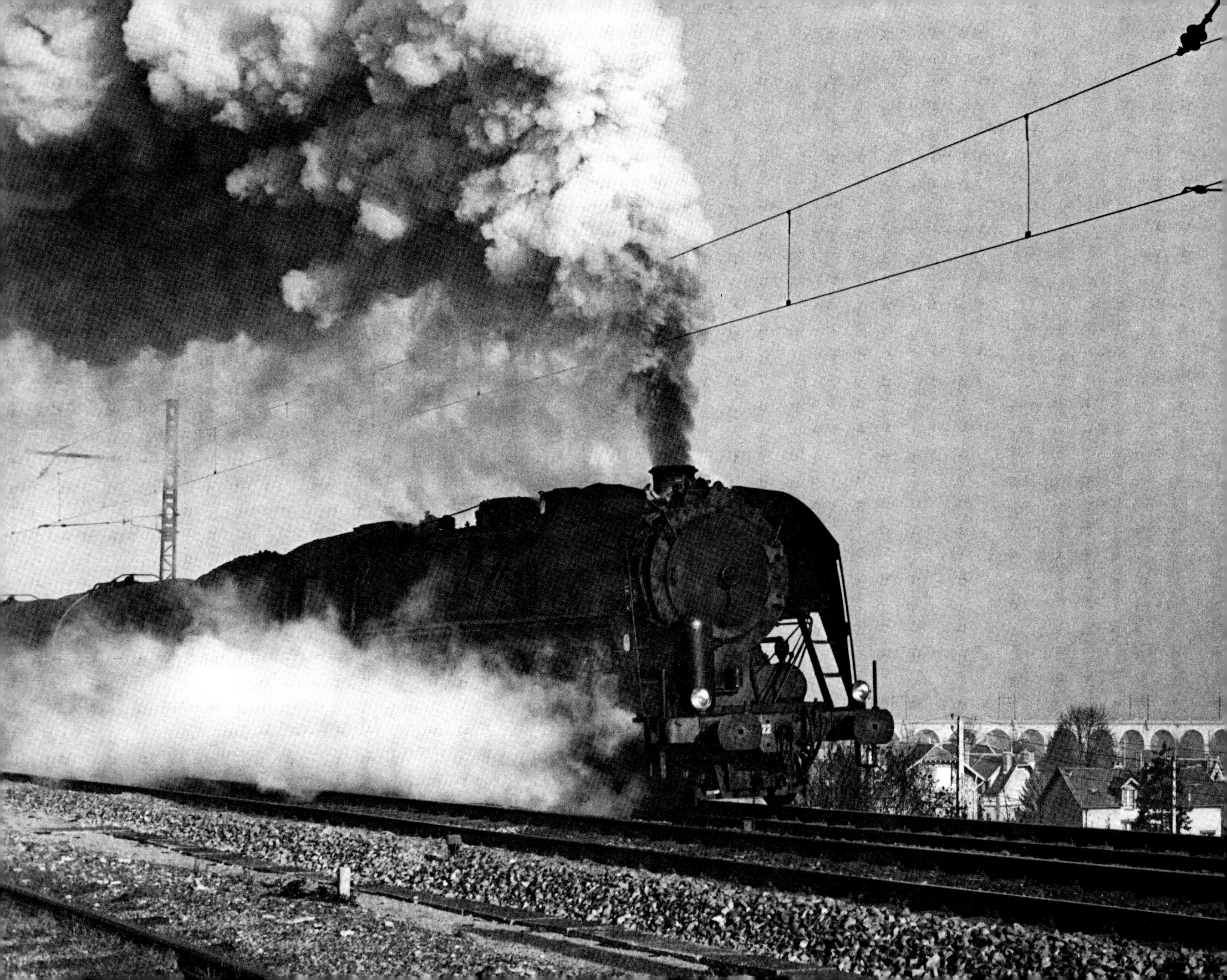

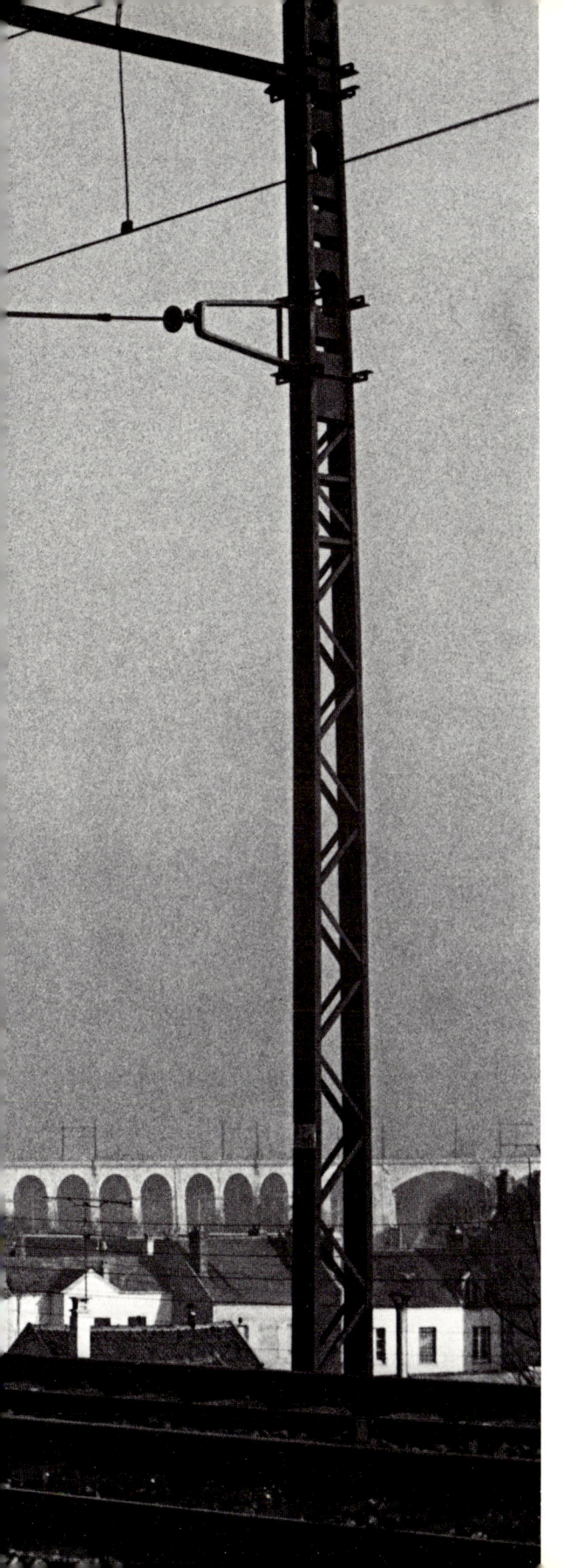

◀▲
Abb. 85/86 Ausfahrt aus Moret-les-Sablons. 141 R 122 (Nevers) mit Güterzug 21 287 nach Nevers (–St-Etienne). In der Wintersonne weiß leuchtend der 507 m lange Viadukt von Moret oder von St-Mammès über den Fluß Loing der Hauptlinie nach Dijon–Lyon, zu deren Entlastung die Umleitung dieses Güterzuges über Nevers erfolgt.
(10. Februar 1971)

◀◀▶
Abb. 87–89 Depot Nevers. 141 R 693 (Nevers) ergänzt ihre Vorräte. Der Krug in der Hand des Heizers dient der Entnahme der nach jeder Fahrt vorgeschriebenen Wasserprobe. (30. September 1972)

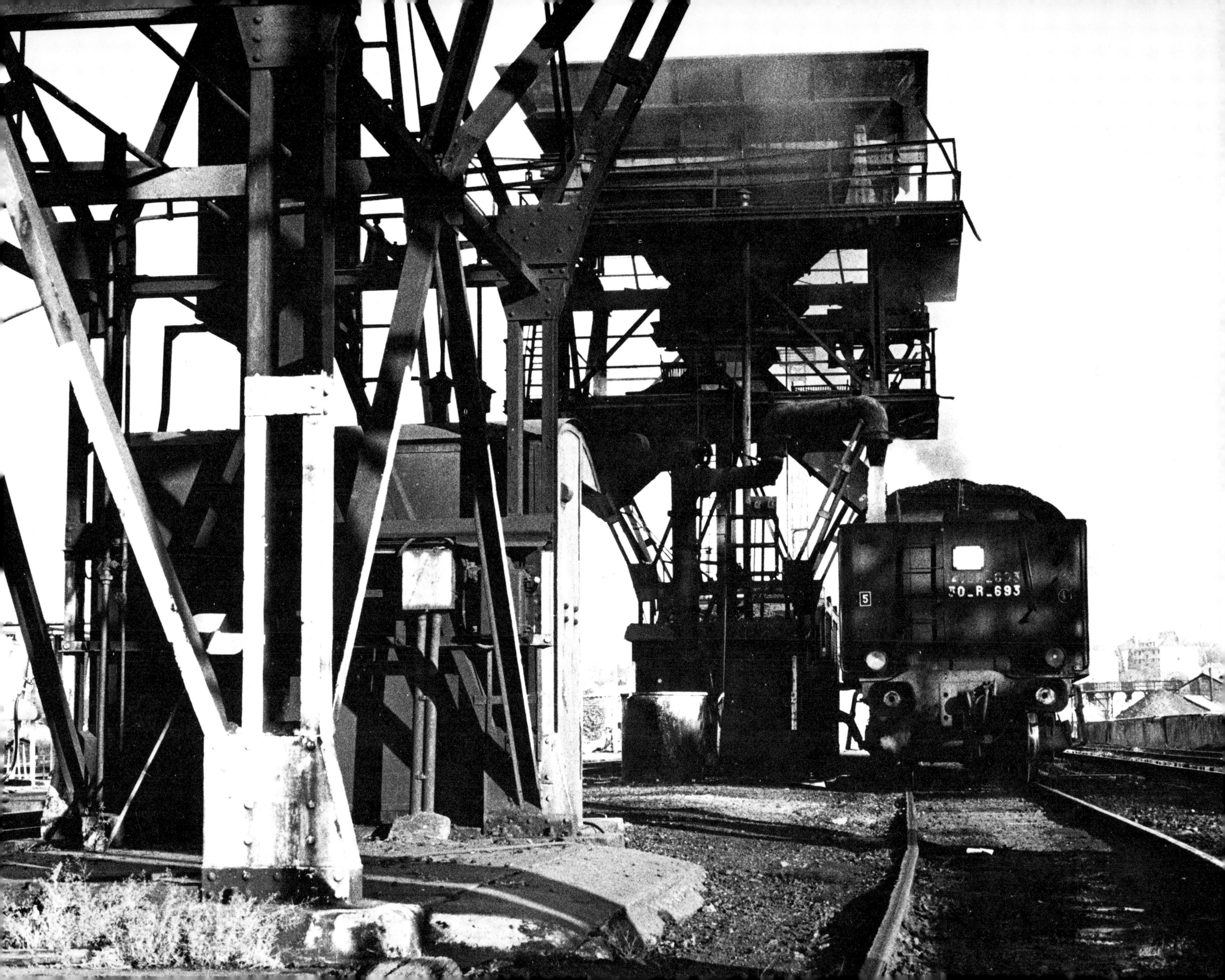
5
R_693

▲
Abb. 90 Loire-Brücke in Nevers. 141 R 1206 (Nevers), Tender voraus, mit Güterzug V 209 nach Saincaize. Ein sehr ähnliches Motiv hat van Gogh seinem Gemälde «Les Moyettes» zugrunde gelegt, von dem der Autor jedoch erst nach seiner Aufnahme Kenntnis erhielt.
(10. Februar 1970)

▶
Abb. 91 Nevers. 141 R 1214 (Nevers), mit Expreß 1113 (Paris Gare de Lyon–) Nevers–Clermont-Ferrand, auf dem 304 m langen und 13 m hohen Loire-Viadukt. Mannschaft und Maschine bemühen sich, die 46 Minuten Verspätung aufzuholen, welche die Panne einer Diesellokomotive BB 67000 auf dem vorhergehenden Abschnitt verursacht hat.
(15. August 1969)

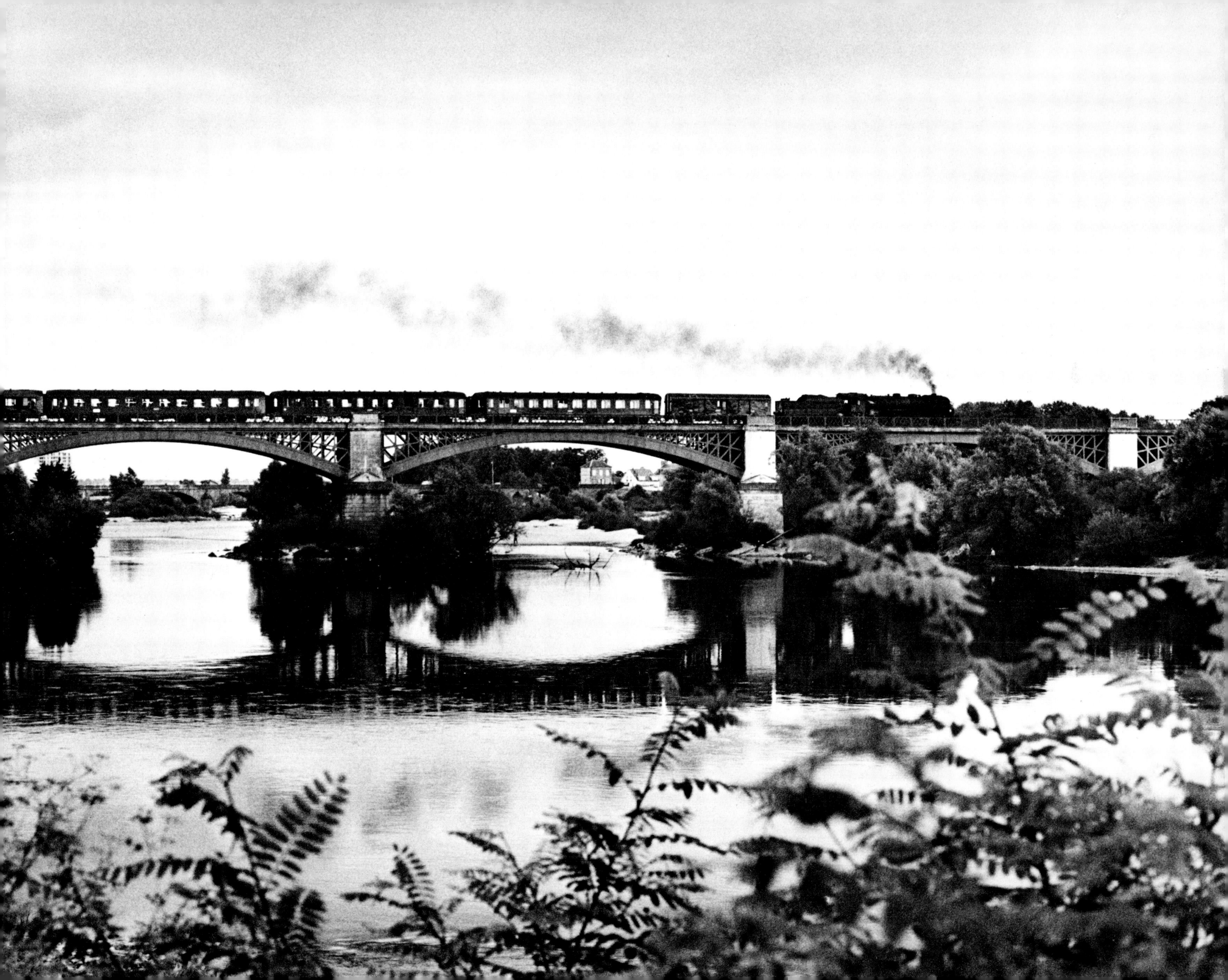

▲ ▶▶
Abb. 92–95 Durchfahrt in St-Pierre-le-Moutier. 141 R 242 (Nevers) mit Güterzug 22409 Saincaize–Moulins. Auf dieser Strecke Dampflokomotiven zu photographieren, war bereits schwierig geworden, da die 141 R, auf zahlreiche Knotenpunkte verteilt, fast nur noch auf die Ablösung ihren Dienst versagender Dieseltriebfahrzeuge warteten und vor allem nachts ausgetauscht wurden.
(11. Februar 1970)

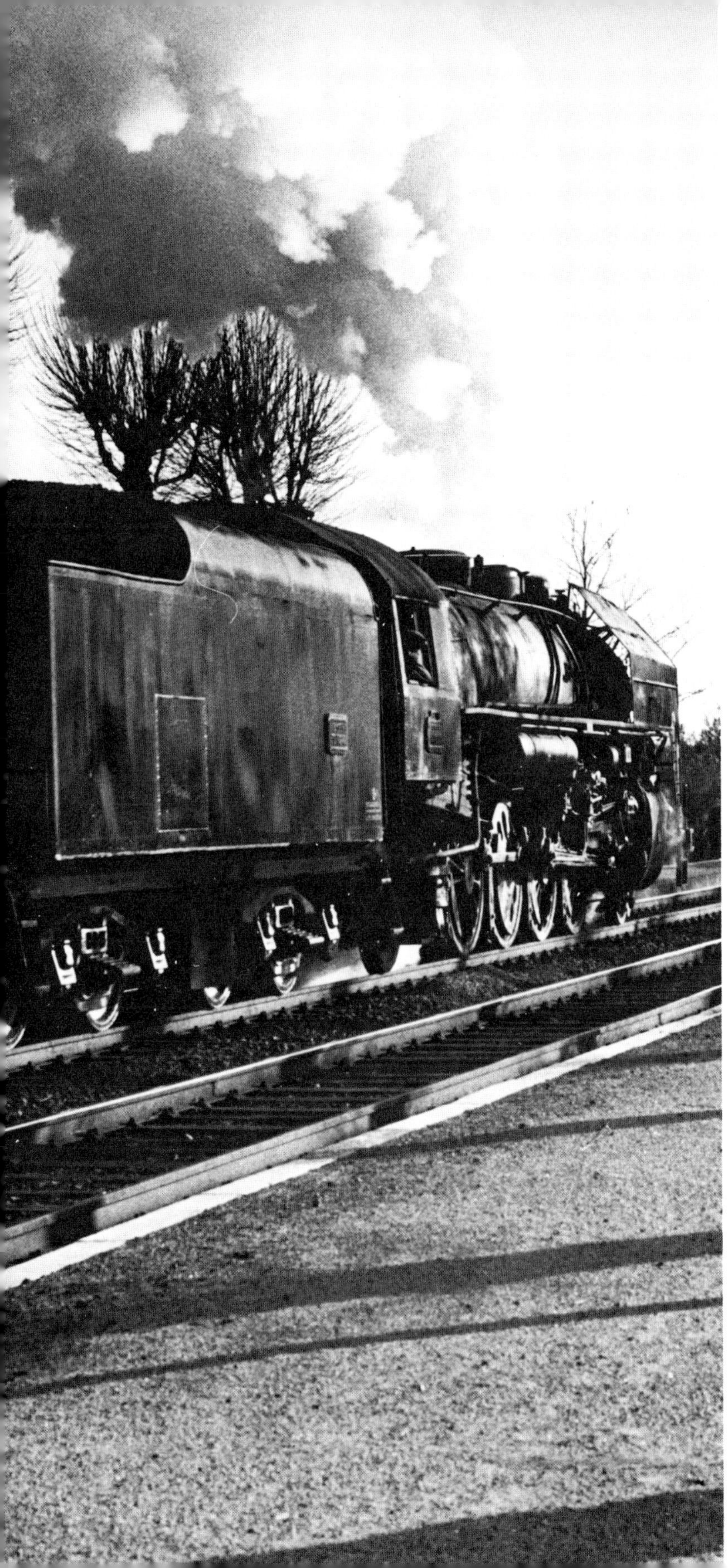

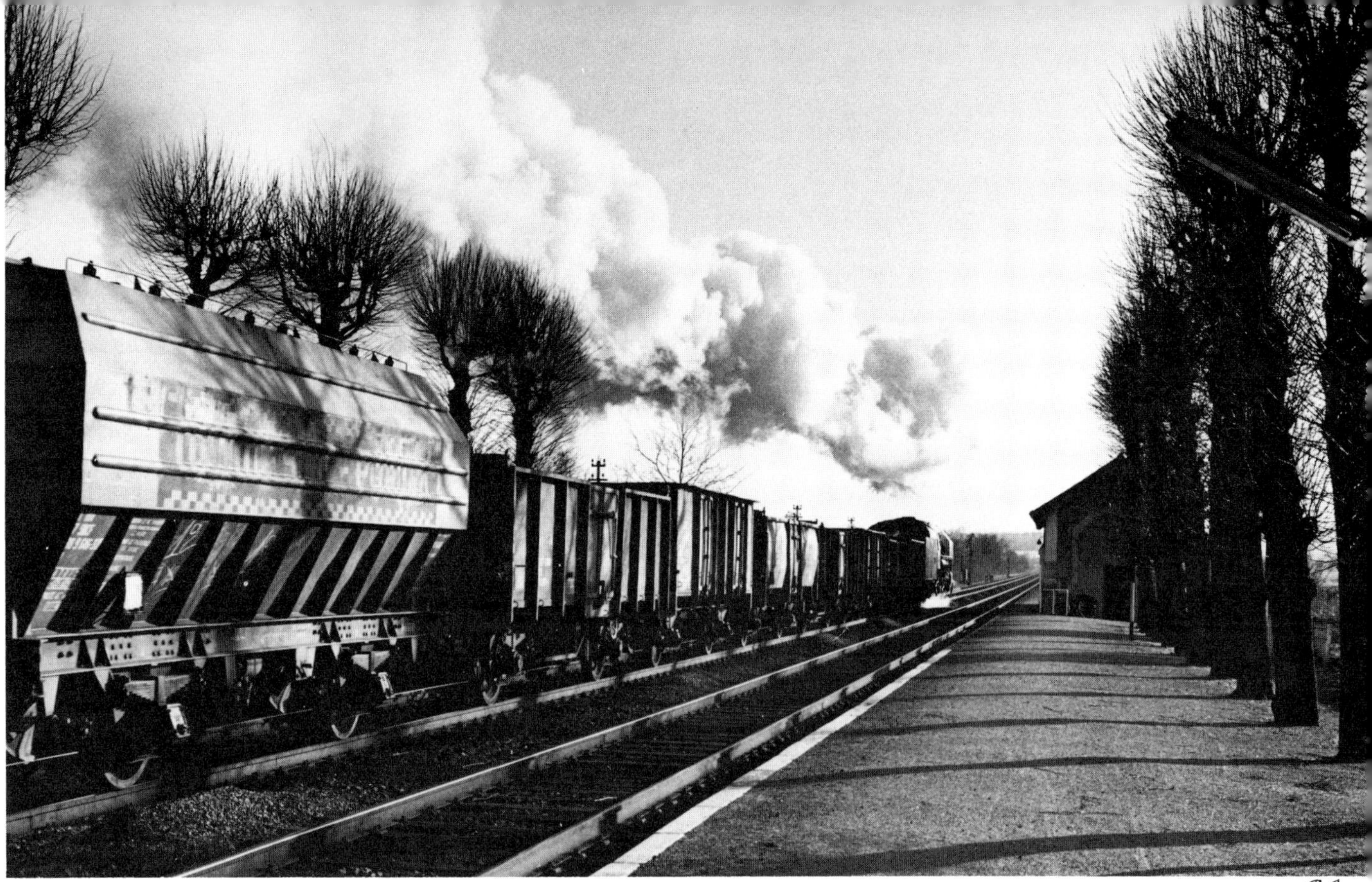

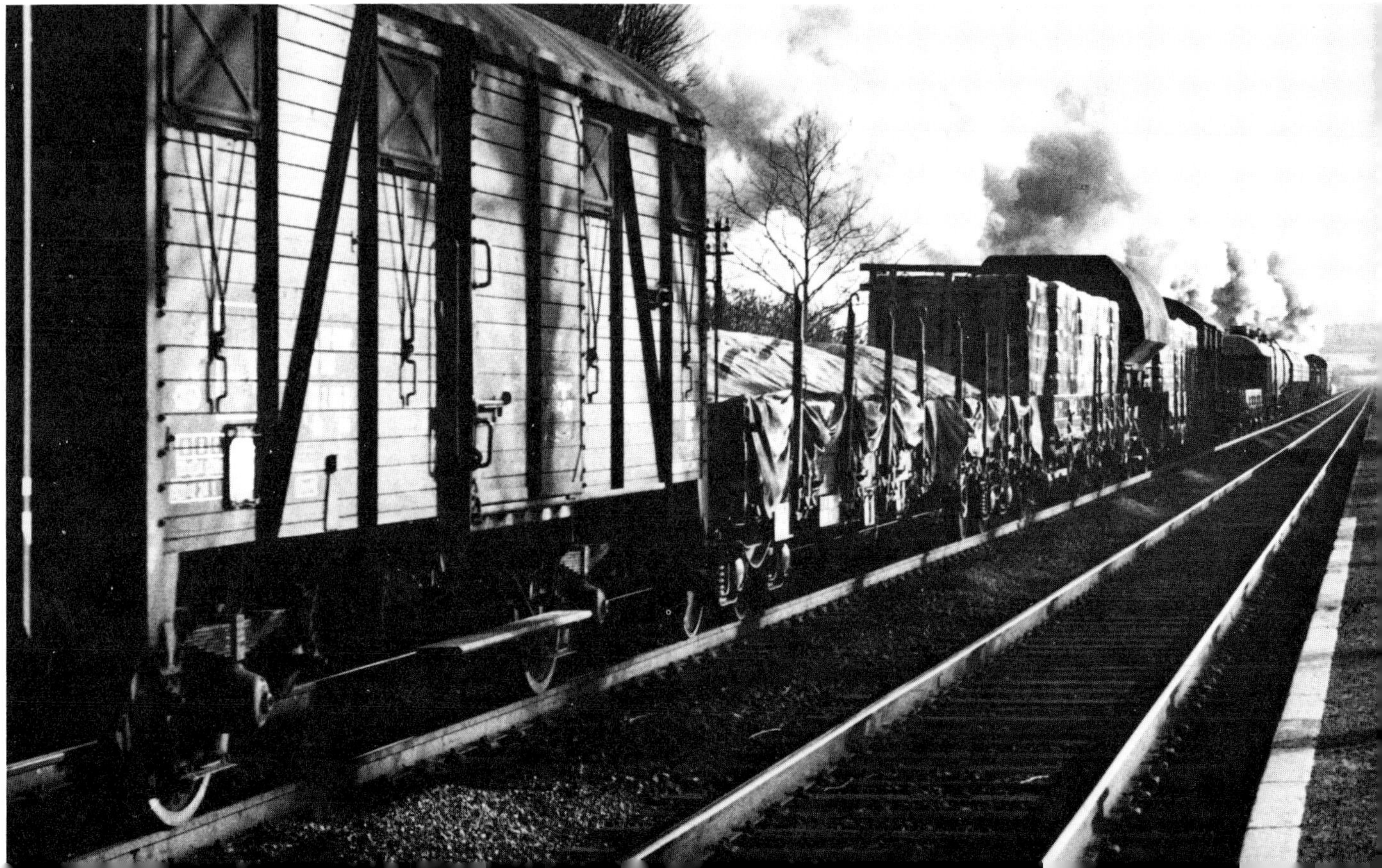

▼ Abb. 96 «Sonnenfinsternis» über Marmagne-sur-Creusot. 141 R 169 (Nevers), mit Güterzug 32 207, trifft «singend» von Saincaize ein. Trotz ihres Übermuts wurde die Lokomotive schon zehn Tage später ausrangiert.
(2. Februar 1972)

▶
Abb. 97 Montchanin. 141 R 511 (Nevers) mit Personenzug 8403 von Etang–Le Creusot. Hauptsächlich für Arbeiter der Firma Creusot-Loire (früher Schneider) bestimmt, war das Reisezugspaar Etang–Montchanin–Etang das letzte Frankreichs, das noch bis um Weihnachten 1973 zeitweise mit Dampftraktion angeboten wurde.
(30. September 1972)

▲
Abb. 98 Depot Montchanin. 141 R 598 (Nevers) rollt auf die Drehscheibe. In der Dampfwolke die 141 R 48, rechts daneben die 141 R 56 und 693 (alle Nevers).
(30. September 1972)

▶
Abb. 99 Vor der Rotonde des Depots Montchanin. Die 141 R 110, links, 56, ausfahrend, und 511 (alle Nevers) an einem Tag der in der Einleitung erwähnten «Chindrieux-Krise». Für einige Wochen ist die «gute alte Zeit» zurückgekehrt.
(30. September 1972)

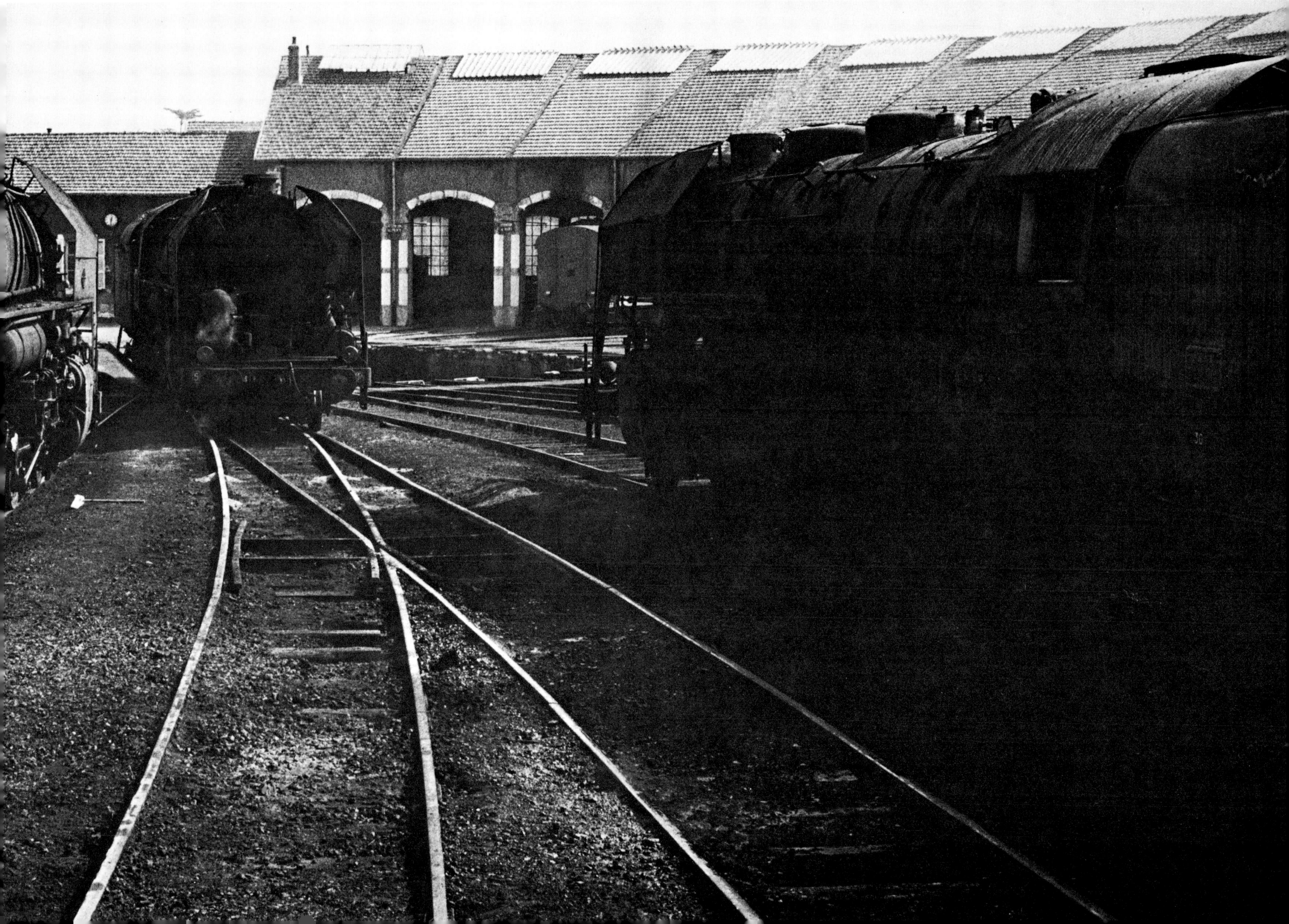

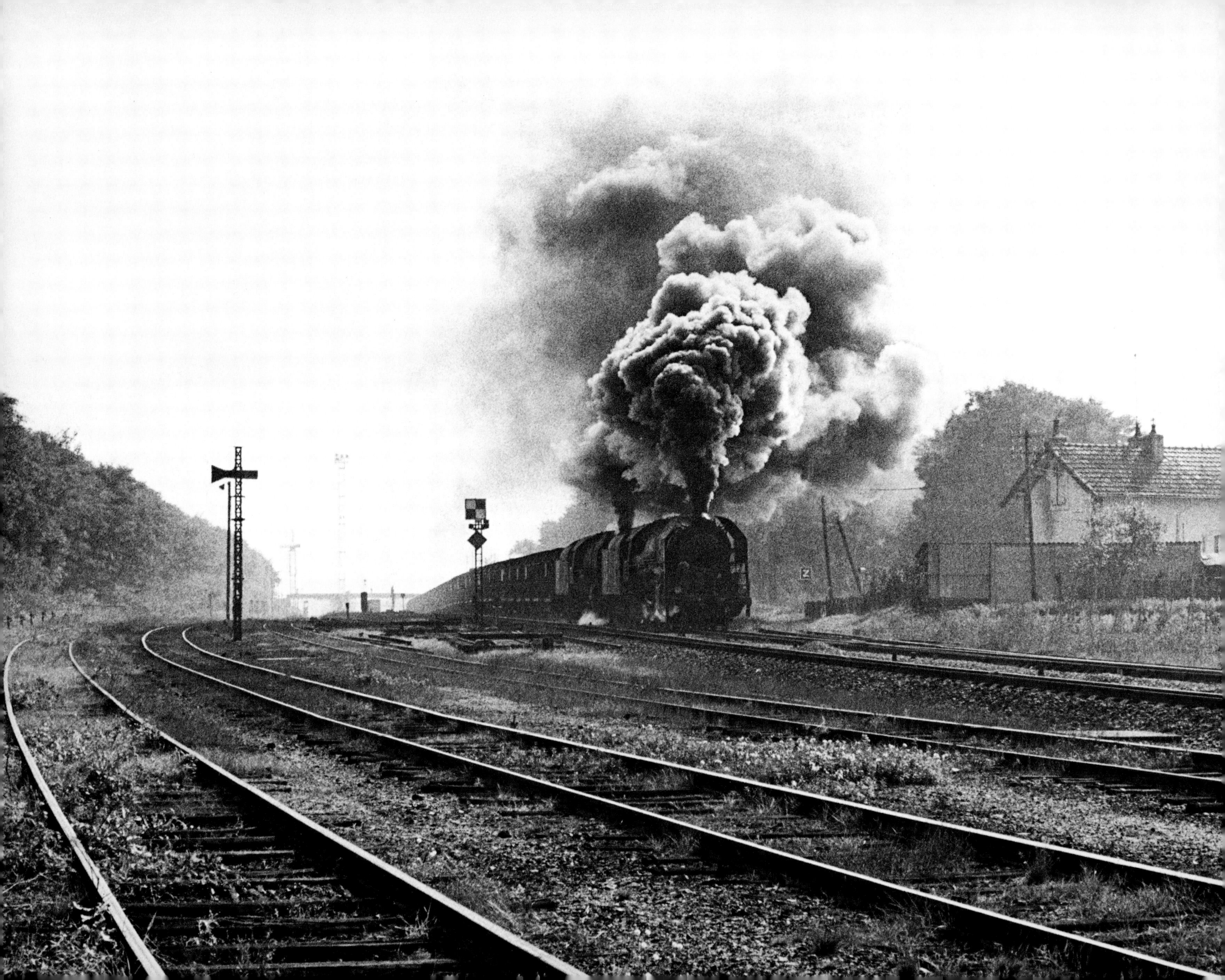

◄
Abb. 100 Kraftvolle Ausfahrt aus Montchanin. Die 141 R 693, vorn, und 48 (beide Nevers) mit Güterzug 65 646 nach Etang–Saincaize. Jenseits des Wärterhauses verläuft die abzweigende Linie nach Paray-le-Monial.
(30. September 1972)

▲
Abb. 101 Le Creusot. 141 R 122 (Nevers) manövriert die fabrikneue, für den Mont-Cenis bestimmte Elektrolokomotive CC 6539. In Le Creusot wurden anfangs der fünfziger Jahre auch die letzten Dampfschnellzugsmaschinen Frankreichs gebaut.
(12. Februar 1971)

▲
Abb. 102 Zwischen Montchanin und Le Creusot. 141 R 218 (Nevers) mit Güterzug 7278 nach Saincaize. Auf der Transversale Montchanin–Nevers (–Saincaize) vermochte sich die Dampftraktion des Depots Nevers am längsten zu behaupten.
(12. Februar 1971)

▶
Abb. 103 Bei Montchanin. 141 R 122 (Nevers), Tender voraus, mit Kohlezug V 257 von Montceau-les-Mines. Die Geschwindigkeit rückwärtsfahrender 141 R war auf 50 km/h begrenzt.
(13. Februar 1971)

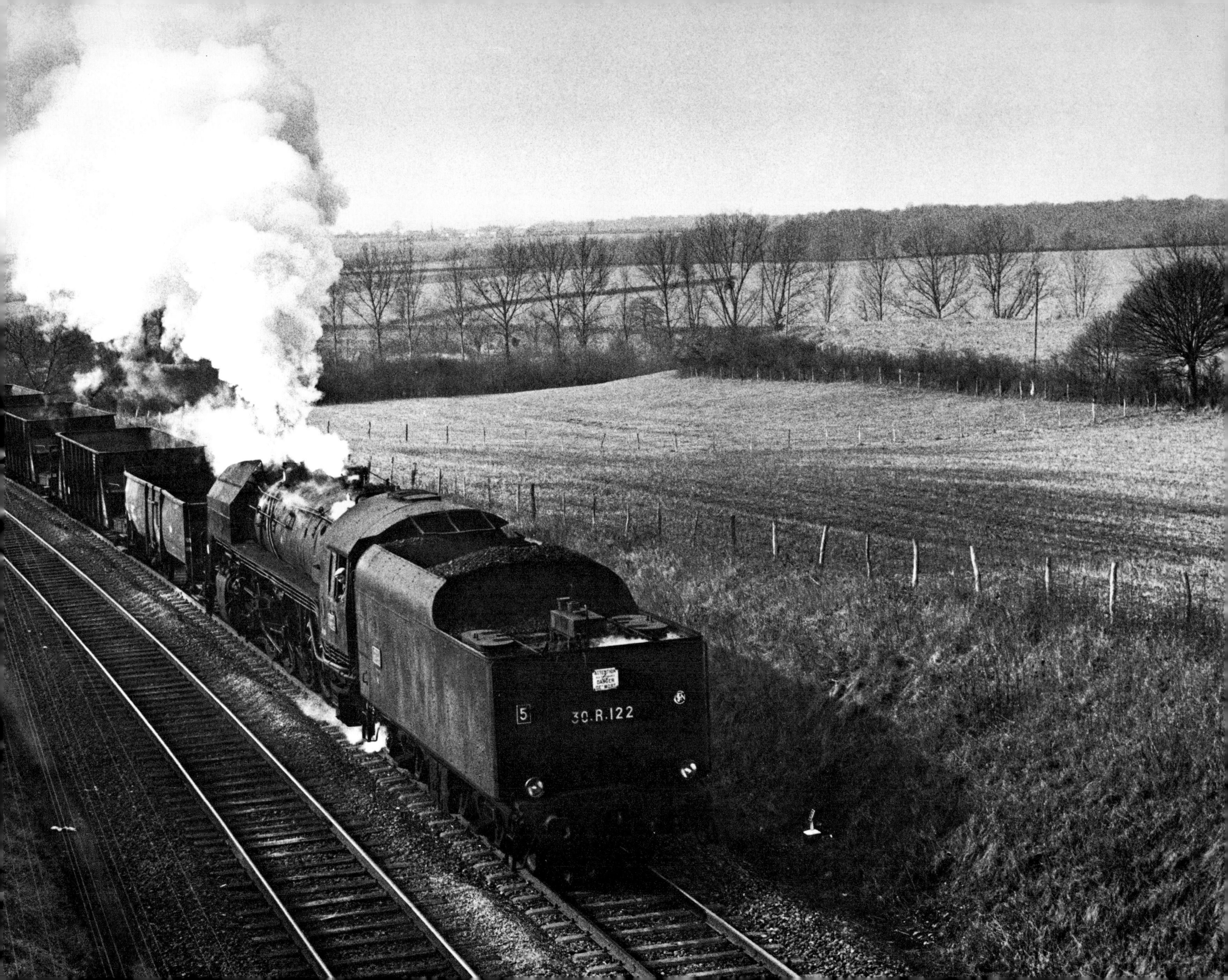
ATTENTION
DANGER
DE MORT
5
30.R.122

◀▼
Abb. 104/105 Dampfendes Triebwerk im Depot Montchanin. 141 R 144 (Nevers) mit Speichenrädern. Die «R» besaßen Walschaerts-Steuerung.
(13. Februar 1970)

▶
Abb. 106 «Visite» in Lyon Perrache. 141 R fuel 1187 (Vénissieux), mit Boxpokrädern auf allen Kuppelachsen, vor der Abfahrt mit Extrazug 17899 nach Grenoble Gare Olympique. Von einigen Ausnahmen abgesehen, waren ursprünglich die 141 R 1–700 mit Speichen-, die 141 R 1101–1340 mit Boxpok- und die 141 R 701–1100 mit Boxpokrädern nur auf der angetriebenen Achse ausgerüstet, doch fanden später zum Teil Verschiebungen statt.
(14. Mai 1972)

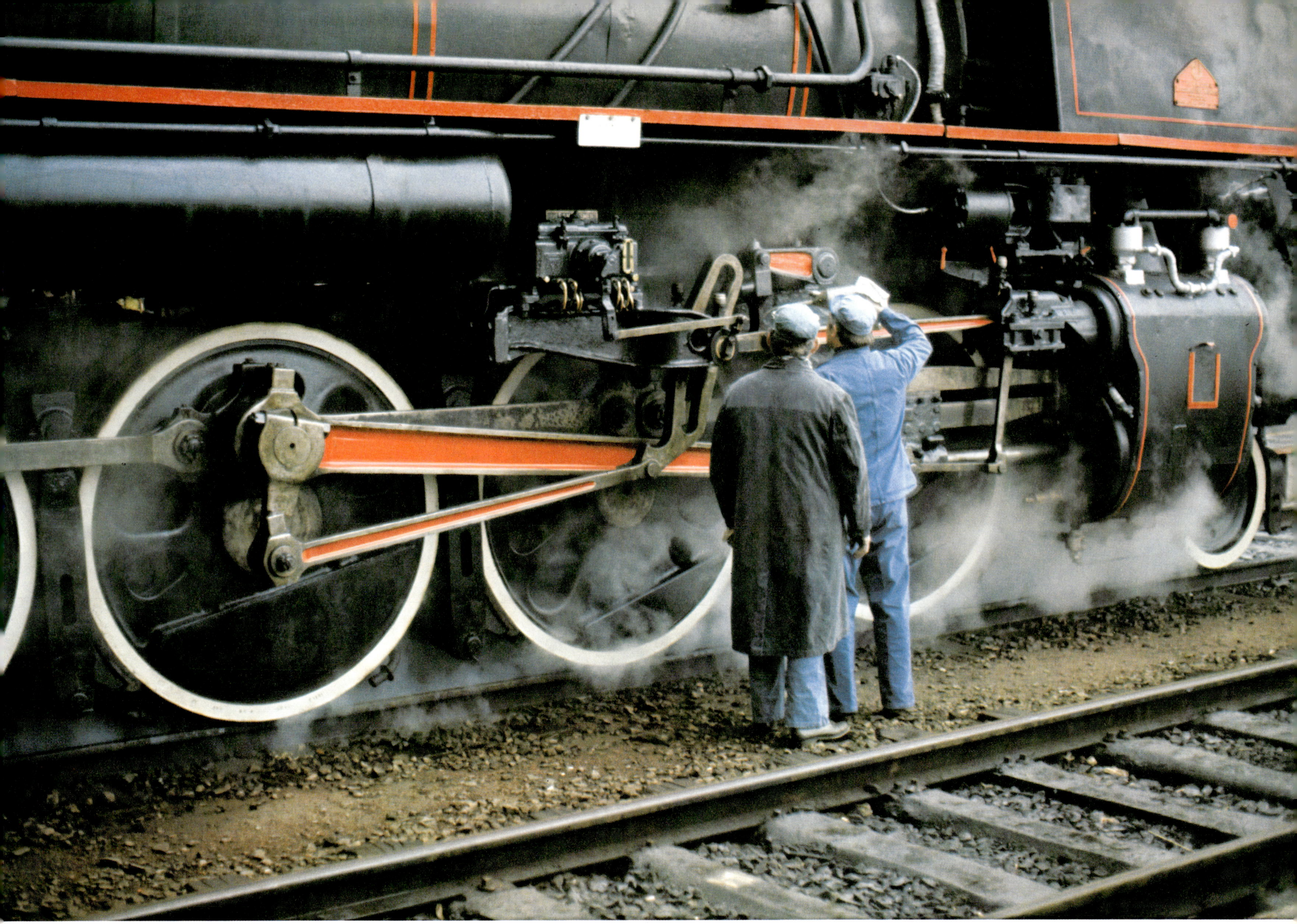

◀

Abb. 107 Grenoble, Rangierbahnhof La Buisseratte. 141 R fuel 1106 (Vénissieux), an Güterzug 65758 nach Lyon Sibelin anfahrend, und die 141 R fuel 1257 (Vénissieux) vor Güterzug 65756 mit gleicher Destination. Nachdem Grenoble offiziell schon zur Zeit der Olympischen Spiele von 1968 hätte «dampffrei» sein sollen, blieb man in Wirklichkeit bis am 10. Januar 1973 auf die zuverlässigen 141 R angewiesen.
(27. Juni 1971)

◀

Abb. 108 Depot Grenoble. Von links die 141 R fuel 1106, 701, 1274 und 1256 (alle Vénissieux). Von den früher zwei Rotonden dieses Depots sind bis Mitte der sechziger Jahre öl- und kohlengefeuerte 141 R nach Lyon, Valence, Chambéry und über die «ligne des Alpes» ausgeschwärmt.
(5. Februar 1972)

▶

Abb. 109 Voiron, Seite Rives. 141 R fuel 1274 (Vénissieux), mit Güterzug 65758 Grenoble–Lyon Sibelin, auf der 15‰-Rampe vor dem Eingang zum 580 m langen Criel-Tunnel. Im Expreßzugsdienst bewältigten die kräftigen «Amerikanerinnen» auf der Strecke Grenoble–Lyon mit Höchststeigungen von 16‰ Anhängelasten bis 650 t.
(4. Februar 1972)

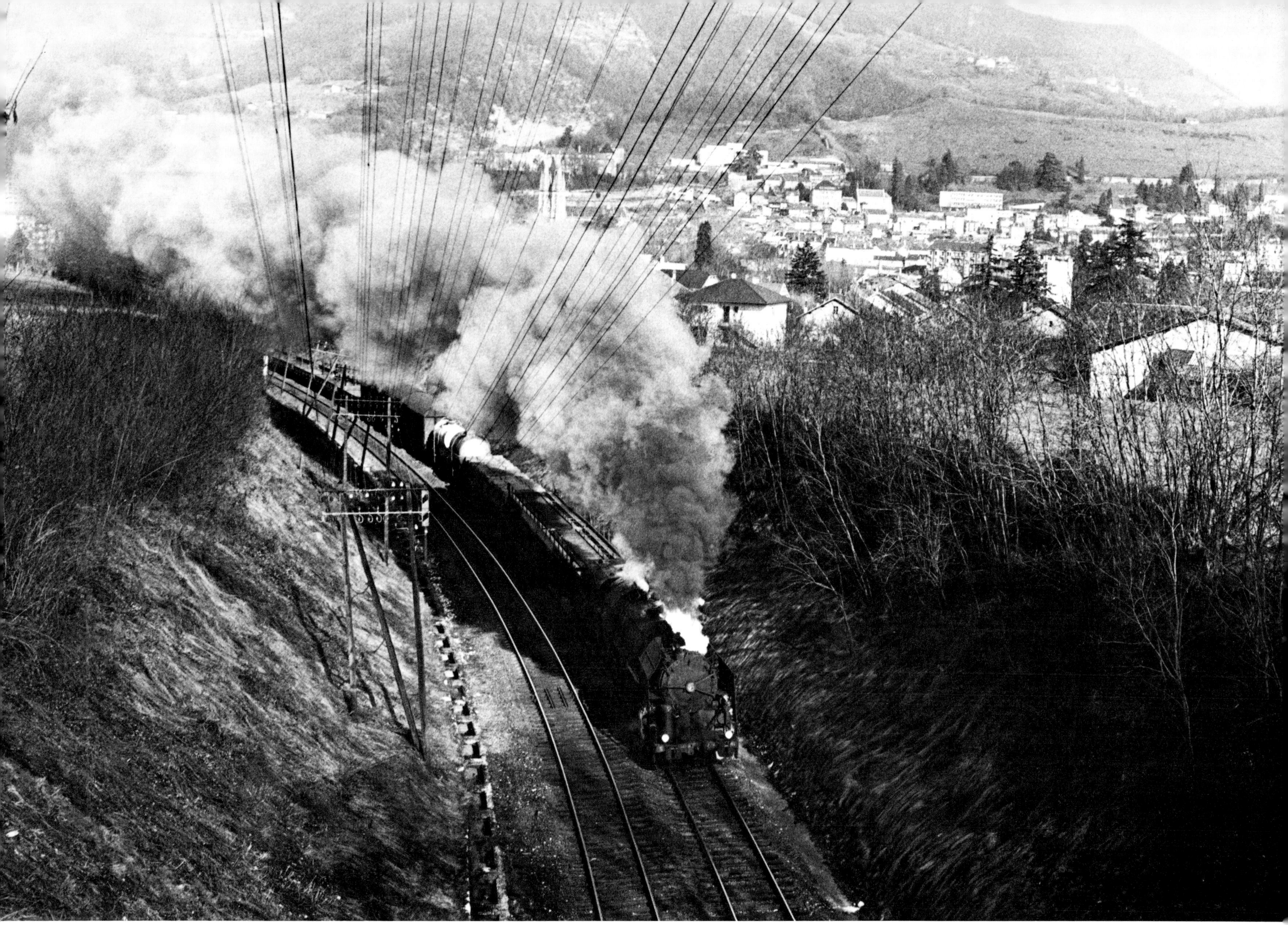

▲
Abb. 110 Depot Dole. 141 R 577 (Dole) löscht ihren Durst. Im Tender 30 R fanden 30 000 l Wasser, 9 bis 10 t Kohle der Mischung «Criblé Stoker» und 1 bis 2 t Briketts, die hinter dem Kohlenbunker aufgeschichtet wurden, Platz.
(6. April 1969)

▲
Abb. 111 «Koexistenz» der Traktionsarten im Depot Dole. 141 R 12 (Dole), für den Verkehr nach Mulhouse und Tavaux, neben vielfachgesteuerten Zweistromlokomotiven BB 25500 für die Bergstrecke nach Vallorbe/Pontarlier. In Dole trafen mit Gleichstrom 1500 V, Wechselstrom 25 000 V/50 Hz sowie mit Dampf- und mit Dieselmaschinen betriebene Hauptlinien zusammen.
(6. April 1969)

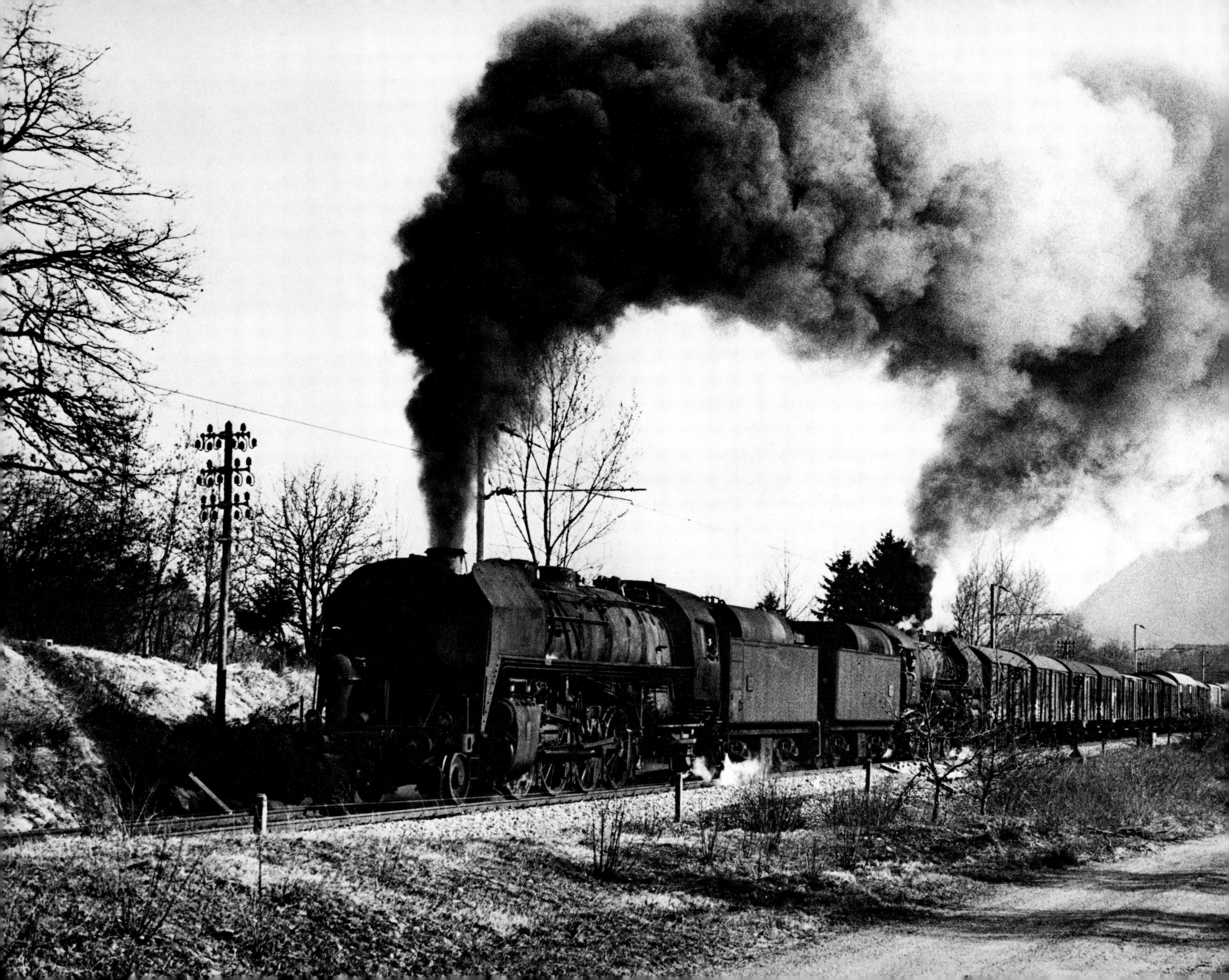

◀ **Abb. 112** Auf 15‰ zwischen Allinges-Mesinges und Perrignier. Die 141 R fuel 742, vorn, und 729 (beide Annemasse) mit Güterzug 37 838 Punier–Annemasse. Mit dem Kamin voraus laufend, hat sich die eine Maschine von Evian kommend, verkehrt eingereiht die andere aus dem Depot zu den Fabrikationsanlagen der Evian-Mineralwasser begeben.
(25. März 1972)

▲ **Abb. 113** Ölqualm bei Perrignier. 141 R fuel 765 (Annemasse) mit Extrazug 17 879 (Nantes–) Bellegarde–Evian. Die Elektrifizierungsarbeiten sind im Gange.
(26. März 1972)

▲
Abb. 114 Ankunft in Vif. 141 R fuel 1187 (Vénissieux) mit Extrazug 17887 Lyon Perrache–St-Georges-de-Commiers, dessen Komposition im Nachbarbahnhof keinen Platz zum Abstellen gefunden hat. In Vif beginnt die lange 25‰-Steigung der «ligne des Alpes».
(14. Oktober 1973)

▶
Abb. 115 Viadukt von St-Michel-les-Portes. 141 R fuel 1244 (Vénissieux), mit Extrazug 17873, 5 Wagen/20 Achsen/250 t, Grenoble–Veynes, auf einer der vier großen Brücken der «ligne des Alpes» zwischen Monestier-de-Clermont und Clelles-Mens. Das aus dem Jahre 1877 stammende Bauwerk ist 198 m lang und 45 m hoch, zählt neun Öffnungen von je 15 m Breite und liegt in einer Kurve mit 250 m Radius.
(21. Oktober 1973)

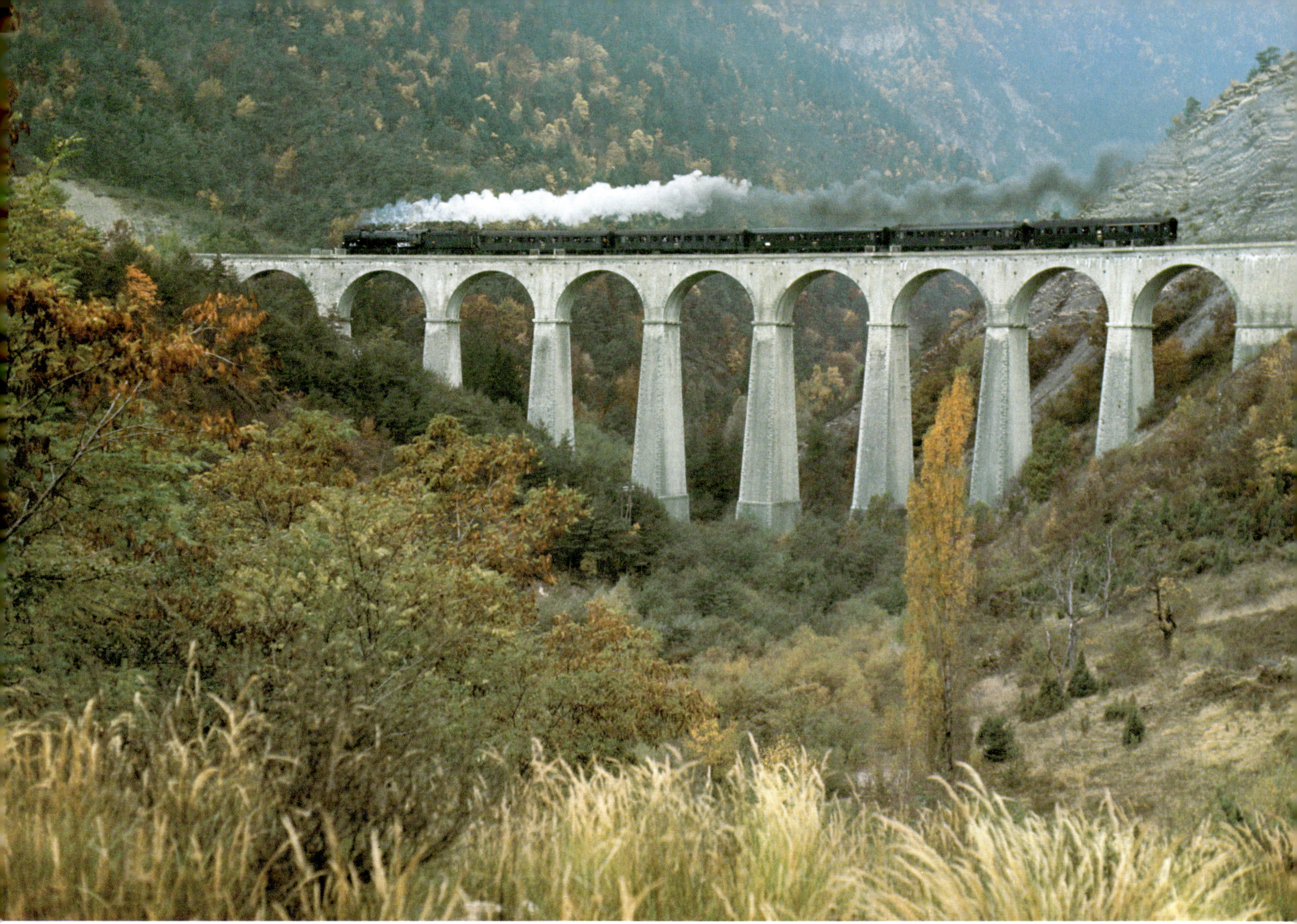

MÉDITERRANÉE 6

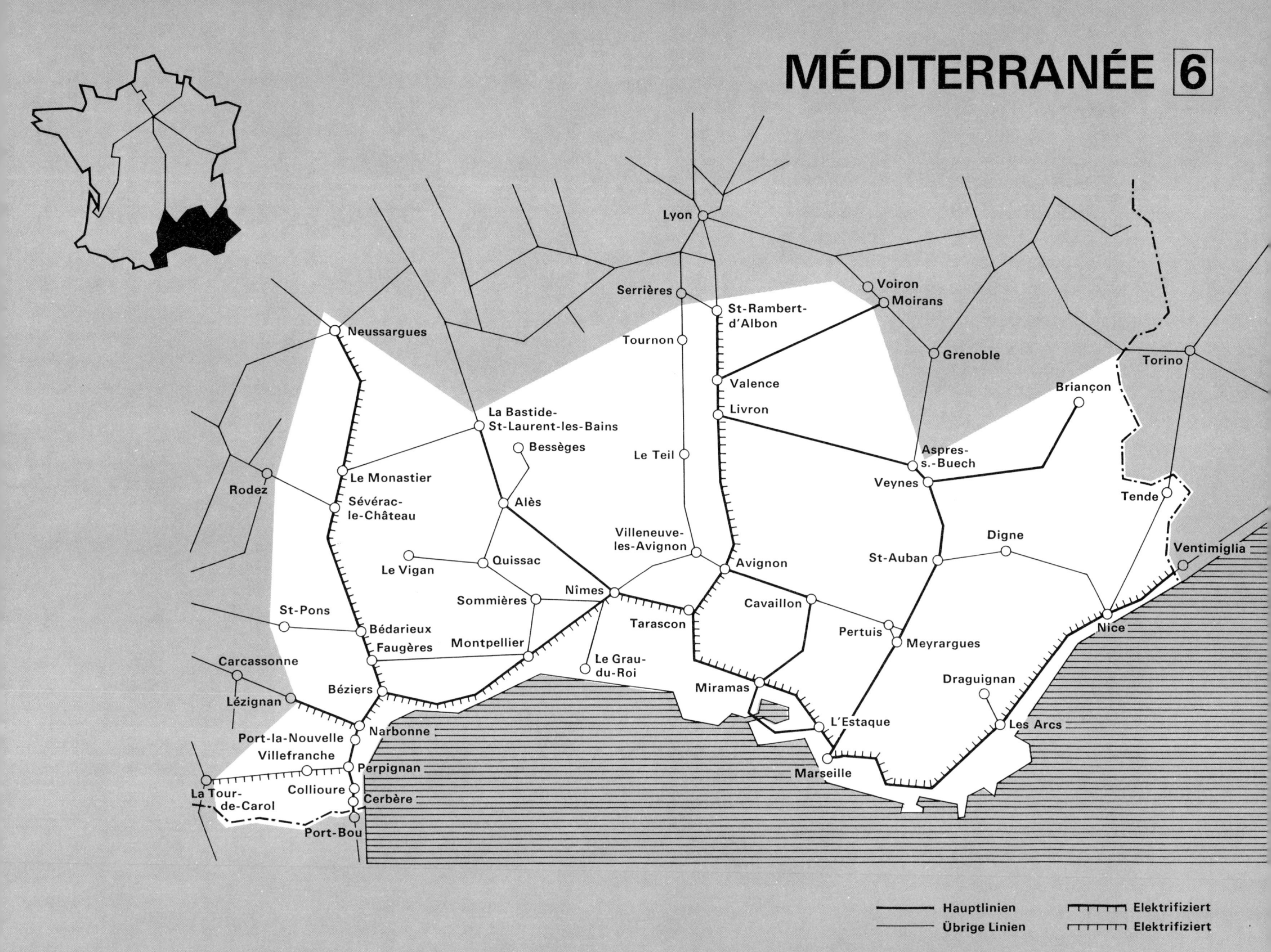

—— Hauptlinien	┬┬┬┬ Elektrifiziert
— Übrige Linien	┬┬┬┬ Elektrifiziert

▲ Abb. 116 Depot Narbonne. Von links die 141 R fuel 1279, 1259, 1137 und 1298, ausfahrend die 141 R fuel 1168, dahinter die 141 R fuel 1116 und rechts die 141 R fuel 1334 (alle Narbonne). Das schützende Innere der Rotonde blieb den empfindlicheren Diesel- und elektrischen Lokomotiven sowie einigen Unterhaltsarbeiten an den Dampfmaschinen vorbehalten.
(10. September 1972)

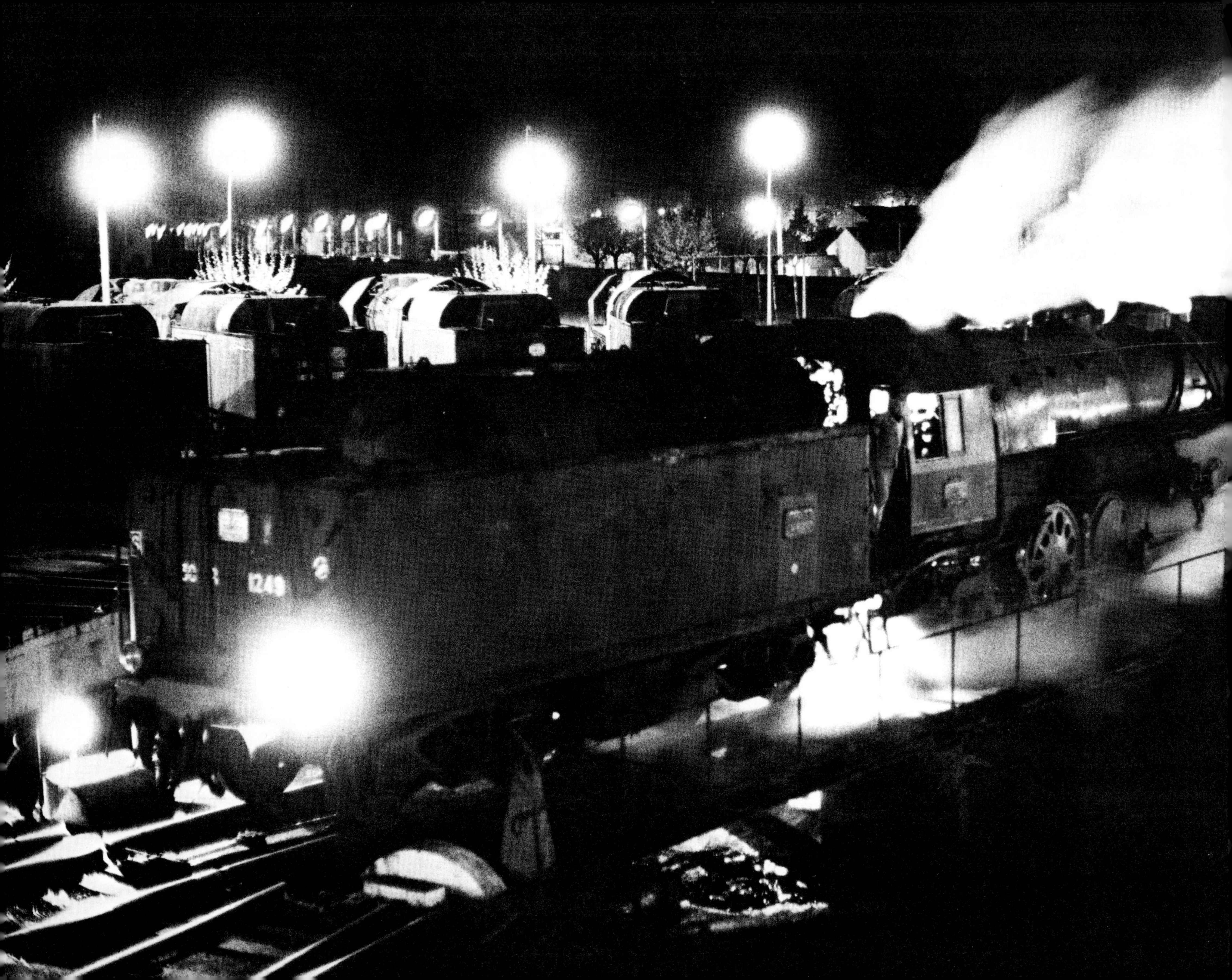
1249

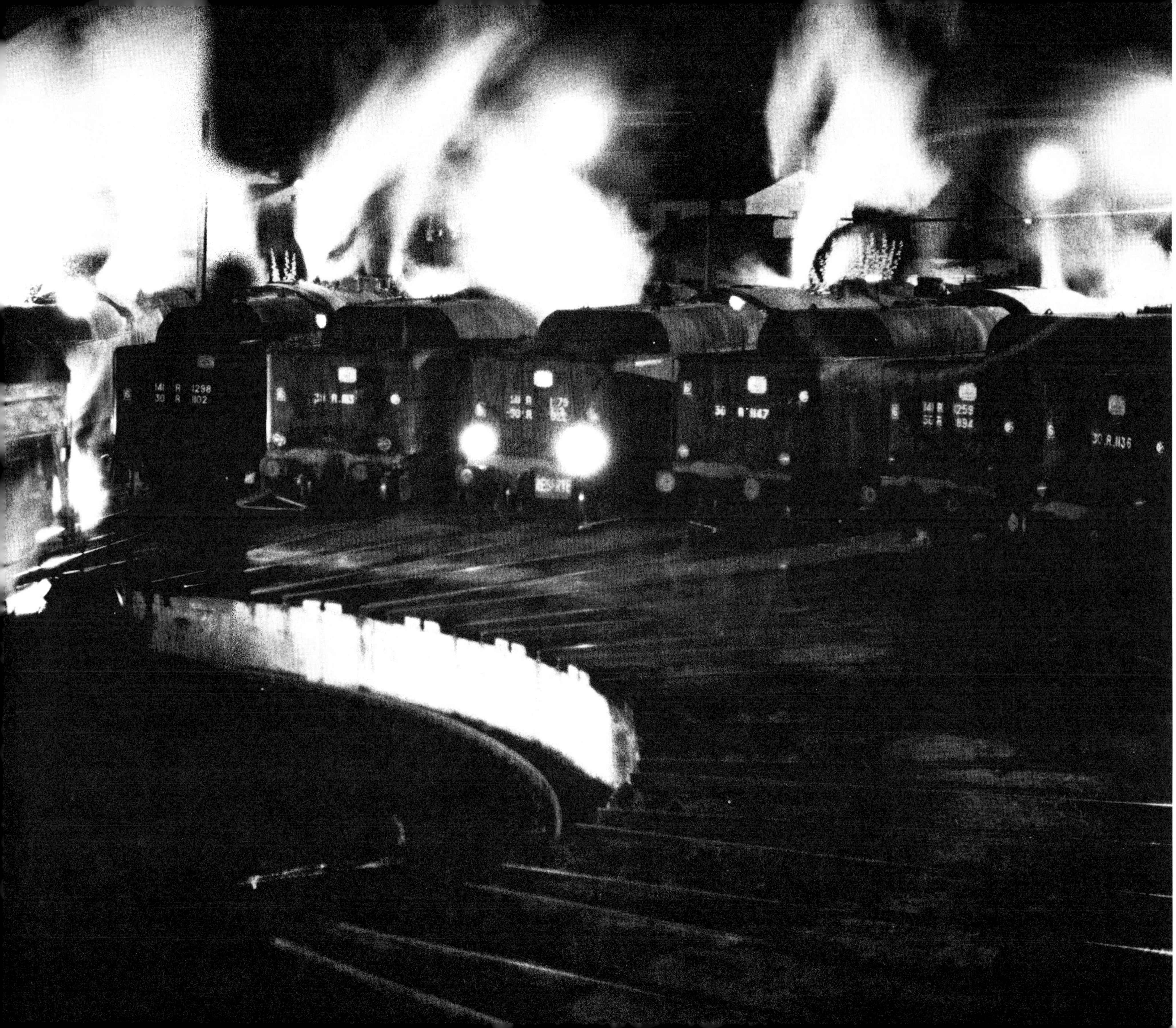
141 R 1298
30 R 1102
30 R 1147
30 R 1136

◀◀
Abb. 117/118 Letzter Großeinsatz des Depots Narbonne, aus Anlaß des Osterverkehrs. 141 R fuel 1249 (Narbonne) auf der Drehscheibe, vom Tender 30 R 1111 aus photographiert. Ebenfalls unter Dampf von rechts die 141 R fuel 1147, 1279, 1113, 1298, 1132 und, verdeckt, 1129 (alle Narbonne). (21. April 1973)

◀
Abb. 119 Depot Narbonne. 141 R fuel 1149 (Narbonne) erhält sorgfältige Pflege. Die «R» waren nicht zuletzt ihrer guten Zugänglichkeit beim Unterhalt wegen sehr geschätzt. (9. September 1972)

▶
Abb. 120 Dienstantritt im Depot Narbonne. 141 R fuel 1259 (Narbonne) im Licht- und Schattenspiel eines Sommermorgens. Dem Tender entströmen Dampfschwaden der Schwerölaufheizung. (27. Juli 1972)

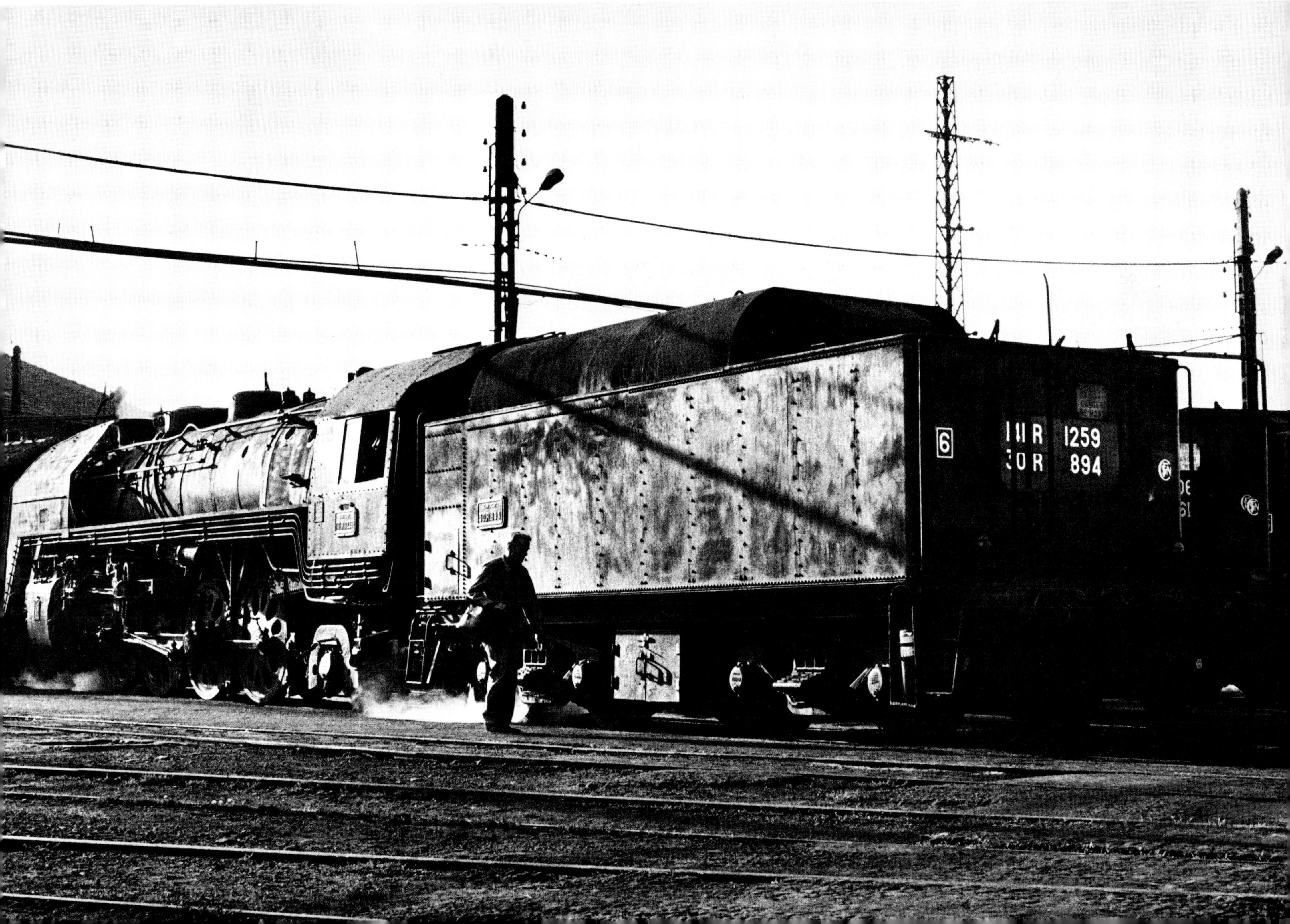
6
R 1259
R 894

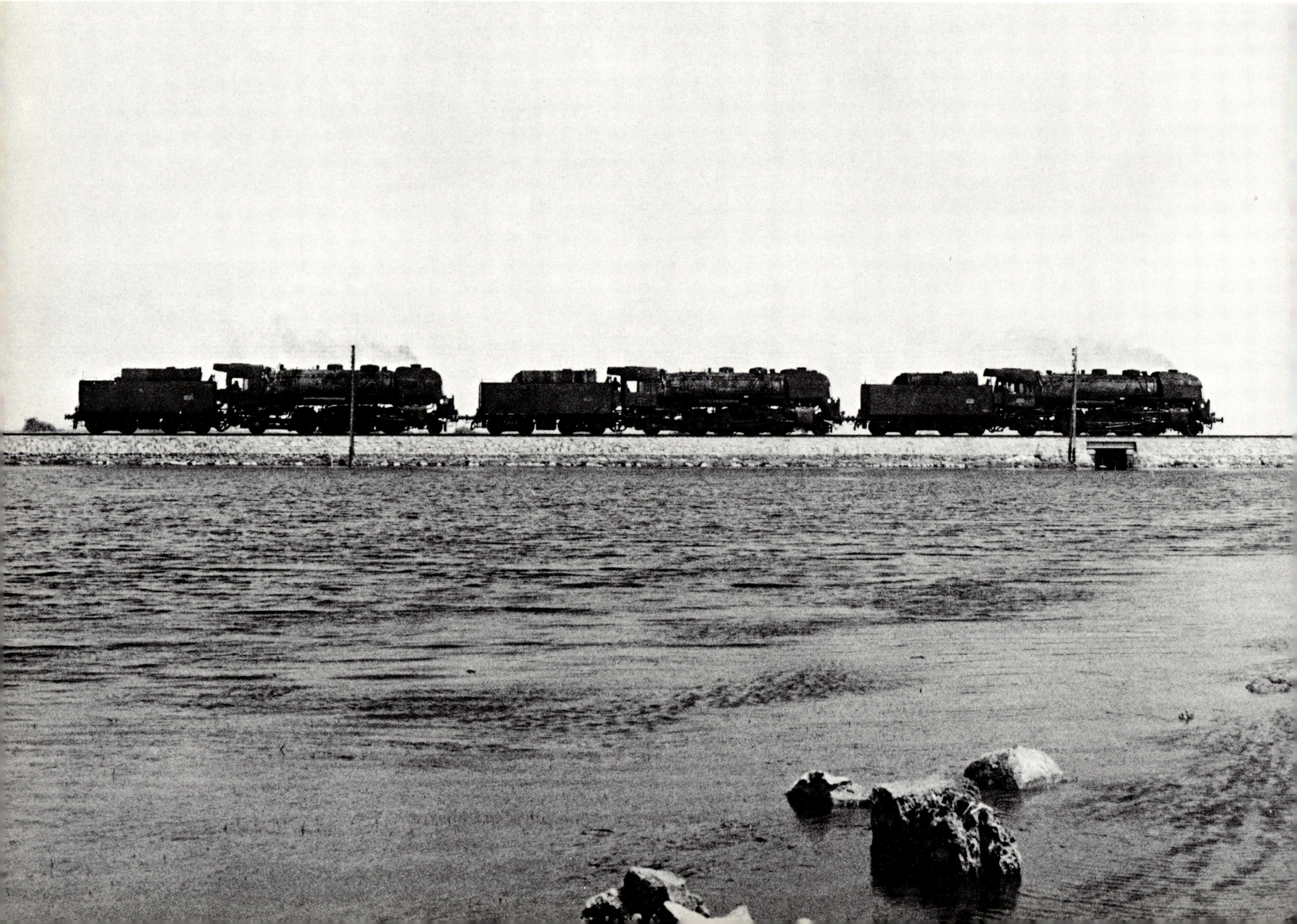

◀
Abb. 121 Zwischen Gruissan-Tournebelle und Port-la-Nouvelle. Die 141 R fuel 1124, vorn, 1151, Mitte, und 1334 (alle Narbonne), als Lokzug X 84031 Narbonne–Perpignan, auf dem Damm im Etang von Bages und von Sigean. Zur Zeit der Aprikosenernte waren in der Hauptstadt des Roussillon zahlreiche Eilgüterzüge abzuholen.
(22. Juli 1971)

▲
Abb. 122 Insel Ste-Lucie, bei Port-la-Nouvelle. 141 R fuel 1151 (Narbonne) als Leerfahrt X 84035 Narbonne–Perpignan. Am 1. März 1968 hat diese Maschine den letzten Dampfzug der Côte d'Azur, den Rapide 51 (Paris Gare de Lyon–Marseille–) Les Arcs–Nice (–Ventimiglia), befördert.
(7. Juli 1972)

◀
Abb. 123 Ankunft in Perpignan. 141 R fuel 1158 (Narbonne) als Leerfahrt X 84025 von Narbonne. Auf Grund ihrer Rekordleistung von fast 2,5 Mio. km ist diese Lokomotive für das nationale Eisenbahnmuseum in Mulhouse bestimmt.
(28. Januar 1972)

◀
Abb. 124 Halt zum Wasserfassen in Perpignan. 141 R fuel 1158 (Narbonne) mit Eilgüterzug 48456 Cerbère–Narbonne. Wenn die «R» hier losdonnerten, waren ihre scharfen Auspuffschläge aus der Ebene gegen Rivesaltes noch minutenlang zu hören.
(25. Januar 1972)

▶
Abb. 125 Perpignan. 141 R fuel 1249 (Narbonne) nach Ankunft mit Eilgüterzug 48441 von Narbonne. Die Fahrleitung, bis zur Traktionsänderung auf der Strecke Narbonne–Port-Bou nicht mehr verwendet, gehört zur alten Wechselstrom-12000-V-/16⅔-Hz-Elektrifizierung Villefranche–Perpignan durch die Compagnie du Midi (1913) und soll später mit Gleichstrom 1500 V eingespeist werden.
(23. Januar 1972)

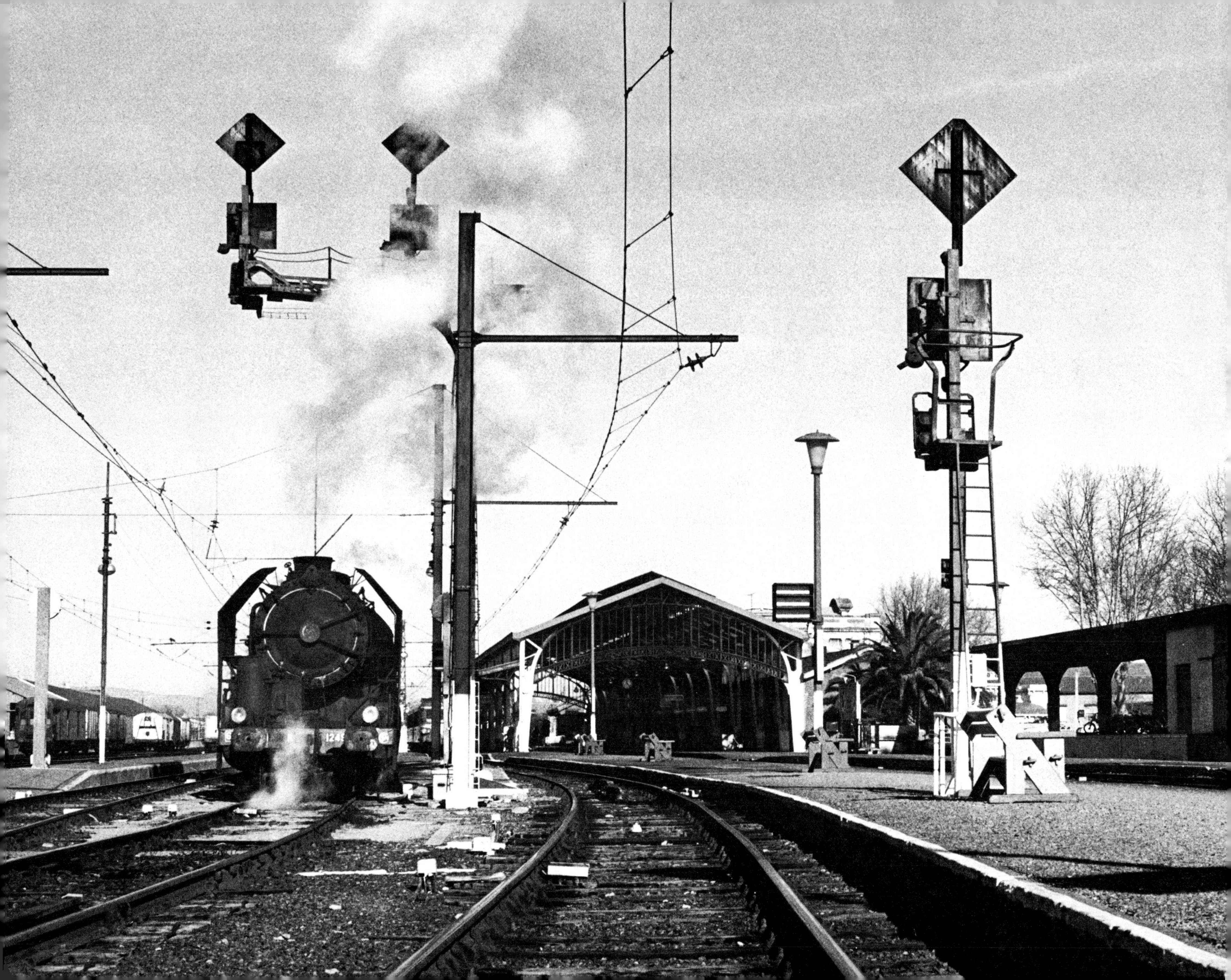

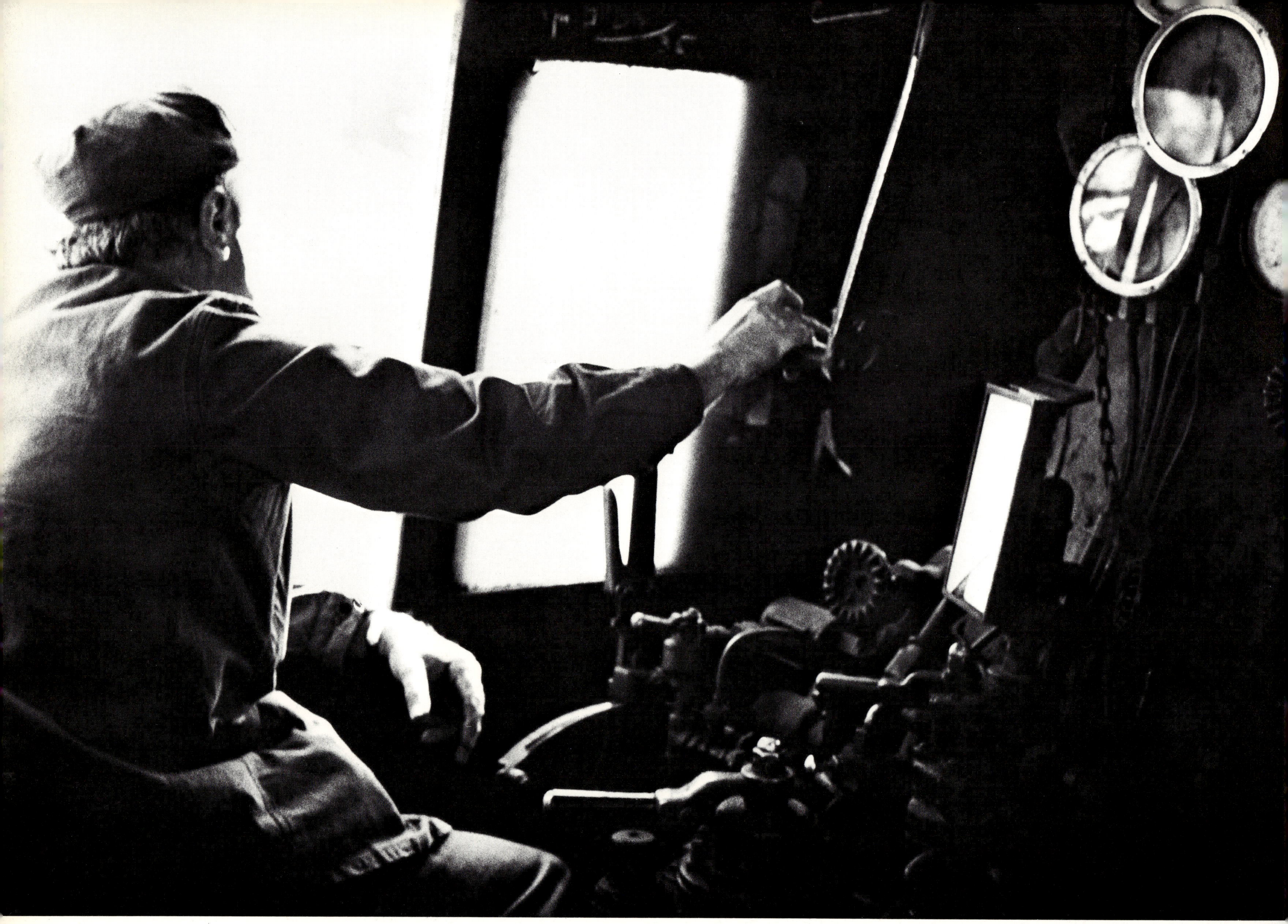

◀▲
Abb. 126/127 Lokomotivführer und Heizer bei 100 km/h südlich Perpignan. 141 R fuel 1136 (Narbonne) mit Rapide 16 101 (Hamburg/Dortmund–) Narbonne–Port-Bou; der Führer am Regulator, der Heizer an der Brennstoffsteuerung. Neben der Faszination der Technik trug wesentlich die außergewöhnliche Kollegialität ihrer Mannschaften zur Beliebtheit der Dampftraktion bei.
(20. April 1973)

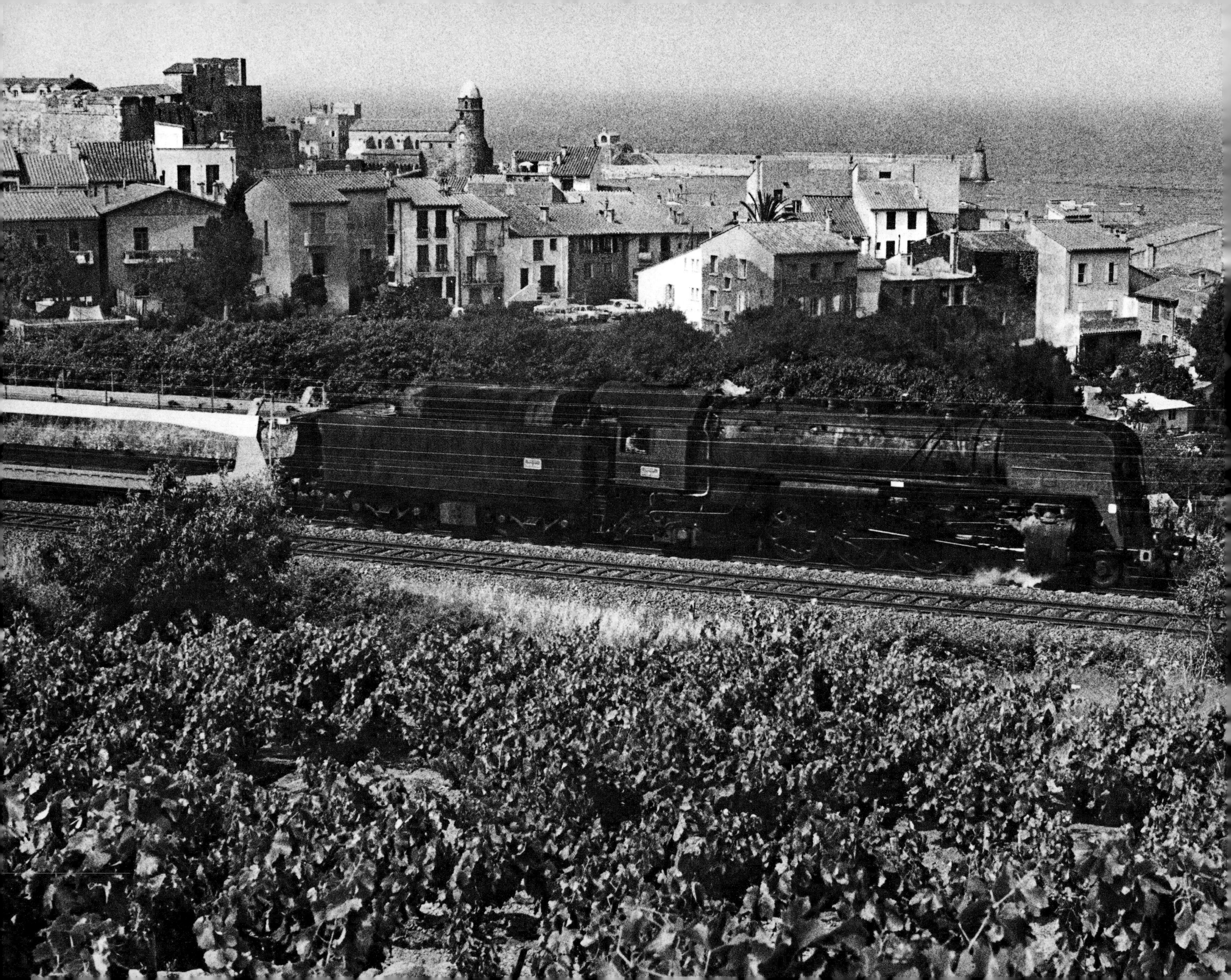

◀
Abb. 128 Collioure. 141 R fuel 1158 (Narbonne) mit Güterzug 36951 A Perpignan–Cerbère. Den pittoresken Rahmen bilden das Château Royal aus dem 7. und die Tour arabe aus dem 9. Jahrhundert sowie die Kirche Notre-Dame des Anges und ein Leuchtturm.
(9. Juli 1972)

▲
Abb. 129 Durchfahrt in Collioure. 141 R fuel 1006 (Narbonne) mit Leerzug W 48428 Cerbère–Narbonne (–Paris). Wegen des Ferienbeginns muß die Komposition raschmöglichst nach der Hauptstadt zurückgeleitet werden.
(9. Juli 1972)

◄
Abb. 130 Zwischen Banyuls und Cerbère. 141 R fuel 1137 (Narbonne) mit Eilgüterzug 48 451 Perpignan–Cerbère. In der Tiefe das Mittelmeer.
(28. Juli 1972)

Abb. 131 Côte Vermeille, bei Cerbère. 141 R fuel 1249 (Narbonne) mit Rapide 377 A (Paris Austerlitz–) Perpignan–Port-Bou. Im Hintergrund der Pyrenäen-Ausläufer Puig-d'el-Mas.
(29. Juli 1972)

▶
Abb. 132 Spektakuläre Talfahrt nach Cerbère. 141 R fuel 1126 (Narbonne) mit Supplementsschnellzug 17 887 (Paris Austerlitz–) Narbonne–Port-Bou. Der Schalk im Gesicht des Lokomotivführers illustriert das Verhältnis des Personals zu seinen Dampfmaschinen.
(28. Juli 1972)

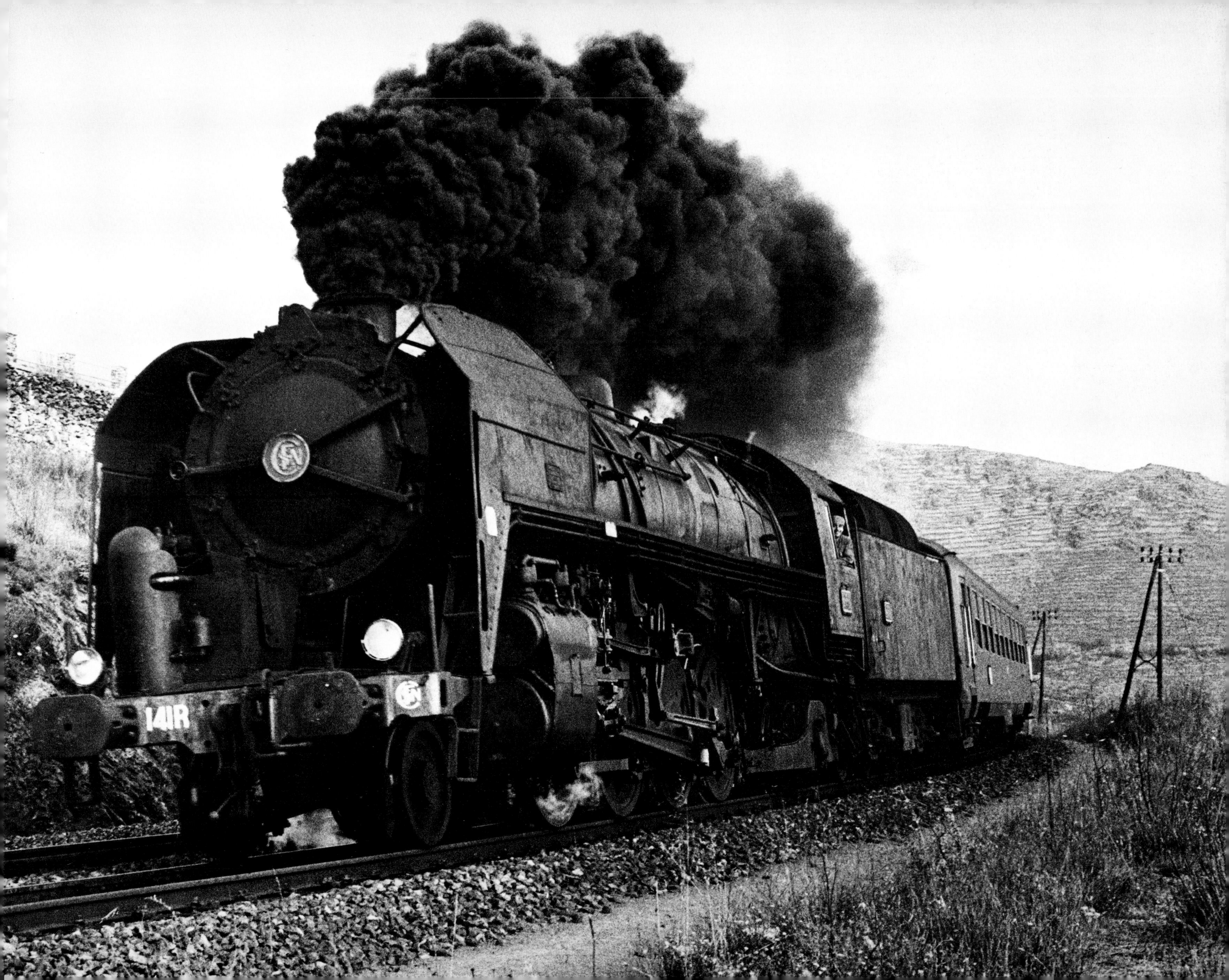
141R

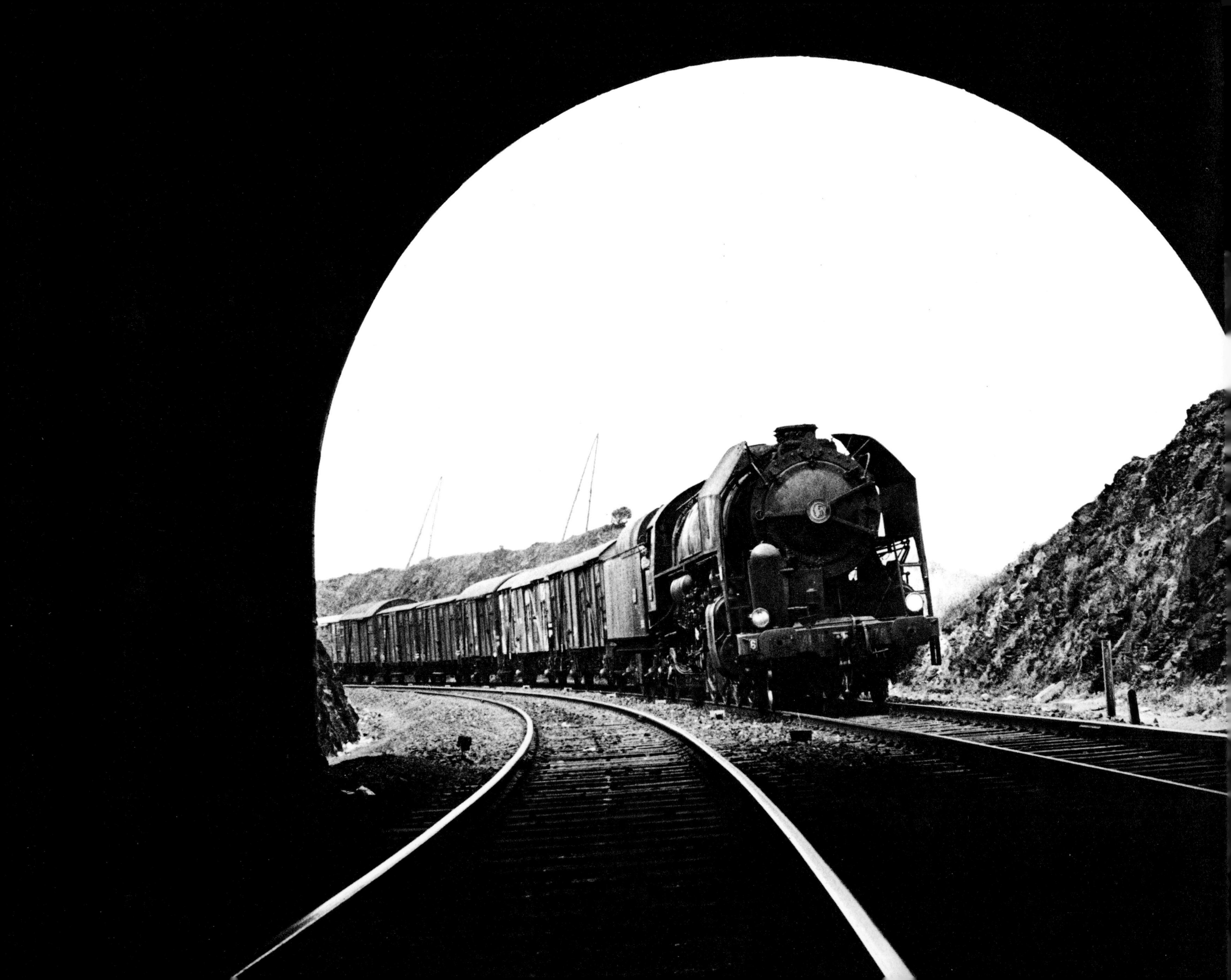

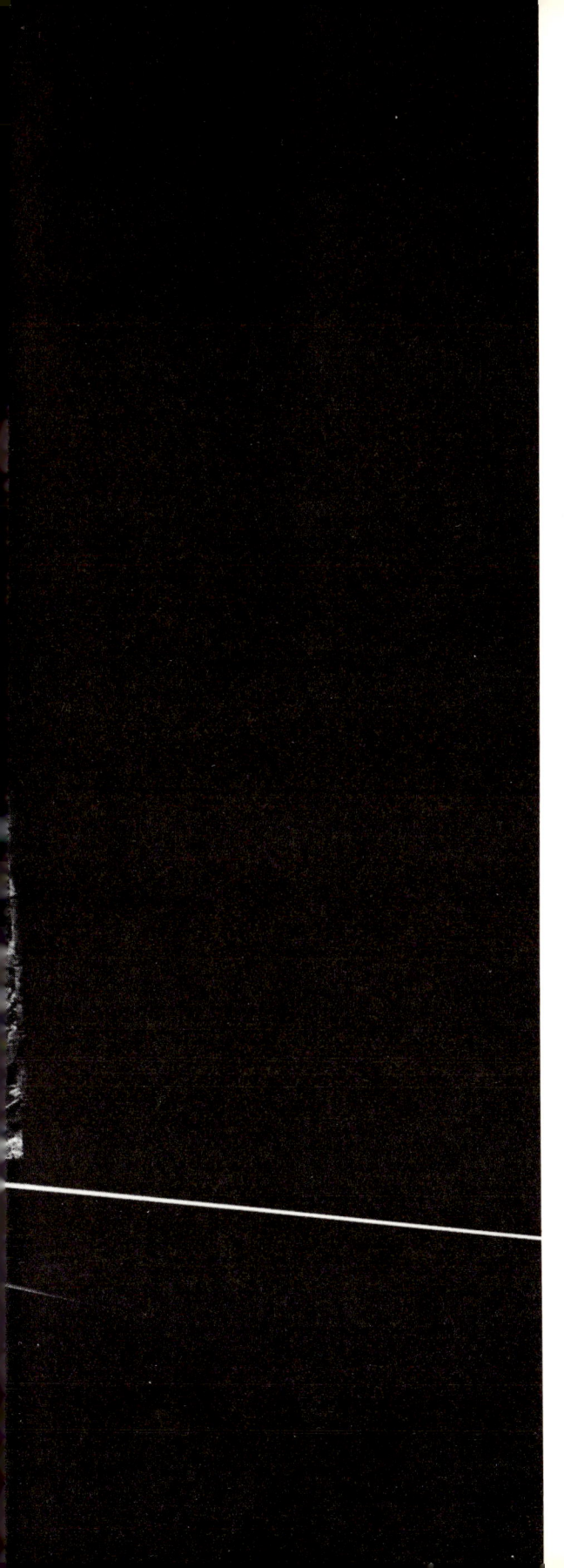

◀
Abb. 133 Canadell-Tunnel vor Cerbère. 141 R fuel 1178 (Narbonne) mit Eilgüterzug 48451 von Perpignan. Obwohl nur 95 m lang, schien der in einer Kurve und in 14‰ Steigung liegende Tunnel bei schweren Anfahrten ab Cerbère, rauchgeschwängert, kein Ende nehmen zu wollen.
(27. August 1972)

▲
Abb. 134 Bei Cerbère. 141 R fuel 1135 (Narbonne), mit Eilgüterzug 41567 Narbonne–Cerbère, verläßt den Canadell-Tunnel. Links das Dreischienen-Ausziehgleis des Grenz- und Spurwechselbahnhofs.
(29. Januar 1972)

▲
Abb. 135 Cerbère. 141 R fuel 1138 (Narbonne), mit Güterzug 38143 nach Port-Bou, dringt in den 1064 m langen, auf 762 m mit 10‰ ansteigenden Balitrès-Grenztunnel ein. Der Durchstich enthält je ein normal- und ein breitspuriges Gleis; der einspurige Tunnel rechts dient dem Ablaufbergmanöver der RENFE und endet nach kurzer Distanz.
(29. Januar 1972)

▶
Abb. 136 Bahnhof Cerbère. 141 R fuel 1307 (Narbonne) mit Expreß 5572 nach Narbonne. An ihrer Seite, vor einem Anschlußschnellzug aus Barcelona, die elektrische CC 7615 der RENFE.
(6. August 1971)

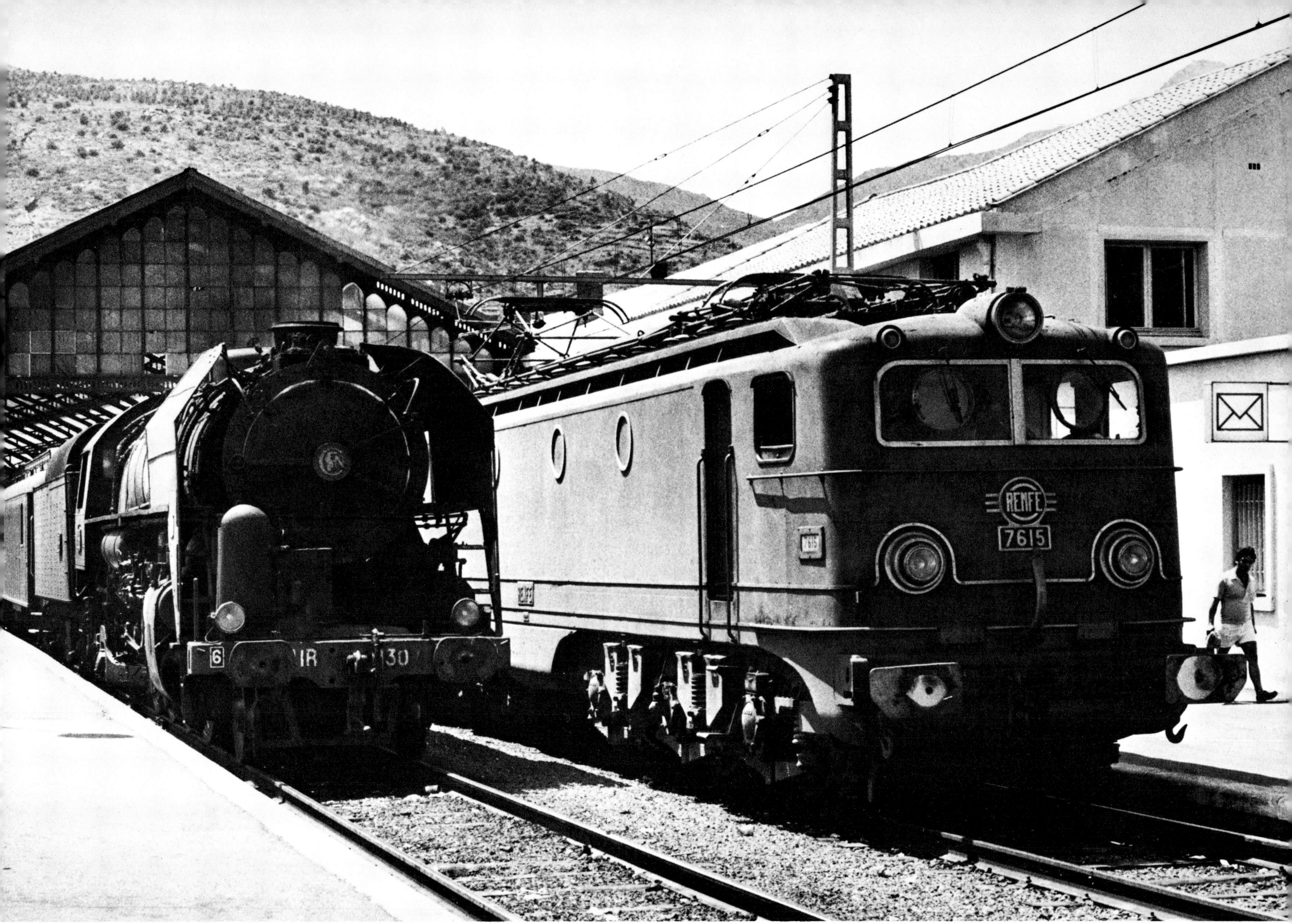
RENFE
7615

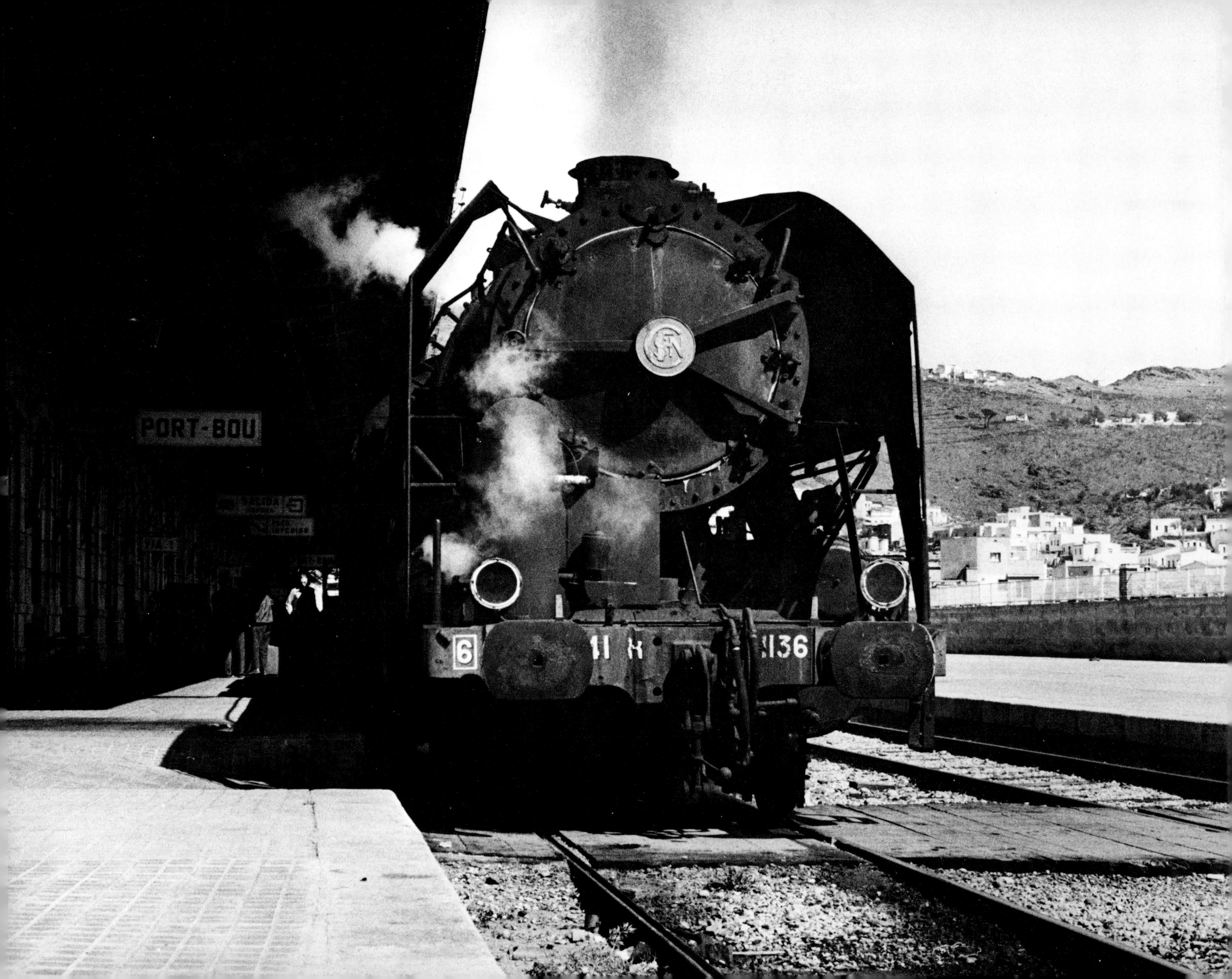
PORT-BOU

▶
Abb. 138 Amerikanische Dampflokomotive der Französischen Staatsbahnen mit Reisebüro-Sonderzug der Deutschen Bundesbahn im spanischen Port-Bou. 141 R fuel 1136 (Narbonne), mit aufgesetzten Schlußlichtern, drückt die Komposition des Rapide 16101 von (Hamburg/Dortmund–) Narbonne mit maximal 20 km/h nach Cerbère zurück. Rechts die Kirche Santa Maria von Port-Bou.
(20. April 1973)

◀▶
Abb. 137/139 Port-Bou. 141 R fuel 1136 (Narbonne) nach Ankunft mit Rapide 16101, 6 Liegewagen/24 Achsen/250 t, von (Hamburg/Dortmund–) Narbonne. Während nordwärts reisende Passagiere im französischen Cerbère auf die Normalspurzüge umzusteigen haben, erfolgen die Grenzformalitäten in der Gegenrichtung in Port-Bou.
(20. April 1973)

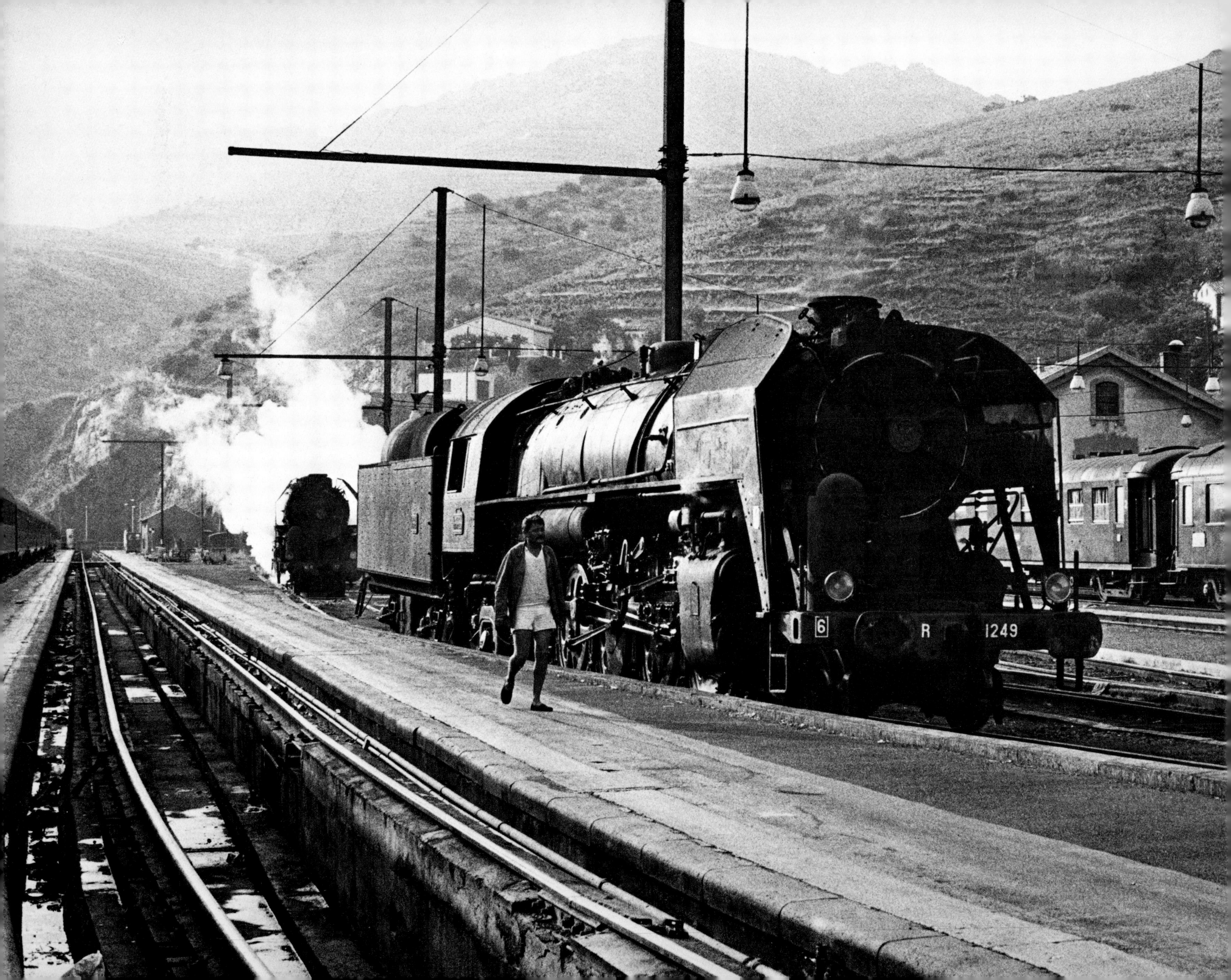
6
R
1249

◀
Abb. 140 Depotausfahrt in Cerbère. 141 R fuel 1249 (Narbonne), gefolgt von der 141 R fuel 1137 (Narbonne).
Der Lokomotivführer trägt leichte Sommer-«Uniform».
(28. Juli 1972)

▲
Abb. 141 Depot Cerbère. Die 141 R fuel 1126, 1259, 1249 und 1197 (von links, alle Narbonne) «heizen» den Weinberg. Als Nebendepot von Narbonne verfügt Cerbère über keine eigenen Lokomotiven; die Rangierfahrzeuge stellt Nîmes.
(28. Juli 1972)

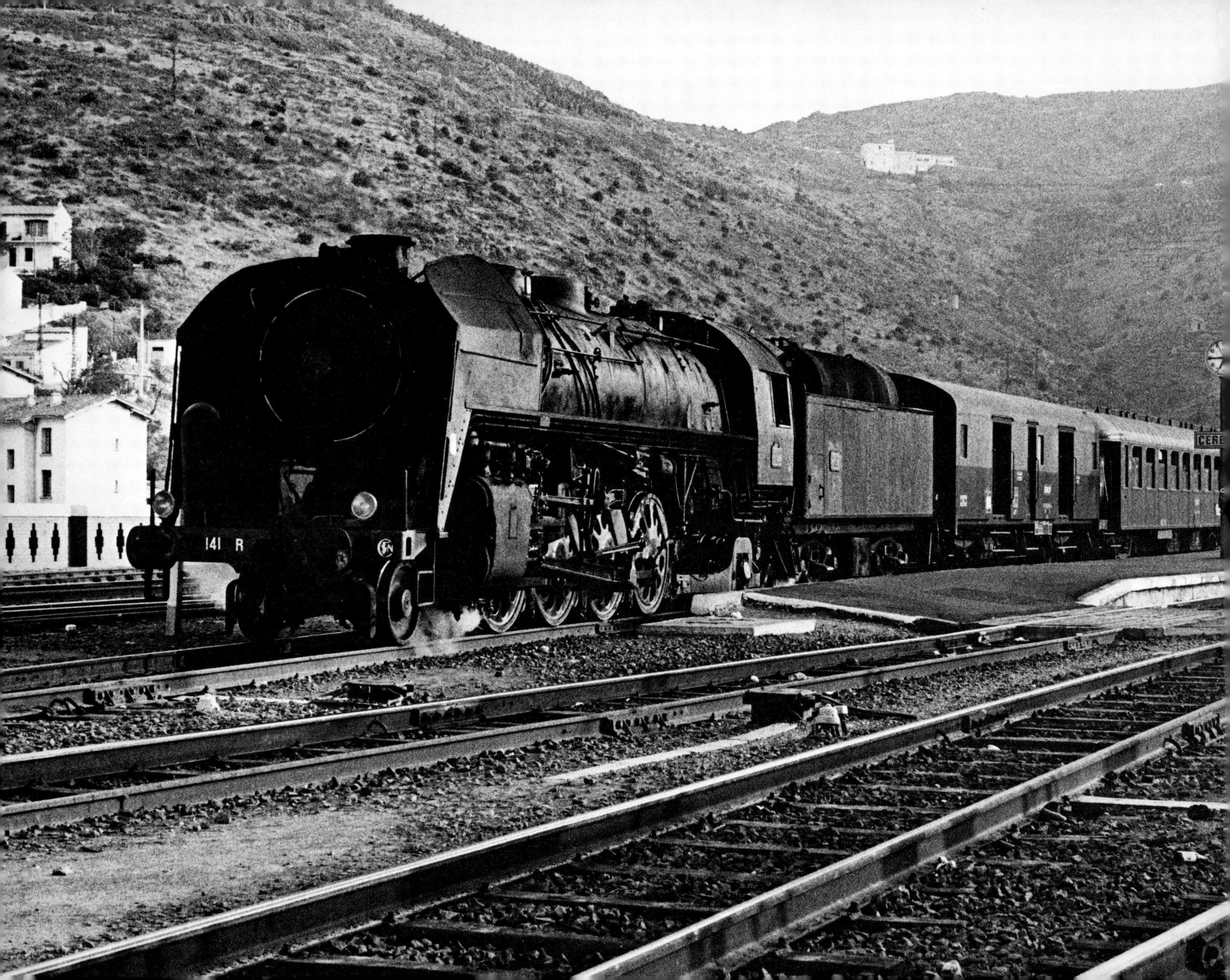

141 R

◀
Abb. 142 Cerbère. 141 R fuel 1249 (Narbonne) vor Rapide 11 178 nach Narbonne (–Paris Austerlitz). 750- bis 760-t-Kompositionen zu 60 bis 64 Achsen, im Sommer auf dieser Strecke üblich, wurden von den «R» mit hohen Durchschnittsgeschwindigkeiten geschleppt.
(28. Juli 1972)

▲
Abb. 143 Schwerarbeit auf 14‰ ob Cerbère. 141 R fuel 1017 (Narbonne) mit Rapide 16 004 nach Narbonne (–Calais Maritime). Für englische Touristen bestimmt, führt dieser Saisonzug ausschließlich Liegewagen.
(29. Juli 1972)

▲
Abb. 144 Durch den Etang von Leucate oder von Salses. 141 R fuel 1149 (Narbonne), mit Rapide 10 470 Cerbère–Narbonne (–Paris Austerlitz), trifft in Leucate-La Franqui ein. Feuer und Wasser waren im Languedoc-Roussillon fast vollkommen vereint.
(27. Juli 1972)

Abb. 145 In den Salzgärten bei Port-la-Nouvelle. 141 R fuel 1129 (Narbonne) mit Güterzug 36 605 Narbonne–Perpignan. Die Rauchwolken zerzaust der Tramontane.
(21. April 1973)

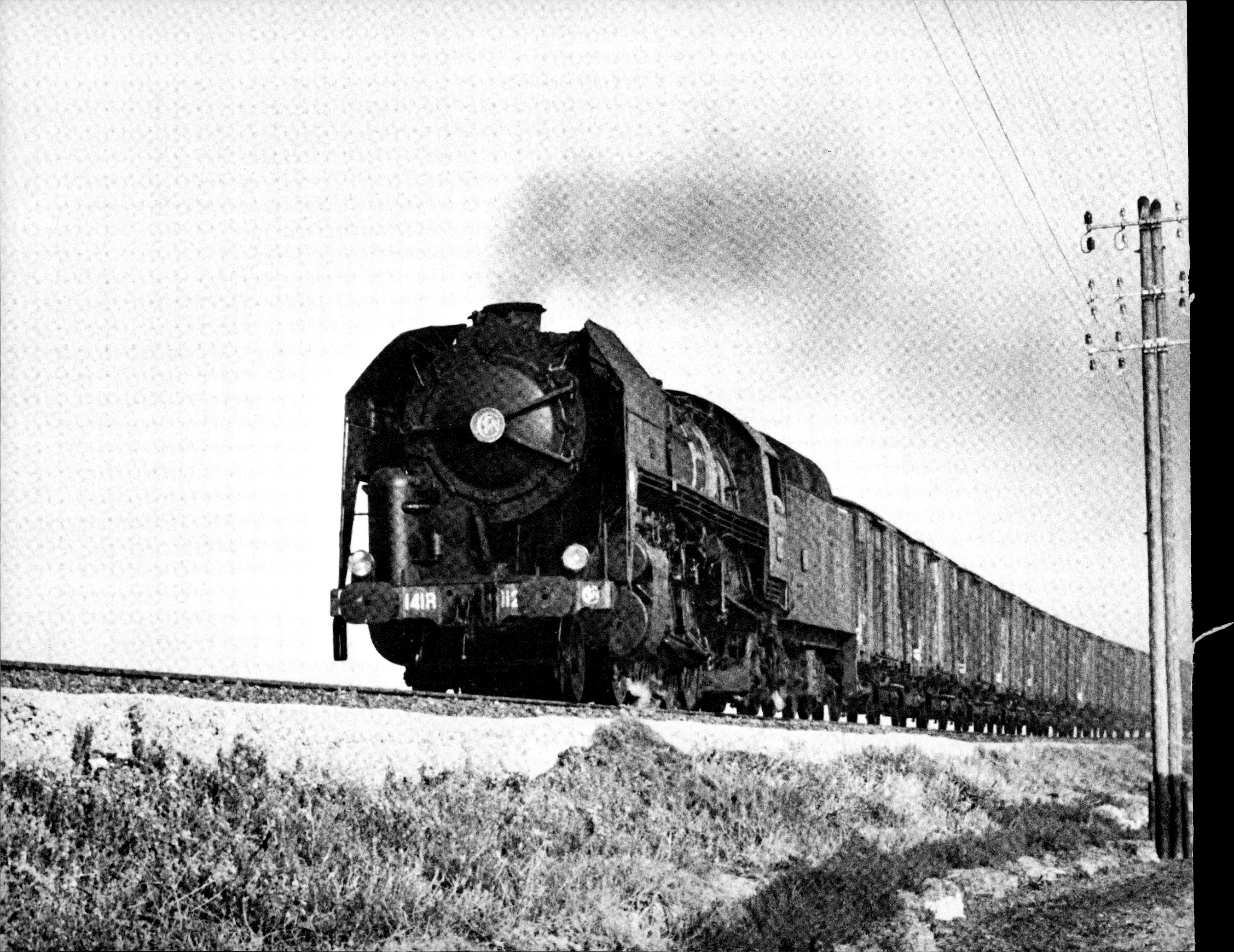
141R
112

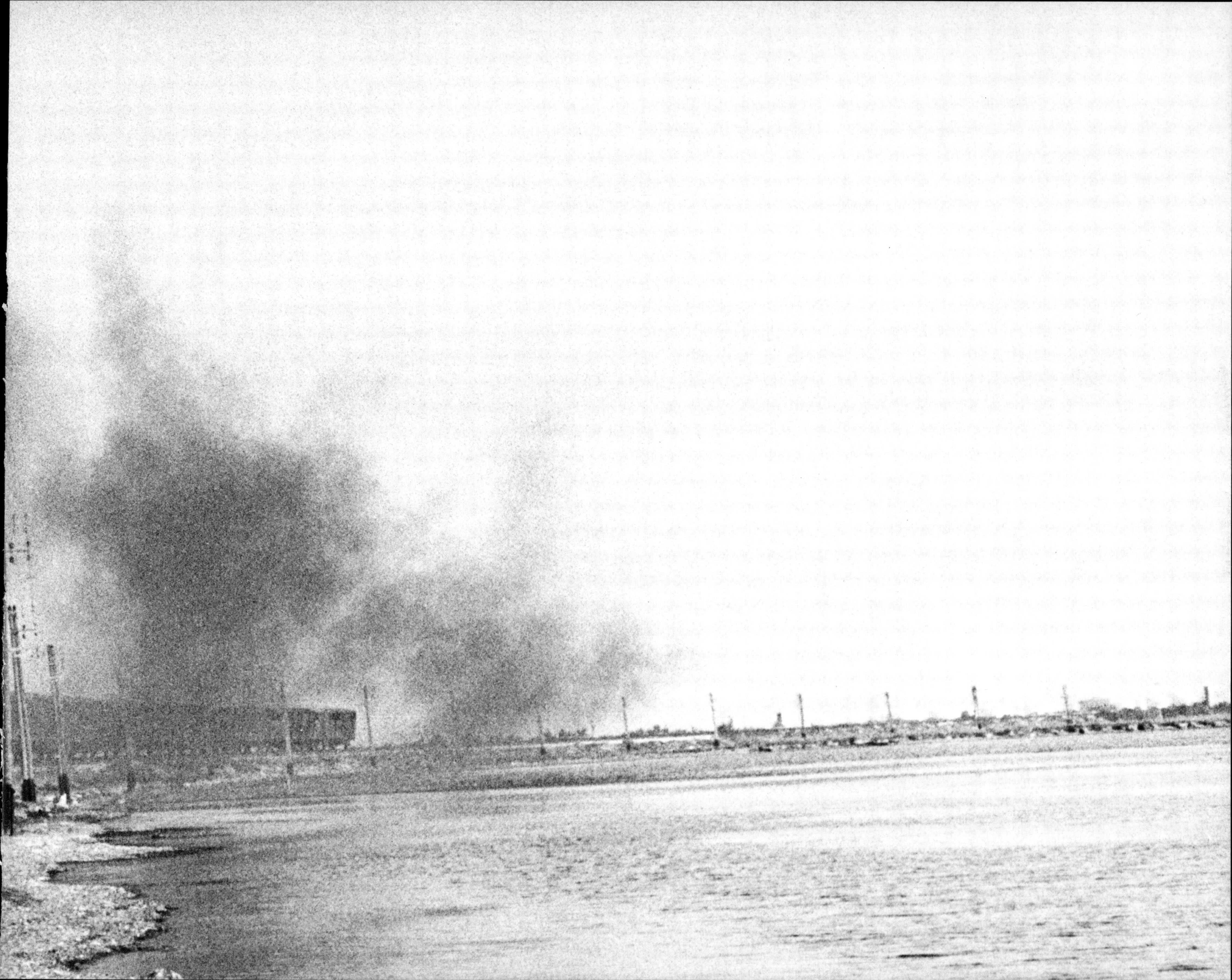

◀◀
Abb. 146 Von Port-la-Nouvelle nach Gruissan-Tournebelle. 141 R fuel 1124 (Narbonne), mit Eilgüterzug 45 304 Perpignan–Narbonne, folgt dem Etang von Bages und von Sigean. Zweieinhalb Jahre später rollten diese und drei weitere 141 R bei den Griechischen Staatsbahnen der Ägäis entlang...
(22. Juli 1971)

◀
Abb. 147 Bei Port-la-Nouvelle. 141 R fuel 1115 (Narbonne), mit TEEM 49512 Cerbère–Narbonne (–Wanne-Eickel), im Abendlicht.
(9. September 1972)

▲
Abb. 148 Depot Narbonne. Die 141 R fuel 1259, vorn, und 1149 (beide Narbonne) zurück von einer langen Fahrt.
(5. Januar 1973)